Welt- und Umweltkunde 5/6

Niedersachsen

Autoren:
Ambros Brucker, Lochham
Erwin Curdt, Wendeburg
Johannes Graw, Hildesheim
Gerd Köpke, Hasbergen
Wolfgang Latz, Linz
Bodo Rasch, Göttingen
Dieter Sajak, Hannover
Barbara Schmidt-Vogt, Hannover

westermann

Einband:
Steinhude am Steinhuder Meer

1. Auflage Druck 5 4 3 2 1
Herstellungsjahr 1997 1996 1995 1994 1993
Alle Drucke dieser Auflage können im Unterricht
parallel verwendet werden.
Die letzte Zahl bezeichnet das Jahr der Herstellung.

© Westermann Schulbuchverlag GmbH, Braunschweig 1993

Verlagslektorat: Theo Topel, Rainer Komosin
Herstellung: westermann druck GmbH, Braunschweig

ISBN 3-14-**114336**-6

Inhalt

Menschen orientieren sich

Die neue Schule 6
Zwei Jahre Orientierungsstufe –
und dann? 6
Leben in Gruppen 7
Orientierung im Schulgebäude 8
Plan und Maßstab 8
Projekt: Eine Blumenwiese für die
Schule 10

Erkunden des Nahraumes 12
Wir planen einen Wandertag 12
Projekt: Wir erkunden ein
Gewerbegebiet 14

* Orientierung auf der Erde 16
Die Erde ist eine Kugel 16
Das Gradnetz der Erde 18
Was heißt orientieren? 19
Die Erde – Scheibe oder Kugel? 20
Die Fahrt des Christoph Kolumbus 21
Die erste Weltumseglung 22

Orientierung auf Karten 24
Vom Luftbild zur Karte 25
Orientierung auf einem Stadtplan 26
Physische Karten 28
Thematische Karten 30

Orientierung in Niedersachsen 32
Landschaftliche Vielfalt 32
Verwaltungsgliederung 36

Deutschland –
von der Küste bis zu den Alpen 38
Politische Gliederung 40

Unser Kontinent Europa 42
Die Staaten Europas 42
Europa – Lage, Größe und
physische Gliederung 43

Die Erde auf einen Blick 44
Kontinente und Ozeane 44
Rekorde der Erde 45
Kennst du dich aus? 46

Wir fassen zusammen 47

Menschen versorgen sich

Warum beschäftigen wir uns mit
„Geschichte"?
– Die Zeitleiste 48

* Leben der Menschen in
vorgeschichtlicher Zeit 50
Auf Nahrungssuche in der
Altsteinzeit 52
Wohnung, Kleidung und Feuer 54
Werkzeuge, Geräte und Waffen 55
Aus Jägern und Sammlern werden
Bauern 56
Die ersten Dörfer 58
Geräte für Haus und Hof 60
Menschen züchten Haustiere und
Nutzpflanzen 62
Kunst und Jagdzauber der
Steinzeitmenschen 63
Neue Technik und neue Berufe:
die Bronzezeit 64
Ein neues Metall: das Eisen 67
Vom Glauben der Menschen in der
Vorgeschichte 68

Wir fassen zusammen 69

Menschen leben in extremen
Räumen 70
Eskimos – Leben in der Kälte 72
Das Leben früher 72
Das Leben heute 74
Grönland: Ausbeutung der Fisch-
fanggründe 75
Polartag und Polarnacht 76
Polargebiete der Erde 78

Klimadiagramme – Das Klima
auf einen Blick 80

Wüste – Leben mit der Trockenheit 82
Trockenwüste: Klima und Vegetation 82
Wüste ist nicht gleich Wüste 83
Oasen – Inseln im Meer der Wüste 84
Eine Oasenbewohnerin erzählt 85
Wandel in der Wüste 86
Städte in der Wüste 88

Wir fassen zusammen 89

Menschen gestalten ihre Lebensbedingungen

* **Ägypten – eine frühe Hochkultur**   90
  Die Anfänge der Hochkulturen   90
  Ägypten – ein Geschenk des Nils   92
  Der Nil stellt Aufgaben   93
  Die Herstellung einer Papyrusrolle   95
  Der Pharao – König der Ägypter   96
  Die ägyptische Familie   99
  Die ägyptische Gesellschaft   100
  Die Religion der Ägypter   102

  Wir fassen zusammen   105

Wandel des Lebens in Stadt und Land   106

Das Leben auf dem Dorf   108
Wie ein Dorf im Mittelalter aussah   108
Menschen und Tiere unter einem Dach   109
Die Arbeit der Menschen   110
Die Dreifelderwirtschaft   111

Das Leben in der Stadt   112
Merkmale einer mittelalterlichen Stadt   112
Handwerker und Kaufleute   114
Ernährung, Eßsitten, Körperpflege, Kleidung   115
Menschen mußten sich am Pranger schämen   116
Mißernten, Seuchen, Feuersbrünste   118
Hannover – eine Stadt verändert sich   120

  Wir kartieren   122

Wir fassen zusammen   123

Nordseeküste – früher und heute   124
Die Sturmflut 1962 – als die Deiche brachen   126
Das Wasser kommt und geht   128
Küstenschutz heute   130

  Wir werten ein Bild aus   132

Nationalpark Wattenmeer   134

Wir fassen zusammen   137

Menschen verschiedener Kulturkreise leben zusammen

Römer und Germanen am Limes   138
Caesar entdeckt die Germanen   140
Was wissen wir von den Germanen?   141
In einem germanischen Dorf   143
Die befestigte Grenze   144
Kontrolle an der Grenze   146
Als Gast in Trier   147
Auf einem römischen Landgut   151

  Wir besuchen ein Museum   152

Wir fassen zusammen   153

* **Wir leben mit Menschen anderer Länder zusammen**   154
  Im Heimatdorf von Ayşe und Murat   157
  Der islamische Glaube bestimmt das Leben   160
  Eine Reise zu den Großeltern nach Anatolien   162
  Zerrin erzählt vom Leben in Deutschland   166
  Zerrin lernt ein kurdisches Mädchen kennen   170
  Ein neuer Mitschüler in Zerrins Klasse   172
  Gemeinsam leben und voneinander lernen   174

  Wir fassen zusammen   175

Indianer in Nordamerika   176
Die Pueblo-Indianer   178
Die Prärie-Indianer   180
Die Waldland-Indianer   182
Indianer und Weiße   183
Das Leben der Indianer heute   184

Wir fassen zusammen   185

Menschen wachsen in eine Gesellschaft hinein

Kinder in vergangenen Zeiten 186
Kindheit hängt immer von der Zeit ab, in die ein Mensch hineingeboren wird 188
Kindheit früher hing auch vom sozialen Stand der Familie ab 188
Kinderarbeit und Kinderspiele 190
Vom Leben und Sterben der Kinder 192

> Wir bereiten ein Rollenspiel vor 194

Kinder in der Dritten Welt 196
Maria, ein Indiomädchen aus Peru, erzählt 198
Kinderarbeit gegen den Hunger 199
Zu wenig Land für zu viele Menschen 200
Entwicklungsunterschiede zwischen Stadt und Land 202
Die Städte – Magnete für Wirtschaft und Menschen 202
Auch ihr könnt helfen! 205

* Kinder und Jugendliche zur Zeit des Nationalsozialismus 206
Auf einem Schulhof in Hannover 208
Alle müssen in die Hitlerjugend 210
Zeitzeugen erinnern sich an die HJ 212

> Arbeit mit Quellentexten 213

Auch Mädchen müssen marschieren 214
Als Führerin einer Jungmädelgruppe 215
In der Schule 216
In einer Grundschulklasse im Juni 1935 217
Leidvolle Erfahrungen jüdischer Mitschüler 218
Widerstand gegen die Nationalsozialisten 220
Kinder im Krieg 222
Grausame Verfolgung 224
Neo-Nazis heute 226

Wir fassen zusammen 228

Menschen nutzen ihre Freizeit

* Freizeit und Umwelt 230

Ein Wochenende am Steinhuder Meer 232
Familie Keller plant das Wochenende 232
Ein erlebnisreiches Wochenende 236

Projekt: Streit um eine Tonkuhle 238

Die Alpen – ein gefährdeter Erholungsraum 240
Massentourismus im Gebirge 240
Sportmöglichkeiten im Hochgebirge 241
Welche Gefahren drohen den Alpen? 242

Massentourismus – Urlaub mit dem Auto? 244

Costa Brava – Urlaubsparadies am Mittelmeer 246
Ein Brief von der Costa Brava 246
Für fast jeden wird etwas geboten 247
Der Tourismus hat Folgen 248

Wir fassen zusammen 249

Minilexikon – Erklärung wichtiger Begriffe 250

Quellen- und Bildnachweis 256

* verbindliche Themen

Die neue Schule

1 Zwei Jahre Orientierungsstufe – und dann?

Nach der Grundschule müssen alle Schüler in Niedersachsen die Orientierungsstufe besuchen. Hier ist manches anders, als du es bisher gewohnt warst: eine erhöhte Stundenzahl, neue Fächer wie Biologie, Welt- und Umweltkunde und Englisch. In allen Fächern unterrichten Fachlehrer. Der Unterricht findet nicht nur im Klassenverband, sondern auch in Schülergruppen statt. Am Ende der sechsten Klasse geben dann die Lehrer deinen Eltern eine Empfehlung zu einer weiterführenden Schule.

Wenn du dich in der Klasse wohlfühlst, dann macht das Lernen Spaß. Aber auch andere Umstände können deine Schularbeiten beeinflussen:

● Sandra war in der Grundschule Klassenbeste und hat auch jetzt keine Schwierigkeiten. Nachmittags ist sie viel allein. Ihre Mutter arbeitet im Schichtdienst und hat nur am Wochenende Zeit. Sie möchte Sandra später an der Realschule anmelden.

● Die Lehrer und Lehrerinnen sind mit Martins Leistungen zufrieden, auch wenn er oft keine Lust hat, begonnene Arbeiten abzuschließen. Seine Mutter sieht es daher nicht gern, wenn er nachmittags Radtouren unternimmt und zum Fußballtraining geht. Sein Vater kommt meistens spät aus der Arztpraxis heim und kann sich deshalb nur wenig um seinen Sohn kümmern. Seine Eltern möchten, daß Martin das Gymnasium besucht.

● Als Älteste muß Aylin nachmittags auf ihre Geschwister aufpassen und kann nicht mit den anderen Kindern spielen. In der Dreizimmerwohnung findet sie selten eine ruhige Ecke, um ihre Hausaufgaben zu erledigen. Ihre Eltern werden sie auf die Hauptschule schicken.

● Frank freut sich auf jede Stunde WUK. Er sammelt Postkarten und Poster von Urlaubsreisen und hängt sie in seinem Zimmer auf. Wenn er seine Hausaufgaben erledigt hat, zeigt er sie seinen Eltern zur Kontrolle. Er bekommt ein extra Taschengeld für gute Leistungen. Frank möchte gern auf das Gymnasium gehen.

1.1 Vergleiche den Stundenplan der vierten Klasse mit dem der Orientierungsstufe:
a) Wieviel Stunden Unterricht hattest du in der vierten Klasse, wie viele jetzt?
b) Welche Fächer hast du nicht mehr, welche sind neu dazugekommen?
c) Bei welchen Fächern in der Orientierungsstufe hat die Stundenzahl zu-, bei welchen abgenommen?

1.2 Warum entscheiden sich deiner Meinung nach die Eltern von Aylin, Frank und Martin und die Mutter von Sandra für die jeweilige Schullaufbahn?

1.3 Welche Schwierigkeiten kann eine Fehlentscheidung bei der Wahl der weiterführenden Schule bringen?

1.4 Notiere verschiedene Berufe und überlege, welcher Schulabschluß dafür notwendig ist.

1.5 Welche Bedingungen benötigst du, damit du dich in deiner Klasse wohlfühlst und erfolgreich lernen kannst?

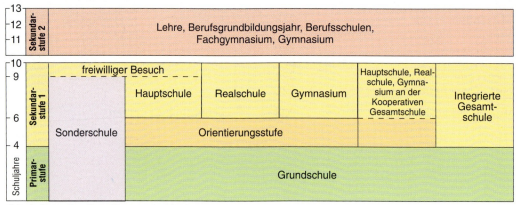

6.1 Aufbau der Schulformen in Niedersachsen

2 Leben in Gruppen

Ute fährt morgens mit dem Bus zur Schule. An der Haltestelle trifft sie Tanja, Jessica und Anne, Mitschülerinnen ihrer Klasse. Einmal in der Woche gehen sie zum Trampolinspringen in ihren Sportverein.

Oft müssen sie auf Anne warten, die ihrer Mutter bei der Hausarbeit hilft. Wenn Tanja auf ihren kleinen Bruder aufpassen muß, dann treffen sich die Mädchen bei ihr zu Hause, hören Musik, spielen mit ihren Puppen oder gehen alle zusammen auf den Spielplatz.

In diesen wechselnden Situationen gehören die vier unterschiedlichen **Gruppen** an. Wenn sich die Mädchen zum Spielen oder zum Trampolinspringen verabreden, bilden sie eine lose oder **informelle** Gruppe. Diese Gruppen werden frei gewählt, sie entstehen ganz spontan und ohne äußeren Zwang. Zu Hause oder in der Schule gehören sie einer festen oder **formellen** Gruppe an. Eine solche Gruppe – wie Familie oder Klasse – kann man sich nicht aussuchen. Hier gibt es feste Regeln, und es wird ein bestimmtes Verhalten erwartet. Zugleich nimmt jedes Mädchen in der jeweiligen Gruppe eine andere **Rolle** ein: Freundin, Schülerin, Sportlerin, Tochter, Kindermädchen. So wie diese Mädchen haben wir alle im Laufe eines Tages mehrere Rollen.

2.1 Die *Abb. 7.1* und *7.2* stellen eine feste und eine lose Gruppe dar. Begründe.
2.2 Lege eine Tabelle an und trage die Gruppen ein, die im Text genannt werden. Ergänze: Handballverein, Maurerkolonne, Vorschulklasse, Gesangverein, Englischkurs Klasse 6, Arbeitsgemeinschaft. Suche weitere Beispiele.

Gruppen	
formelle	informelle
Familie	Trampolinverein

2.3 Notiere die Rollen, die du im Laufe eines Nachmittags einnimmst.
2.4 Schreibe auf, was andere Menschen von dir in deiner Rolle als Freundin/Freund, Schülerin/Schüler, Tochter/Sohn erwarten.
2.5 Welche Rollen sind deiner Meinung typisch für Mädchen und für Jungen?

7.1 Familie

7.2 Schülerinnen beim Radfahren

3.1 Kennzeichne in einem Plan deiner Schule den Klassenraum und die Fachräume. Überlege mit deinem Nachbarn, wie ihr am günstigsten in die Fachräume gelangt.

3.2 Der Pausenhof in der *Abb. 9.1* zeigt keine Spielmöglichkeiten. Plane für euren Schulhof Grünanlagen, Sitzecken, Spielflächen und zeichne sie in den Grundplan ein.

3 Orientierung im Schulgebäude

Tanja und Axel besuchen seit Beginn des neuen Schuljahres die Klasse 5 a einer Orientierungsstufe in Niedersachsen. In der ersten Woche haben sie noch Schwierigkeiten, sich auf dem Gelände und den Gängen des Gebäudes zurechtzufinden. Daher bringt der Klassenlehrer für jedes Kind einen Lageplan der Schule mit *(Abb. 9.1)*. Auf ihm sind die Fachräume mit unterschiedlichen Farben gekennzeichnet.

Tanja überlegt mit ihrer Nachbarin, wie sie am besten zum Musikraum gelangen können. Auf dem Plan finden sie ihn im zweiten Obergeschoß. Tanja schlägt folgenden Weg vor: „Wir müssen, wenn wir aus der Klasse kommen, die Treppe im Treppenhaus I hinuntergehen, dann über den großen Pausenhof durch den Nebeneingang zum Treppenhaus V und dann über zwei Treppen zum Musikraum hochgehen." Eine andere Mitschülerin sucht den Weg zum Sekretariat, weil sie ihren Schülerausweis abholen will. Welchen Weg wird sie wohl wählen?

4 Plan und Maßstab

4.1 Miß die Länge deines Klassenraums und zeichne ihn in der Verkleinerung 1:100. Trage im gleichen Maßstab die Einrichtung mit Tischen und Lehrertisch ein.

4.2 Wie lang und breit sind der Schulhof und die Turnhalle von Axel und Tanjas Schule?

4.3 Berechne den Maßstab für 1 cm = 500 m, 1 cm = 4 km, 1 cm = 100 km.

4.4 Berechne den Maßstab des Lageplans der Leinebergschule *(Abb. 9.1)*.

Auf einem Lageplan einer Schule findest du oft die Zahlenangabe 1:100. Sie ist der **Maßstab**, der die Verkleinerung des Gebäudes zur Wirklichkeit angibt. So läßt sich anhand des Lageplans die Größe der Klassenräume oder des Schulhofes messen und berechnen. Hat der Lageplan einer Schule den Maßstab 1:100, dann sagt man: „Eins zu Hundert". Das bedeutet, daß ein Zentimeter auf dem Plan in Wirklichkeit 100 Zentimeter oder ein Meter ist. Die Meterzahl erhältst du durch das Streichen der letzten beiden Stellen.

Auch Karten haben einen Maßstab. Sie geben die Erde oder einen Teil davon verkleinert wieder. Hat eine Karte den Maßstab 1:100 000, so bedeutet dies, daß ein Zentimeter auf der Karte in Wirklichkeit 100 000 Zentimetern, 1000 Metern oder einem Kilometer entspricht. Liegen zwei Orte auf einer Karte mit dem Maßstab 1:100 000 sieben Zentimeter voneinander entfernt, liegt eine Strecke von 700 000 Zentimetern oder sieben Kilometern dazwischen.

Oft enthalten Karten eine Maßstabsleiste. Wenn du mit einem Lineal oder Geometriedreieck die Strecke zwischen zwei Punkten bestimmt hast, kannst du an der Leiste die Entfernung ablesen *(Abb. 8.1)*.

8.1 Maßstabszahl und Maßstabsleiste

Maßstab 1:30 000
1 cm auf der Karte entspricht 300 m in der Natur

| 0 | 300 | 600 | 900 | 1200 |

Meter (m)

Maßstab 1:250 000
1 cm auf der Karte entspricht 2,5 km in der Natur

| 0 | 2,5 | 5 | 7,5 | 10 | 12,5 | 15 |

Kilometer (km)

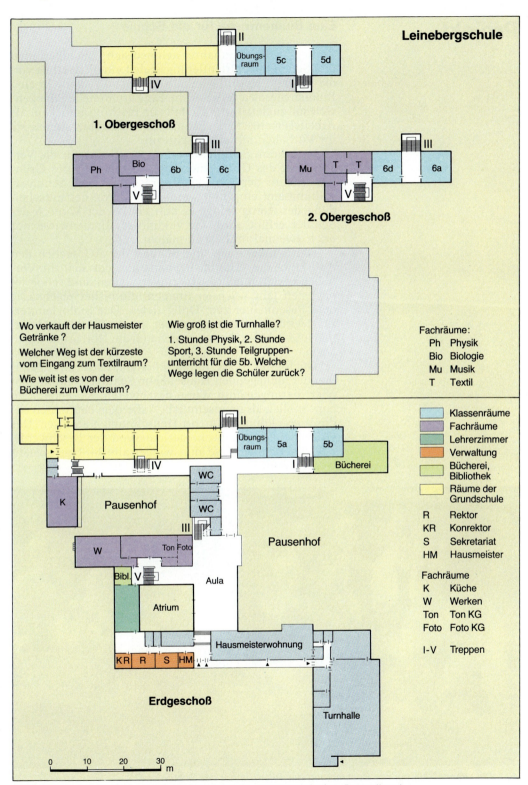

9.1 Lageplan der Leinebergschule (verkleinerte und vereinfachte Darstellung)

Projekt

Eine Blumenwiese für die Schule

Zu Beginn des Schuljahres nehmen sich 16 Schülerinnen und Schüler der Orientierungsstufe Leinebergschule vor, die gesamte Rasenfläche auf dem Schulgelände in eine Blumenwiese zu verwandeln. Eine artenreiche Pflanzenwelt soll zugleich eine Vielfalt von Insekten anlocken. Als Arbeitsgemeinschaft „Panda"-Umweltschutz starten sie ihr Vorhaben mit einer Lehrerin.

Von ihrem Schulleiter erfahren sie, daß für die Veränderung des Grundstücks die Zustimmung des Grünflächenamts der Stadt in Absprache mit dem Schulverwaltungsamt eingeholt werden muß. Von der Entscheidung der Ämter hängt es nun ab, ob der Wunsch der Schüler erfüllt wird, die zukünftige Blumenwiese nur noch zweimal im Jahr zu mähen.

Die Schülerinnen und Schüler der AG suchen den Amtsleiter des Grünflächenamts auf, der sich ihr Vorhaben erklären läßt. Er ist einverstanden, und schon im nächsten Jahr wachsen Blumen, die bisher regelmäßig dem Rasenmäher zum Opfer fielen. Der Biologieunterricht wird abwechslungsreicher. Interessierte Schülerinnen und Schüler beginnen, sich nun ein Herbarium anzulegen.

Doch groß ist die Enttäuschung, als sich zwei Familien der umliegenden Häuser beim Schulverwaltungsamt über die ungemähte Wiese beschweren. Sie empfinden den Anblick als unansehnlich. Außerdem befürchten sie, die Wiese könne vermehrt Heuschnupfen auslösen. Das Grünflächenamt entscheidet aufgrund der Beschwerde, daß die Blumenwiese nun wieder alle 14 Tage gemäht werden muß.

10.1 Die „Panda"-AG bei der Bestimmung der Pflanzen auf der Schulwiese

Damit wollen sich die Schülerinnen und Schüler nicht abfinden. Sie versuchen nun, die Anlieger für ihre Idee der bunten Wiese zu gewinnen. Während einer Projektwoche üben sie ein selbstverfaßtes Theaterstück ein, in dem sie ihre Erlebnisse darstellen. Zur Aufführung laden sie außer der Nachbarschaft auch einen Redakteur der örtlichen Presse ein. Er ist begeistert und schreibt einen umfangreichen Artikel. Gleichzeitig starten die Kinder eine Unterschriftenaktion, an der sich Eltern, Schülerinnen und Schüler, Lehrerinnen und Lehrer sowie zahlreiche Anwohner beteiligen.

Dann, nach einem halben Jahr, erteilen die zuständigen Ämter abermals ihre Zustimmung zum zweimaligen Mähen mit der Auflage, daß der Rasenschnitt von der „Panda"-AG zu räumen ist. Endlich ist das Ziel erreicht!

Acht Jahre später beginnen die Schülerinnen und Schüler der AG mit der Planung, die Blumenwiese in eine Streuobstwiese umzuwandeln. Keine leichte Aufgabe. Wieder müssen die Ämter ihre Zustimmung geben. Das Tiefbauamt erteilt die Auskunft über den Verlauf der unterirdischen Leitungen und Röhren wegen des erforderlichen Sicherheitsabstandes. Auch ist der Abstand der 19 Obstbäume untereinander zu berücksichtigen. Es werden 60 Zentimeter tiefe Pflanzenlöcher ausgehoben. Ein schweres Stück Arbeit bei dem vielen Bauschutt im Untergrund. Doch auf ihrem jahrelangen Weg der Neugestaltung des Schulgeländes ist die „Panda"-AG damit einen großen Schritt weitergekommen. Jede Klasse hat nun ihren ‚eigenen' Obstbaum. Mittlerweile haben sich 20 Blumenarten angesiedelt, die von Hummeln, Wespen, Spinnen und Grashüpfern besucht werden. Hier gibt es viel zu beobachten!

● Die Schülerinnen und Schüler veränderten die Rasenfläche des Schulgeländes. Stelle die einzelnen Abschnitte zusammen.
● Welche anderen Möglichkeiten hätte die „Panda"-Umwelt AG nutzen können, die Nachbarn für ihr Vorhaben zu gewinnen?
● Welche Fragen würdest du an den Sachbearbeiter des Grünflächenamts richten? Schreibe sie auf.
● Auch in deiner Gemeinde gibt es Ämter. Besorge dir dort Unterlagen und Informationen über ihre Verwaltungsarbeit.
● Überlege, von welchen Entscheidungen der Ämter deiner Gemeinde du oder deine Familie betroffen bist oder betroffen sein könntest.

11.1 Die „Panda"-AG räumt den Rasenschnitt

11.2 Die Klasse 5e pflanzt ihren Apfelbaum

Erkunden des Nahraumes

1 Wir planen einen Wandertag

Das Thema der heutigen WUK-Stunde lautet: Wir planen unseren Wandertag. Die Klassenlehrerin und die Schülerinnen und Schüler der Klasse 5c sind sich schnell einig, nächsten Mittwoch soll gewandert werden, diesmal im Harz. Mit der Bundesbahn wollen sie bis nach Goslar fahren und von dort zu einer vierstündigen Wanderung starten.

Da der Wetterbericht für die kommende Woche warmes Sommerwetter verspricht, legen sie als Ziel den Granestausee im Harz fest. Dort soll ihr Hauptrastplatz sein.

In kleinen Gruppen sitzen sie jetzt um die Karte herum und erarbeiten Vorschläge für den Wanderweg.

12.1 Schülerinnen und Schüler orientieren sich

1.1 Legt die Wanderstrecke fest und beachtet dabei folgende Punkte:
- meßt die Länge des Weges,
- schätzt die nötige Zeit ab,
- denkt an Rastplätze, Pausen und Unterstellmöglichkeiten, falls es regnet,
- notiert sehenswerte Punkte entlang der Strecke,
- gebt den Höhenunterschied an, der bewältigt werden muß,
- besprecht die nötige Wanderkleidung und die Verpflegung.

1.2 Zeichnet eine Skizze für die Wanderung. Legt dazu eine Folie auf die Karte und fahrt mit einem Folienstift die Strecke nach. Tragt anschließend noch auffällige Orientierungspunkte in die Skizze ein (Grillplatz, Hütten, Quelle usw.).

*13.1 Goslar und Umgebung ▷
(Ausschnitt aus der Wanderkarte Naturpark Harz 1:50 000, 1989)*

Projekt: Wir erkunden ein Gewerbegebiet

Während einer Projektwoche haben die Schülerinnen und Schüler einer 6. Klasse in Hannover ein Gewerbegebiet in ihrer Stadt erkundet. Da kaum jemand das Gewerbegebiet am Lindener Hafen kannte, wollten sie auskundschaften, welche Betriebe es dort gibt und welche Waren hergestellt werden. Ihr Lehrer hatte eine Karte des Gewerbegebietes mitgebracht, in der die Straßen, Kanäle und Schienen der Hafenbahn eingezeichnet waren.

Der Rundgang führte entlang der wichtigsten Straßen, vorbei an Lagerplätzen, großen Kränen, Hallen, Gewerbe- und Industriebetrieben. Die Schüler fragten nach, was im jeweiligen Betrieb verarbeitet oder gelagert wird. Sie notierten die Antworten und ihre Beobachtungen: die Firmennamen, die Berufe, die Anzahl der Beschäftigten, verwendete Rohstoffe und Materialien sowie die hergestellten Waren. Einige Schüler hatten einen Fotoapparat mitgebracht und machten interessante Aufnahmen.

Beeindruckend waren der An- und Abtransport der Waren und Rohstoffe. Kräne entluden Stahlbleche und Eisenträger aus den Laderäumen der Schiffe. Viele große Lastkraftwagen brachten oder holten Container, entluden Altglas, wurden mit Stahlrohren beladen oder transportierten Waren in die Betriebe. Tanklaster fuhren pausenlos zum Tanklager und kamen mit Benzin oder Heizöl gefüllt zurück.

Die Beobachtungen im Gewerbegebiet und die Gespräche mit den Beschäftigten wurden später im Unterricht ausgewertet. Die Ergebnisse zeichneten die Schülerinnen und Schüler in eine Karte ein, die am Ende der Projektwoche, zusammen mit den Fotos, den Mitschülern und Eltern vorgestellt wurde.

- Welche Fragen würdest du bei der Erkundung eines großen Industriebetriebes stellen?
  a) Erarbeite eine Liste von Fragen.
  b) Ordne die Fragen so, daß sie inhaltlich zusammenpassen.
- Einige Straßennamen im Gewerbegebiet weisen auf bestimmte Betriebe hin. Suche dazu Beispiele *(Abb. 15.1)*.
- Wie muß ein Gewerbegebiet beschaffen sein, wo Betriebe mit Massengütern (z. B. Kohle, Kies, Schrott) handeln *(Abb. 14.1 und 15.1)*?

14.1 Im Lindener Hafen

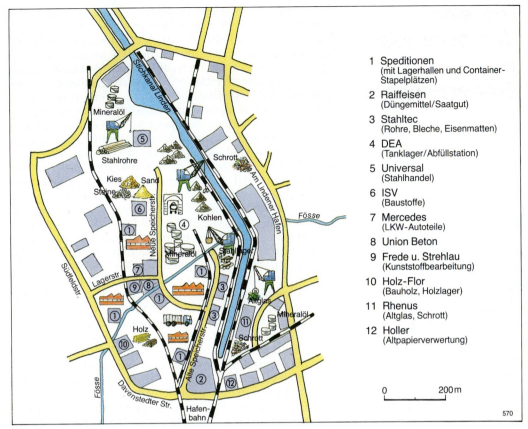

1 Speditionen
(mit Lagerhallen und Container-Stapelplätzen)

2 Raiffeisen
(Düngemittel/Saatgut)

3 Stahltec
(Rohre, Bleche, Eisenmatten)

4 DEA
(Tanklager/Abfüllstation)

5 Universal
(Stahlhandel)

6 ISV
(Baustoffe)

7 Mercedes
(LKW-Autoteile)

8 Union Beton

9 Frede u. Strehlau
(Kunststoffbearbeitung)

10 Holz-Flor
(Bauholz, Holzlager)

11 Rhenus
(Altglas, Schrott)

12 Holler
(Altpapierverwertung)

15.1 Gewerbegebiet Lindener Hafen

15.2 Altglasverwertung

● Welche Betriebe arbeiten mit Recycling-Stoffen *(Abb. 15.1 und 15.2)*?
Warum ist Recycling wichtig?
● Untersucht ein Gewerbegebiet oder einzelne Industriebetriebe in eurem Ort.

15

Orientierung auf der Erde

1 Die Erde ist eine Kugel

Als der Astronaut Neil Armstrong vom Mond aus die Erde betrachtete, rief er fasziniert: „Sie sieht aus wie ein wunderschönes Juwel, das im Raum hängt!" Auf jeden Beobachter aus dem Weltall wirkt die sonnenbeschienene Erde wie ein funkelnder Edelstein. Weiß strahlen die hochragenden Wolkenfelder, weiß-bläulich schimmernd die niedrigen und weniger dichten. Dazwischen zeichnet sich das rotbraune Festland der **Kontinente** (Erdteile) ab, umgeben vom Tiefblau und Graugrün der **Ozeane** (Weltmeere). Die Eisflächen der Polargebiete reflektieren einen großen Teil der Sonnenstrahlen in den Weltraum, so daß das Leuchten der Erde verstärkt wird.

Auf der Erde kannst du die Kugelgestalt an Meeresküsten beobachten. Unser Blickfeld wird durch den **Horizont** begrenzt, an dem die Erdoberfläche mit dem Himmel scheinbar aufeinander trifft. Taucht ein Schiff am Horizont *(Abb. 17.1)* auf, nehmen wir zuerst die hohen Aufbauten wahr. Verfolgst du den Ablauf einer Mondfinsternis, kannst du den runden Schatten erkennen, den die Erdkugel auf den Mond wirft. Aber auch Bilder, von Satelliten oder Raumschiffen aus aufgenommen, zeigen dir die Erde als Kugel.

Willst du dir jedoch einen Überblick über die Verteilung der Kontinente und Ozeane verschaffen, nimmst du am besten einen **Globus** zu Hilfe, das verkleinerte Abbild der Erde. Er ist in einem Gestell an einem Stab am Nord- und Südpol befestigt. Eine solche Verbindung von Pol zu Pol besteht in Wirklichkeit nicht. Sie entspricht aber einer gedachten Linie, der **Erdachse**. In dieser geneigten Stellung bewegt sich die Erde in fast 24 Stunden um sich selbst und in einem Jahr um die Sonne.

Drehst du den Globus um seine Achse, kannst du auch die Abfolge eines Tages und einer Nacht darstellen. Dabei mußt du jedoch überlegen, auf welcher Seite die Sonne

16.1 Halbkugeln der größten Landmasse und Wassermasse

17.1 Ein Schiff nähert sich der Küste

aufgeht! Gleichzeitig kannst du erkennen, wie großen Landmassen noch größere Wasserflächen folgen. Zwei Drittel der Erde sind mit Wasser bedeckt!

Als weitere gedachte Linie ist auf dem Globus der **Äquator** eingezeichnet, der die Erde in Nord- und Südhalbkugel trennt. Nordpol und Südpol sind gleichweit vom Äquator entfernt.

Bei Langstreckenflügen von Europa nach Asien und Amerika wählen Flugkapitäne möglichst kurze Wege über den Nordpol, um Kosten zu sparen und Zeit zu gewinnen. Dafür erweist sich die Kugelgestalt der Erde als vorteilhaft. Überprüfe dies mit Hilfe eines Fadens, indem du einige Flugrouten zusammenstellst und ihre Entfernung miteinander vergleichst.

1.1 Ein Fußgänger legt an einem Tag etwa 40 Kilometer zurück. Wie viele Tage würde er benötigen, wenn er die Erde auf dem Äquator umrunden könnte?
1.2 Suche selbst noch einmal die folgenden Angaben auf dem Globus: Nordpol, Südpol, Äquator *(Abb. 17.2)*.
1.3 Schlage die Weltkarte im Atlas auf. Vergleiche diese Karte mit dem Globus. Überlege, was man mit dem Globus machen müßte, damit die Erde wie auf der Karte abgebildet wird?
1.4 In der *Abb. 16.1* sind die Ozeane und Kontinente durch römische Zahlen und Buchstaben gekennzeichnet. Stelle ihre Namen mit Hilfe deines Atlas fest.
1.5 Erkläre, warum du ein Schiff am Horizont nicht gleich ganz sehen kannst, wenn es sich dem Ufer nähert *(Abb. 17.1)*.

Unsere Erde
Durchmesser am Äquator	12 756 Kilometer (km)
Durchmesser von Pol zu Pol	12 713 Kilometer (km)
Umfang am Äquator	40 076 Kilometer (km)
Oberfläche	510 Millionen Quadratkilometer (km^2)
Landfläche	149 Millionen Quadratkilometer (km^2)
Wasserfläche	361 Millionen Quadratkilometer (km^2)

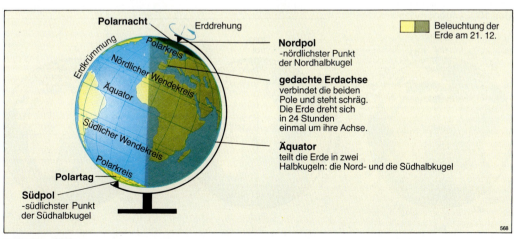

17.2 Der Globus

2 Das Gradnetz der Erde

Es ist schwierig, einen Ort auf dem Globus zu finden. Daher wurden Darstellungen der Erde wie Globus und Karten mit einem Netz von Linien, dem **Gradnetz**, überzogen. Diese Linien verlaufen sowohl von Norden nach Süden als auch von Westen nach Osten; sie sind numeriert.

Die Linien von Pol zu Pol heißen **Längengrade (Meridiane)**. Sie werden in Grad angegeben und beginnen in Greenwich, einem Vorort von London. Durch diesen Ort verläuft der Nullmeridian. Die anderen Meridiane schließen sich nun westlich und östlich davon als Halbkreise an. In beide Richtungen gibt es jeweils 180 Längengrade. Der zehnte Längengrad in östlicher Richtung verläuft durch Hamburg. Er wird mit 10° östlicher Länge (ö. L.) oder 10° O angegeben. Zur genauen Bestimmung fehlt noch die Breitenangabe.

Einen wichtigen **Breitengrad** kennst du schon, den Äquator. Nach Norden und Süden gibt es jeweils 90 Breitengrade. Vom Äquator aus wird in nördlicher und südlicher Richtung gezählt. Der 51. Breitengrad auf der nördlichen Halbkugel verläuft durch Köln. Auch diese Angabe läßt sich verkürzt ausdrücken: 51° nördlicher Breite (n. B.) oder 51° N. Der Abstand der Breitengrade zueinander beträgt 111 Kilometer, doch wird ihr Umfang zu den Polen hin immer kleiner. Der 90. Breitengrad ist nur noch ein Punkt, der **Nordpol** oder der **Südpol**.

18.1 Die Erde ist ins Netz gegangen

2.1 Stelle fest, welche Städte in Deutschland am 51., 52. und 53. Breitengrad und 8., 10. und 12. Längengrad liegen.

2.2 Ordne die Hauptstädte Europas in einer Tabelle nach ihrer Lage östlich oder westlich des 10. Längengrades.

> **Was verbirgt sich hinter den Längen- und Breitenangaben? Suche auf einer Weltkarte im Atlas die Namen:**
> - Die größte Insel der Erde liegt zwischen 60°N und 83°N.
> - Das höchste Gebirge liegt zwischen 70°O und 105°O.
> - Das längste Gebirge erstreckt sich vom 70°N und 55°S.
> - Die größte Wüste liegt zwischen 16°W und 35°O sowie zwischen 16°N und 33°N.
> - Einige Weltstädte: 118°W–34°N   58°W–34°S
>   24°O–38°N   31°O–30°N   140°O–36°N

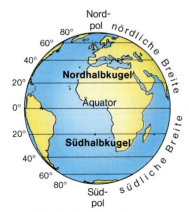  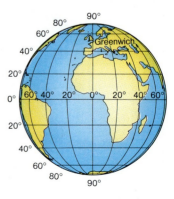

18.2 Die Erde im Gradnetz

3 Was heißt orientieren?

Orientieren hieß ursprünglich: „Den Osten suchen". Das lateinische Wort „oriens" bedeutet: „aufgehende Sonne, Osten". Heute heißt **orientieren**, sich in einem Raum oder einer Gegend zurechtfinden, aber auch, sich einen Überblick verschaffen oder sich informieren.

Plant eure Schule einen Orientierungslauf in einer unbekannten Gegend, werden an die Läufergruppen Karten ausgegeben, in denen die Kontrollpunkte und der Streckenverlauf eingetragen sind. Damit sich im Gelände keine Gruppe verläuft, erhält einer der Schüler einen Kompaß zur Orientierung. Da die Kompaßnadel immer nach Norden zeigt, können auch die anderen Himmelsrichtungen leicht bestimmt werden.

Doch auch ohne Kompaß, vorausgesetzt, daß die Sonne scheint, kannst du die Himmelsrichtungen leicht herausfinden. Dazu benötigst du eine Uhr mit Zeigern. Den kleinen Zeiger richtest du auf die Sonne. Süden liegt dann genau in der Mitte des Winkels zwischen der Zwölf und dem kleinen Zeiger. Die *Abb. 19.3* zeigt dir, daß die Südrichtung vormittags zwischen der Neun und der Zwölf, nachmittags zwischen der Zwölf und etwa der Drei liegt.

Kirchen sind meist so gebaut, daß der Altarraum im Osten des Kirchenschiffes liegt. Der Kirchenbesucher blickt also beim Gebet nach Osten.

Nicht ganz so sicher sind zwei andere Hilfen. Zum einen wehen bei uns Winde vorwiegend aus westlicher Richtung, so daß die Kronen freistehender Bäume sich nach Osten neigen. Zum anderen bringen die Westwinde die meisten Niederschläge. Die westlichen Baumseiten sind daher meist feuchter und stärker mit Moos überzogen.

Für Seefahrer war vor der Erfindung des Kompaß der Polarstern eine Orientierungshilfe. Er wird auch Nordstern genannt, weil er immer über dem Nordpol steht. Der Polarstern ist ein besonders heller Stern im Sternbild des Kleinen Wagen.

19.1 Der Polarstern zeigt die Nordrichtung

19.2 Kompaß mit Windrose

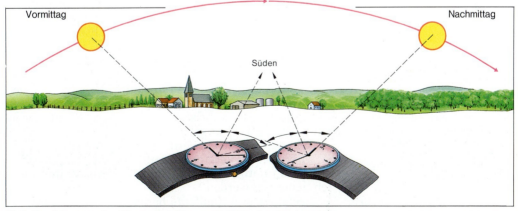

19.3 Bestimmung der Himmelsrichtung mit Hilfe der Armbanduhr

20.1 Weltbild der Christen im Mittelalter (13. Jahrhundert)

4 Die Erde – Scheibe oder Kugel?

Zu Beginn der Neuzeit hatten die Menschen unterschiedliche Vorstellungen von der Größe und Gestalt der Erde. Ihr Weltbild war geprägt von religiösen Auffassungen. Sie glaubten, daß die Erde eine Scheibe sei, die auf dem Wasser der Ozeane schwimmt, und Mittelpunkt des Weltalls. Sonne, Mond und Sterne würden sich demnach um die Erde drehen.

In der *Abb. 20.1* sind die Himmelsrichtungen für uns ungewohnt dargestellt. Mittelpunkt der Erddarstellung ist Jerusalem, um das die damals bekannten Kontinente angeordnet sind, umflossen vom Ozean. Alle im 13. Jahrhundert bekannten großen Gebirge, Orte, Flüsse und weitere Einzelheiten, die den Menschen wichtig waren, sind in ihrer Lage zu Jerusalem erfaßt. Dies zeigt zum Beispiel die Eintragung des Paradieses im Osten. Der Zeichner hatte nicht die Absicht, ein verkleinertes Abbild der Erde darzustellen.

Wissenschaftler im Mittelalter schlossen sich der Auffassung des Griechen *Aristoteles* (384–322 v. Chr.) an:

> „Aus den Sternenbeobachtungen geht hervor, daß die Erde nicht nur rund ist, sondern auch gar nicht einmal so groß. Denn gehen wir von unserem Beobachtungspunkt nach Norden oder Süden, hat sich nicht nur unser Beobachtungsraum geändert. Auch der Sternenhimmel über uns ist nicht mehr derselbe, wenn wir nach Norden oder Süden weitergehen. Manche Sterne kann man nämlich in Ägypten und auf Zypern sehen, die man aber in nördlichen Ländern nicht sehen kann, und Sterne, die man hier das ganze Jahr sieht, gehen dort unter. Daraus geht nicht nur hervor, daß die Erde rund ist, sondern auch, daß sie keine große Kugel bildet, da sich sonst nicht bei so kleinen Veränderungen des Ortswechsels die veränderte Stellung der Sterne so schnell zeigt."

4.1 Suche in *Abb. 20.1* die geographischen Angaben zu Europa heraus. Vergleiche sie mit einer heute gültigen Karte.
4.2 Äußere dich zu den Größenverhältnissen der Kontinente in *Abb. 20.1* und vergleiche sie mit *Abb. 16.1*.
4.3 Suche in *Abb. 20.1* die geographischen Angaben zum Mittelmeerraum heraus und überlege, warum der Zeichner gerade diese eingetragen hat.

Beide Auffassungen wurden im Mittelalter von den gelehrten Männern der Kirche und der Universitäten in Europa auf ihre Wahrheit hin diskutiert. Es mußten ja auch weitere Fragen gelöst werden.

Wie stand es um die Verteilung von Wasser und Land?

Mit welchen Verfahren konnten die Größe der Erde und die Entfernung zu anderen Ländern oder Kontinenten gemessen werden?

Seefahrer und Kaufleute berichteten Ungenaues und Ungewisses über die Ausdehnung der Landmassen.

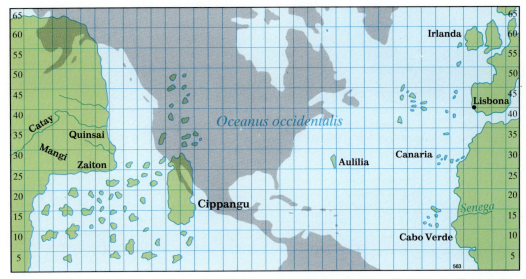

21.1 Kolumbus benutzte als Beweis seiner Reise nach Indien in westlicher Richtung die Toscanelli-Karte von 1474. In dieser vereinfachten Darstellung wurde die Lage von Amerika (grau) ergänzt.

5 Die Fahrt des Christoph Kolumbus

Aufgrund von Berichten, eigenen Beobachtungen und Studien des Schrifttums griechischer Gelehrter fertigten Kartographen erste Weltkarten an. Eine von ihnen, die des Florentiners Toscanelli (1397–1482), diente dem Seefahrer *Christoph Kolumbus* als Vorlage für sein Vorhaben, einen Seeweg nach Indien zu finden. Kolumbus hoffte, so den Weg und die Transportdauer der in Europa gewünschten Kostbarkeiten verkürzen zu können.

Am 3. August 1492 verließ unter seinem Kommando eine Flotte von drei spanischen Karavellen den Hafen von Barcelona. Als erstes Ziel steuerten die Schiffe die Kanarischen Inseln an. Dort nahmen sie frisches Wasser und Proviant auf. Die Seefahrer wußten noch nicht, daß sie auf ihrem unbekannten Weg nach Westen auf ein Land treffen würden. Hielten die Schiffe den von Admiral Kolumbus berechneten Kurs, mußten sie auf direktem Weg den Hafen Quinsai erreichen, nach der Karte des Toscanelli westlich der Insel Cippangu (Japan) gelegen.

Als die Flotte 25 Längengrade westlicher Richtung passiert hatte, kamen Kolumbus Bedenken. Er ordnete Kurswechsel nach Norden und Süden an, die die Seeleute verunsicherten. Meuterei drohte. Endlich kündigten treibendes Seegras und Vögel Landnähe an. Als ein Matrose am 12. 10. 1492 vom Ausguck aus Land entdeckte, war nach Meinung von Kolumbus Indien erreicht.

Wir wissen heute, daß Kolumbus die Insel „Samana Cay" (Guanahani) entdeckt hatte. Zugleich aber leitete er die Erschließung eines neuen Kontinents ein und löste eine Entwicklung aus, die das Weltbild des mittelalterlichen Menschen umstieß.

5.1 Welche Kontinente kannten die Menschen vor der Entdeckungsreise des Kolumbus *(Abb. 21.1)*?
5.2 Stelle fest, wie viele Längengrade zwischen der Westküste Europas und der Ostküste Amerikas liegen. Vergleiche mit der Karte des Toscanelli *(Abb. 21.1)*.
5.3 Erkläre, warum Kolumbus die Einwohner „Indios" nannte.

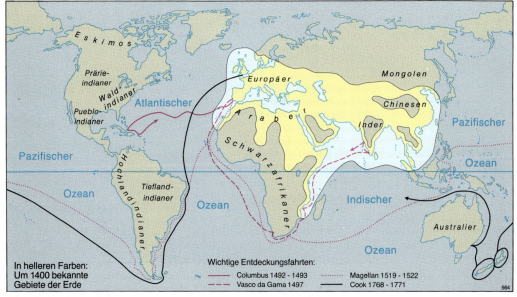

22.1 Entdeckungsfahrten

6.1 Trage auf einer 11 Zentimeter langen Strecke die Zeiten der Entdeckungsfahrten nach *Abb. 22.1* ein (1 Jahrhundert = 2 cm, 5 Jahre = 1 mm). Beginne bei 1400 n. Chr.
6.2 Aus welchen Ländern haben die Entdecker dir bekannte Gewürze (wie zum Beispiel Pfeffer, Gewürznelken) eingeführt *(Lexikon)*?
6.3 Stelle in einer Tabelle zusammen, an welchen Küsten und an welchen Inseln Vasco da Gama, Kolumbus, Magellan und James Cook gelandet sind *(Abb. 22.1* und *Atlas)*.
6.4 Welche Länder Afrikas und Asiens waren den Europäern um 1400 bekannt *(Abb. 22.1)*?

6 Die erste Weltumseglung

Nach den Entdeckungsfahrten des Kolumbus erkundeten weitere Seefahrer die Erde bis zum 90. Längengrad West und 130. Längengrad Ost. An der Kugelgestalt der Erde zweifelten die Gelehrten Europas nicht mehr. Doch was lag zwischen den Längengraden?

Diese Frage wollte der 39jährige Kapitän *Magellan* mit einer Fahrt durch unbekannte Regionen beantworten. Der spanische König Karl I. (1500–1556) gab seine Zustimmung für die Ausrüstung von fünf Schiffen, die zu den Molukken aufbrechen sollten. Das Oberkommando erhielt *Magellan*. Die Flotte stach am 20. September 1519 von San Lucar bei Sevilla aus in See mit 270 Mann Besatzung: Portugiesen, Italiener, Franzosen, Deutsche, Niederländer, Griechen, ein Engländer, Schwarze und Malaien. Nach einem Aufenthalt in Teneriffa erreichten die Schiffe am 13. Dezember die Bucht von Rio de Janeiro. Dann begann die Fahrt ins Ungewisse nach Süden, um eine Durchfahrt nach Westen zu suchen. Auf dem 49. Breitenkreis ankerten die Schiffe in der Bucht von San Julian am 31. März 1520. Die Aussicht, in dieser unwirtlichen Gegend überwintern zu müssen, löste auf drei Schiffen eine Meuterei aus. Sie wurde von Magellan niedergeschlagen.

Als der strenge Winter nachließ, erkundeten Schiffe den Küstenverlauf. In den unbekannten Gewässern verlor die Flotte ein Schiff, ein weiteres kehrte mit meuternden Matrosen nach Spanien zurück. Mit den übrigen gelang dann am 28. November 1520 nach einer wagemutigen, 583 Kilometer langen Durchfahrt einer Meeresstraße, der Magellanstraße, der Weg nach Westen. Ungewöhnlich still lag der Pazifische Ozean vor ihnen. Magellan nannte ihn deswegen den Stillen Ozean. Auf direktem Kurs wollte die kleine Flotte nun die Molukken, die Gewürzinseln, erreichen. Doch 98 Tage lagen vor ihnen, an denen die Seeleute nichts sahen als Meer und zwei wasserlose, unfruchtbare Inseln. Die Vorräte gingen zur Neige. Wasser konnte nur von Zeit zu Zeit bei heftigen Regengüssen aufgefangen werden. Ein Bericht beschreibt die Situation: „Wir aßen Zwieback, aber in Wirklichkeit war das schon kein Zwieback mehr, sondern Staub voller Würmer. Wir waren gezwungen, Leder zu kauen. Um den Hunger zu stillen, nahmen wir Sägespäne zu uns, und für eine Ratte wurde ein halber Dukaten bezahlt."

Am 6. März 1521 erreichte die Flotte endlich Land. Bei der Landung auf der Insel Matan der Philippinen wurde eine kleine Schar unter Führung Magellans von Hunderten von Eingeborenen umringt. Pfeile, Steine und Speere gingen auf sie nieder. Auf dem Rückzug der Seeleute wurde Magellan am 27. April 1521 getötet.

Die letzten beiden Schiffe erreichten im November 1521 die Molukken. Sie nahmen Gewürze an Bord. Nur einem Schiff gelang die Heimfahrt. Es traf mit 18 Weißen und vier Asiaten am 6. September 1522 in Sevilla ein.

6.5 Schreibe einen Bericht über das Leben an Bord einer Karavelle zur Zeit des Magellan und über die Unterkunft, Versorgung *(Abb. 23.1)* und die Arbeit der Mannschaft.
6.6 Durch die Reisen des Kolumbus und Magellan änderte sich das Weltbild der Menschen grundlegend. Erläutere diese Aussage.

Angaben zur Karavelle
portugiesisches Schiff, 25 m lang, 12 m breit, 100 Tonnen Gewicht, 3 Masten, hoher Heckaufbau, Heckruder, 40 Mann Besatzung

23.1 Aufbau einer Karavelle (mittelalterliches Segelschiff) für die Entdeckungsfahrten

Orientierung auf Karten

24.2 Schrägaufnahme der Leinebergschule

24.1 Einzugsbereich der Leinebergschule

24.3 Fast senkrechte Aufnahme der Leinebergschule

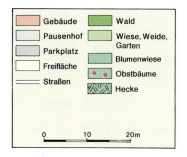

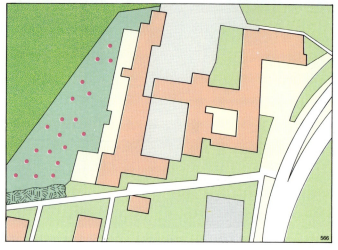

24.4 Skizze der Leinebergschule, angefertigt nach der Luftaufnahme (Abb. 24.3)

25.1 Die Leinebergschule und Umgebung

1 Vom Luftbild zur Karte

Stell dir vor, du könntest deine Schule und die Umgebung deines Heimatortes aus der Kanzel eines Flugzeuges betrachten. Stiege das Flugzeug höher und höher, würde dir die Landschaft immer kleiner und kleiner erscheinen. Einzelne Häuser, Straßen oder Flüsse könntest du nicht mehr genau erkennen. Aus 10 000 Metern Höhe betrachtet wären der Mittellandkanal, die Weser oder Elbe nur noch schmale blaue Bänder.

Die Aufnahmen der Leinebergschule in Göttingen *(Abb. 24.2* und *24.3)* wurden vom Flugzeug aus aufgenommen. Auf dem Schrägluftbild kannst du noch viele Einzelheiten erkennen: Wohnblocks, Tanjas Schule, Einfamilienhäuser, Straßen mit Autos, Parkplätze und noch vieles mehr. Bei der Senkrechtaufnahme macht es sehr viel mehr Mühe, diese Einzelheiten auszumachen. Der Blickwinkel hat sich verändert. Sie ähnelt schon mehr dem Stadtplan *(Abb. 24.4)*. Auf ihm sind Straßen und öffentliche Gebäude angegeben. Wie bei allen Karten ist der obere Kartenrand nach Norden ausgerichtet. Du siehst nicht schräg von der Seite wie beim Luftbild, sondern in der „Draufsicht". Mit dem Maßstab kannst du jetzt auch die Entfernungen bestimmen.

1.1 Suche auf *Abb. 25.1* die Leinebergschule.
1.2 Welche Einzelheiten auf dem Luftbild fehlen auf der Karte?
1.3 Plane eine Stadtbesichtigung. Lege den Weg fest und zeichne eine Skizze.

Orientierung auf Karten

2 Orientierung auf einem Stadtplan

In fremden Städten kannst du dich mit einem Stadtplan zurechtfinden. Er enthält ein Straßenverzeichnis der Straßennamen, nach dem Alphabet geordnet. Über dem Stadtplan kannst du Quadrate mit blauen Linien erkennen. Am Rand der Karte befinden sich Buchstaben und Ziffern, so daß du jedes Quadrat genau bezeichnen kannst, zum Beispiel mit b 5.

26.1 Die Stadtmitte von Oldenburg

2.1 Bestimme die Breite der Hunte im Quadrat a 5 *(Abb. 27.1)*.
2.2 Wie lang und wie breit ist der Schloßgarten?
2.3 Welche Strecke muß ein Fußgänger ungefähr vom Niedersächsischen Staatsarchiv (c 5) zum Hauptbahnhof zurücklegen?

2.4 Stelle mit Hilfe der Karte *(Abb. 27.1)* fest:
– In welchem Quadrat liegt der Bahnhof?
– In welcher Himmelsrichtung, vom Markt aus betrachtet, liegt Quadrat c 2?
– Beschreibe den Verlauf des Heiligengeistwalls!
– Gib das Quadrat an, in dem die Cäcilienstraße liegt.
– Welchen Weg würdest du vom Bahnhof zum Alten Gymnasium (Quadrat a 4) nehmen?

27.1 Auszug aus dem Stadtplan von Oldenburg Kartographie und alle Rechte: FALK-Verlag GmbH, Hamburg

Orientierung auf Karten

3 Physische Karten

In deinem **Atlas** findest du eine Karte Norddeutschlands, in der das Land Niedersachsen dargestellt ist. Der Zeichenerklärung (**Legende**) am Rand der Karte entnimmst du, was die verschiedenen Farben, Kartenzeichen (**Signaturen**) bedeuten. Es ist eine **physische Karte**. Sie zeigt dir die Lage von Ortschaften, den Verlauf von Gewässern und Verkehrswegen und die Landhöhen.

Die Höhenangaben und Farbstufen sowie die Schummerung *(Abb. 29.1–29.3)* helfen dir dabei, die Landschaft zu beschreiben. Die Höhenangaben beziehen sich auf den Meeresspiegel (gleich 0 Meter), dafür wird die Bezeichnung Normalnull (= NN) verwendet. So bedeutet beispielsweise die Zahl 350, daß dieser Punkt 350 Meter über dem Meeresspiegel liegt (abgekürzt 350 m NN).

28.1 Physische Karte

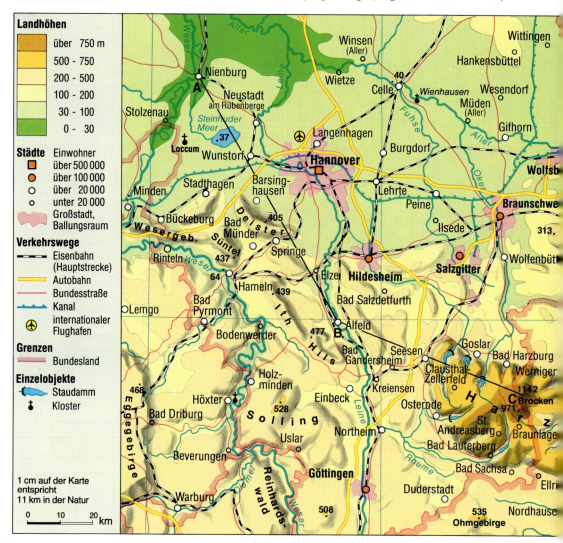

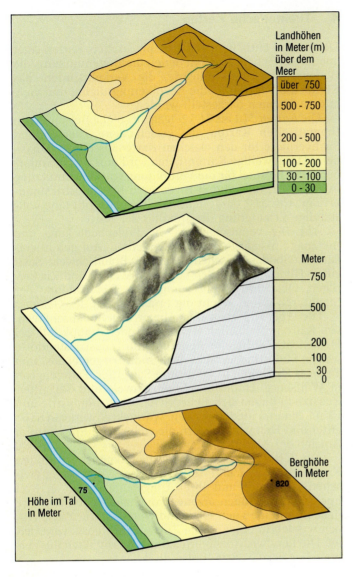

29.1 Farbstufen kennzeichnen die Landhöhen

29.2 Wiedergabe der Landformen durch die Schummerung

29.3 Farbstufen und Schummerung in der Karte

3.1 Gib die ungefähre Höhenlage von Bückeburg, Alfeld und Braunlage an.
3.2 Bestimme die Länge der Eisenbahnstrecke von Wolfsburg nach Stadthagen. Miß mehrere Teilstücke und zähle die Strecken zusammen. Rechne dann mit Hilfe der Maßstabsleiste um. Bestimme die Entfernung per Luftlinie. Vergleiche.
3.3 Bestimme die Entfernung der Strecken A–B und B–C. Welche Höhen müssen überwunden werden (Abb. 28.1 und Abb. 29.4)?
3.4 Stelle deinem Nachbarn ähnliche Aufgaben wie in 3.3.
3.5 In einer physischen Karte ist ‚grün' nicht Wiese, ‚braun' sind nicht Felder. Begründe die Aussage.

29.4 Höhenprofil
▽

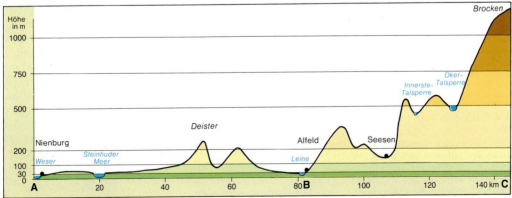

Orientierung auf Karten

4 Thematische Karten

Dein Atlas enthält neben den physischen Karten aber auch zahlreiche Karten, in denen die Bodennutzung, die Bodenschätze, die Industrie, die Verkehrslinien, das Klima, die Vegetation, die Bevölkerungsdichte und viele andere Themen dargestellt werden.

Die *Karten 31.1* bis *31.3* zeigen dir solche Beispiele von **thematischen Karten**, die verschiedene Themen und Sachverhalte für den gleichen Kartenausschnitt behandeln. Das jeweilige Kartenthema wird durch Flächenfarben, zum Beispiel für die Verbreitung von Bodennutzung in *Abb. 31.1*, oder durch Signaturen für Industriestandorte in *Abb. 31.2* dargestellt. Die Legende gibt eine vollständige Erläuterung des Inhaltes der Karte.

Abb. 31.1 veranschaulicht die Bodenbedeckung und -nutzung im südöstlichen Niedersachsen. Auf den fruchtbaren Lößböden zwischen Hannover–Braunschweig–Salzgitter–Hildesheim werden vor allem Weizen und Zuckerrüben, Obst und Gemüse angebaut. Die Häufung der Signaturen unterstreicht die Fruchtbarkeit des Gebiets.

Die *Abb. 31.2* zeigt den Abbau von Bodenschätzen, wie Kalisalz südöstlich Hannovers oder Braunkohle bei Helmstedt. Zahlreiche Signaturen für Industriestandorte weisen Südostniedersachsen als Industriegebiet aus, zum Beispiel Hochöfen in Peine und Salzgitter, Fahrzeugbau in Wolfsburg, Hannover, Braunschweig und Salzgitter. Zusätzlich haben sich Betriebe der Elektroindustrie und Feinmechanik niedergelassen. Wärmekraftwerke in Salzgitter und Helmstedt liefern die elektrische Energie zum Antrieb der Maschinen.

Am Beispiel der Stadt Hildesheim kannst du auf den Karten *(Abb. 31.1* und *31.2)* eine enge Verbindung zwischen der Stadt und ihrer Umgebung erkennen. Auf hochwertigen Böden erzeugen die bäuerlichen Betriebe neben Getreide auch Obst und Gemüse. Die Zuckerrüben werden in einer nahen Zuckerrübenfabrik verarbeitet. Die Landwirte beliefern mit ihren Produkten die Verbraucher der Großstadt also direkt.

Bis zum Beginn des 20. Jahrhunderts nutzten die Menschen fast nur die von der Natur vorgegebenen Möglichkeiten zur Anlage von Verkehrswegen wie die Flußtäler von Leine, Innerste oder Oker. Mit fortschreitender technischer Entwicklung im Brücken- und Tunnelbau konnte die Streckenführung beim Eisenbahn- und Straßenbau begradigt und verkürzt werden, wie die *Abb. 31.3* zeigt. Verkehrsgünstig stellen Mittellandkanal, Fernstraßen und Eisenbahnlinien den Anschluß an die Hauptverkehrsadern der Bundesrepublik Deutschland her. In Hannover kreuzen sich solche Verkehrslinien. Dies ist ein Grund für die wichtige Stellung Hannovers als Messe- und Industriestandort für Maschinen- und Fahrzeugbau, Papier- und Textilindustrie, Gummiverarbeitung und andere Industriezweige.

4.1 An welchen Standorten stehen Wärmekraftwerke?

4.2 Nenne Gebiete, die in Südostniedersachsen dünn und dicht besiedelt sind *(Atlas)*.

4.3 Trage für einige Städte und ihre Umgebung die Informationen in eine Tabelle ein, die du den Karten *(Abb. 31.1* und *31.2)* entnehmen kannst.

Ort	Bodennutzung	Industrie
Hildesheim	Zuckerrüben, Weizen	Zuckerfabrik, Eisen- und Metallverarbeitung, Elektrotechnik, Elektronik

4.4 Suche in *Abb. 31.3* eine Straße und eine Eisenbahnstrecke heraus. Beschreibe ihren Verlauf und begründe, ob es sich um eine alte oder in unserem Jahrhundert angelegte Streckenführung handeln muß.

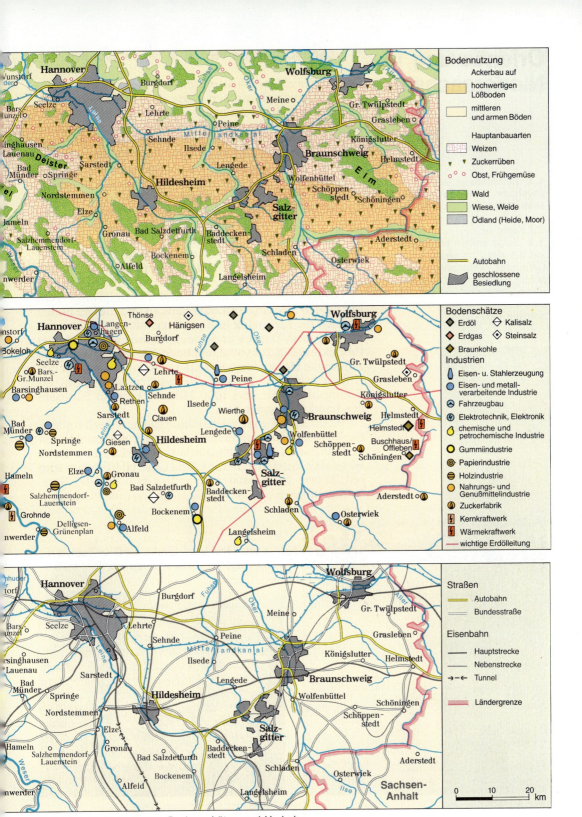

31.1–31.3 Bodennutzung, Bodenschätze und Verkehr

Orientierung in Niedersachsen

1.1 Betrachte im Atlas die physische Karte Niedersachsens und ordne die Landschaften *(Abb. 32.1, 32.2 und 33.2)* der Karte zu.
1.2 Zeige deinen Mitschülern auf der Karte, in welchen Gegenden Niedersachsens du schon gewesen bist. Schildere deine Eindrücke und berichte darüber, was dir besonders gefallen hat.

1 Landschaftliche Vielfalt in Niedersachsen

Die Nordseeküste ist als nördliche Grenze Niedersachsens auf einer physischen Karte deutlich zu erkennen. An die Kette der Ostfriesischen Inseln schließt sich das Wattenmeer an. Es ist eine einzigartige Naturlandschaft. Entlang der Küste ist die flache Marsch mit Wiesen und Weiden Grundlage einer ertragreichen Viehwirtschaft.

In die Nordsee münden Ems, Weser und Elbe. Sie sind Fahrwege für Binnenschiffe zu bedeutenden Seehäfen. Nur Wilhelmshaven besitzt keinen Anschluß an das Wasserstraßennetz in das Binnenland. Die Ströme und ihre Zuflüsse gliedern das Norddeutsche Tiefland in viele Teillandschaften. Flache Moore und sandiges Hügelland bis 150 Meter Höhe bestimmen das Landschaftsbild der **Geest**. So nennt man in Niedersachsen diese von der Eiszeit geprägte Landschaft.

Daran schließt sich – nördlich der Mittelgebirge – ein Landstrich fruchtbaren Lößbodens an. Auf diesem Boden erzielen die Landwirte hohe Erträge mit dem Anbau von Zuckerrüben, Weizen und anderen landwirtschaftlichen Produkten. Das Bergland im Süden Niedersachsens ist in zahlreiche Höhenzüge gegliedert, mit durchschnittlichen Höhen von 500 Metern. Sie werden vom Harz als Gebirgsblock mit über 1000 Metern Höhe im Südosten des Landes überragt.

Weser, Leine und andere Flüsse gliedern das Bergland. Sie fließen vorwiegend von Süden nach Norden. Mit seinen zahlreichen Windungen ist das Wesertal bis zur Porta Westfalica verkehrsfeindlich. Das Leinetal hingegen wird seit langem als günstiger Verkehrsweg durch das Bergland genutzt.

32.1 Marsch

32.2 Geest (Lüneburger Heide)

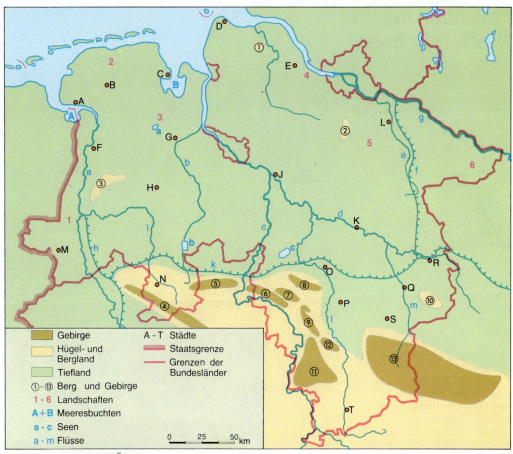

33.1 Topographische Übung

33.2 Bergland an der Weser (Dölme bei Bodenwerder)

1.3 Bringe die stumme Karte zum Reden. Versuche erst, ohne den Atlas zu arbeiten. Notiere die Ergebnisse in dein Heft.

Städte	Gebirge	Flüsse	Seen

1.4 Bestimme die Höhen der Gebirge.

1.5 Ermittle die Entfernung (Luftlinie) von Göttingen nach Cuxhaven und von Nordhorn nach Schnackenburg *(Atlas)*.

Orientierung in Niedersachsen

Stellt euch vor: Wir sitzen in einem Satelliten oder in der Kanzel eines sehr hoch fliegenden Flugzeugs und blicken auf die deutschen Mittelgebirge, das Norddeutsche Tiefland und die Nord- und Ostsee! Dann hätten wir einen Eindruck von diesem Großraum, wie ihn uns diese Panoramakarte bietet. Aber nur ganz selten ist unser Heimatraum so wolkenfrei wie auf der gezeichneten Karte. Außerdem wäre das, was wir sehen könnten, nicht beschriftet. Und noch einige andere Unterschiede zu einem „Bild" könnt ihr selbst finden!
Was uns an einer solchen Panoramakarte, wie auch an anderen Karten vor allem beeindruckt, das ist der Überblick über einen größeren Raum, den wir hier gewinnen können:
● Die Lage der Städte wird deutlich, wie zum Beispiel Hannover am Nordrand der Mittelgebirge, Hamburg an der Trichtermündung der Elbe, Münster inmitten einer großen „Bucht" des Norddeutschen Tieflandes.
● Die einzelnen Höhenzüge der bewaldeten Mittelgebirge zeichnen sich klar ab, darunter insbesondere der Harz.
● Wir können nun selbst beurteilen, warum im Niedersächsischen Tiefland Kanäle die einzelnen Flüsse verbinden, warum gerade die Lüneburger Heide zu einem Erholungsgebiet, besonders für die Hamburger und Hannoveraner, geworden ist, warum man die Nord- und Ostfriesischen Inseln als einen Schutzwall gegen die Sturmfluten der Nordsee bezeichnet. Dieses und noch vieles mehr kannst du in einer solchen Panoramakarte entdecken. Diese Karte kann man wirklich „lesen"! Aber damit du auch alles benennen kannst, solltest du die Atlaskarte des Raumes zum Vergleich heranziehen.

Orientierung in Niedersachsen

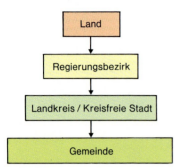

36.1 Gliederung der Verwaltung von Niedersachsen

Land: Polizei, Innere Schulangelegenheiten (z. B. allgemeine Verwaltung, berufliche Bildung)

Bezirk: Aufsichtsbehörde des Landkreises und der kreisfreien Städte, Genehmigung von Mülldeponien, Festlegung von Wasserschutzgebieten

Kreis/kreisfreie Stadt: Müllabfuhr, Sozialhilfe, Bau und Unterhaltung von Schulen der Sek. I/II, Kreiskrankenhäuser, Kreisstraßen …, Genehmigung von Bebauungsplänen, Aufsichtsbehörde der Gemeinde …

Gemeinde: Trinkwasserversorgung, Ausweise, Bau und Unterhaltung von Grundschulen, Gemeindestraßen, Badeanstalten …, Bebauungspläne aufstellen, Standesamt, Fundbüro …

2 Verwaltungsgliederung in Niedersachsen

Peter fährt mit dem Schulbus zu seiner Schule. Die Fahrtkosten übernimmt seine Heimatgemeinde. Maikes Vater benötigt für den neuen Wagen eine Zulassung. Er fährt zum Ordnungsamt seines Landkreises. An einer Schule beginnt ein Lehrer nach seinem Staatsexamen seinen Unterricht. Er wird von der Bezirksregierung eingestellt. Für den Sportunterricht gibt der Niedersächsische Kultusminister neue Richtlinien heraus.

Die *Abb. 36.1* zeigt dir die Stufen der Verwaltung im Land Niedersachsen. Auf jeder Stufe werden unterschiedliche Aufgaben der Verwaltung erledigt, von denen in *Abb. 36.2* einige dargestellt sind.

Die Landeshauptstadt ist Hannover mit dem Sitz der Landesregierung. Die Verwaltungssitze der vier Bezirksregierungen kannst du der Karte *(Abb. 37.1)* entnehmen.

In den vier niedersächsischen Regierungsbezirken sind 1028 Gemeinden, neun kreisfreie Städte und 38 Landkreise zusammengefaßt.

36.2 Aufgaben der einzelnen Verwaltungsebenen (eine Auswahl)

37.1 Verwaltungsgliederung Niedersachsens

Kennst du diese Stadt in Niedersachsen?

Stadt W größter Ölhafen der Bundesrepublik Deutschland; Textilindustrie; Niedersächsisches Institut für Vogelforschung

Stadt H mittelalterliches Stadtbild; im Frühsommer jedes Jahr Rattenfängerspiele

Stadt L alte Salinenstadt; Sole- und Moorbad; im Südosten Hamburgs gelegen

Stadt O Großhandelsstadt, Bischofssitz seit dem 11. Jahrhundert, drittgrößte Stadt Niedersachsens

2.1 Stelle die Regierungsbezirke, Landkreise und kreisfreien Städte Niedersachsens zusammen.

Reg.-Bez.	Landkreise	Städte	Autokennz.

2.2 In welchem Landkreis oder welcher kreisfreien Stadt wohnst du? Wie heißen die angrenzenden Landkreise?

Deutschland – von der Küste bis zu den Alpen

38.1 Ostsee

38.2 Ostfriesland (Großefehn)

- Welche Großlandschaften zeigen die Bilder *(Abb. 38.1 bis 38.4)*? Ordne die Bilder der nebenstehenden Karte *(Abb. 39.1)* zu.
- Schneide aus einem Reiseprospekt Landschaftsbilder von Deutschland aus, ordne sie nach den vier Großlandschaften und klebe sie in dein Heft.
- Laß die stumme Karte sprechen.

Gebirge	Flüsse	Städte
1 =	a =	K. =
2 =	b =	H. =
.	.	.
.	.	.

- In welchen Gebirgen entspringen Rhein, Main, Ruhr, Inn, Mosel, Donau, Saale, Mulde?
In welche Flüsse oder Meere münden Neckar, Main, Isar, Saale, Donau, Weser, Elbe, Inn, Rhein, Havel, Spree?
Sicherlich brauchst du den Atlas.
- Starte eine Fotosafari durch deine Heimat, und halte sie in Bildern fest.

38.3 Harz (Hahnenklee)

38.4 Allgäu und Alpen

39.1 Deutschland – physische Gliederung

Deutschland

1 Politische Gliederung Deutschlands

Du hast schon die Verwaltungsgliederung von Niedersachsen kennengelernt. Auch die anderen Länder Deutschlands haben eine ähnliche Verwaltung.

Als deine Großeltern geboren wurden, gab es noch keine Bundesrepublik Deutschland, sondern das Deutsche Reich. Es wurde nach dem Zweiten Weltkrieg von den Siegermächten USA, Sowjetunion, Großbritannien und Frankreich in vier Besatzungszonen eingeteilt. Berlin, die Hauptstadt des ehemaligen Deutschen Reiches, teilten sie in vier Sektoren auf. Aus dem amerikanischen, britischen und französischen Sektor entstand Berlin (West), aus dem sowjetischen Berlin (Ost).

Im Oktober 1949 wurde mit Zustimmung der Regierungen der USA, Großbritanniens und Frankreichs die Bundesrepublik Deutschland gegründet. Sie entstand durch den Zusammenschluß der Besatzungszonen der drei westlichen Siegermächte. Die Bundesrepublik Deutschland ist ein selbständiger Staat, der durch wirtschaftliche und politische Bündnisse den westlichen Staaten angehört.

Die Regierungsaufgaben des Bundes und der Länder nehmen gewählte Parteienvertreter wahr. Die Regierung der Bundesrepublik Deutschland liegt in der Verantwortung des Bundeskanzlers, die Gesetzgebung in den Händen des Parlaments (Bundestag und Bundesrat). Das Staatsoberhaupt der Bundesrepublik Deutschland ist der Bundespräsident.

Die damalige Regierung der Sowjetunion beabsichtigte, ihre Besatzungszone dem kommunistischen Machtbereich einzugliedern. Daher übernahmen im Auftrag der sowjetischen Militärregierung deutsche Kommunisten wichtige Verwaltungsaufgaben und 1949 auch die Regierung des zweiten deutschen Staates, der Deutschen Demokratischen Republik (DDR). Die Vorherrschaft in der Regierung sicherten sich die Kommunisten mit der Gründung der Sozialistischen Einheitspartei Deutschlands (SED). Nur Mitglieder dieser Partei und der von ihr kontrollierten Blockparteien konnten verantwortliche Posten in Regierung und Wirtschaft übernehmen. Von Berlin (Ost) aus wurden die Verwaltung und Wirtschaft in den Bezirken und Kreisen zentral gelenkt.

Von 1954 an gehörte die DDR zu den Staaten des Ostblocks und deren Bündnissen. Als aber in mehreren Ostblockstaaten die kommunistischen Parteien ihre Vormachtstellung verloren, zwang im Herbst 1989 auch die Bevölkerung der DDR in friedlichen Demonstrationen die SED zur Aufgabe ihrer Vorherrschaft.

Das erste frei gewählte Parlament der DDR beschloß für den 3. Oktober 1990 den Beitritt der Länder Mecklenburg-Vorpommern, Brandenburg, Sachsen-Anhalt, Thüringen und Sachsen zur Bundesrepublik Deutschland. Hauptstadt dieses vereinten Deutschlands ist Berlin.

Tab. 1: Die Länder Deutschlands 1990

Bundesland	Fläche in km²	Einw. in Mill.
Baden-Württemberg	35 800	9,8
Bayern	70 600	11,4
Berlin	883	3,4
Brandenburg	29 100	2,6
Freie und Hansestadt Bremen	404	0,7
Freie und Hansestadt Hamburg	755	1,6
Hessen	21 100	5,7
Mecklenburg-Vorpommern	23 800	1,9
Niedersachsen	47 300	7,4
Nordrhein-Westfalen	34 100	17,3
Rheinland-Pfalz	19 800	3,8
Saarland	2 570	1,1
Sachsen	18 300	4,8
Sachsen-Anhalt	20 400	2,9
Schleswig-Holstein	15 700	2,6
Thüringen	16 300	2,6

1.1 Ordne die Bundesländer nach der Größe ihrer Fläche.
1.2 Notiere die Nachbarländer der Bundesrepublik Deutschland.
1.3 Du kannst selbst ein Puzzle basteln:
Zeichne die Bundesländer in ihren Grenzen auf ein Transparentpapier. Klebe das Transparentpapier auf einen dünnen Karton und schneide die Länder aus.
Dabei solltest du Hamburg und Bremen bei Niedersachsen belassen.
Jetzt kannst du das Puzzle deinen Eltern und Freunden zum Zusammensetzen geben.

41.1 Deutschland – politische Gliederung heute

Unser Kontinent Europa

1.1 Bestimme die Hauptstädte der europäischen Staaten!

Land	Hauptstadt
Belgien	?

1.2 Stelle die Staaten Europas (Abb. 42.1) nach ihrer Zugehörigkeit zu Nord-, Ost-, West-, Mittel-, Süd- und Südosteuropa in einer Übersicht zusammen.

1.3 Welche Staaten grenzen an das Mittelmeer, welche an den Atlantischen Ozean, welche an Nord- und Ostsee?

1.4 Notiere für ein europäisches Land, was du über das Leben der Kinder weißt.

1 Die Staaten Europas

Europa nimmt unter den sieben Kontinenten der Erde den vorletzten Platz nach seiner Fläche ein. Es wird in Nord-, Mittel-, West-, Süd- und Südosteuropa eingeteilt.

Zwölf Staaten Europas gehören zur **Europäischen Gemeinschaft (EG)**. Die Mitglieder sind enge wirtschaftliche und politische Beziehungen mit dem Ziel eingegangen, daß ihre Bewohner in allen EG-Ländern gemeinsam leben, arbeiten und die politischen Grenzen ungehindert passieren können.

Doch noch immer bestehen unsichtbare Grenzen zwischen den Menschen. Sie ergeben sich aus den Unterschieden der Kulturen, aus anderen Lebensgewohnheiten im Alltag, in den Familien, in der Schule oder der Arbeitswelt. Die zahlreichen Sprachen behindern ebenso Begegnungen.

Der Europäischen Gemeinschaft möchten sich weitere Staaten anschließen. Als friedliche Nachbarn in einem ‚Europäischen Haus' zu wohnen und Probleme, die sich aus dem Zusammenleben ergeben, gemeinsam zu lösen, wird Aufgabe der Zukunft sein.

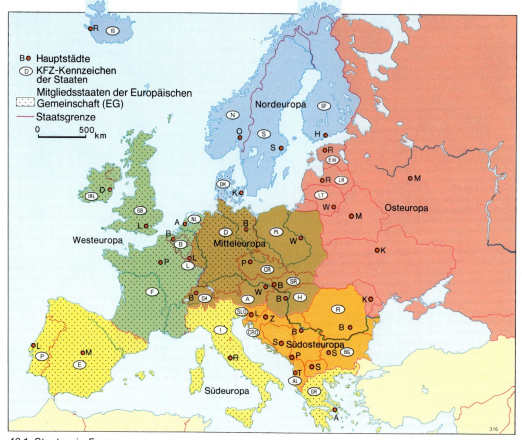

42.1 Staaten in Europa

2 Europa – Lage, Größe und physische Gliederung

Unser Kontinent liegt auf der nördlichen Erdhalbkugel zwischen 35° und 72° nördlicher Breite: Von Norden nach Süden (Nordkap–Malta) erstreckt sich Europa über rund 4000 km; das ist ungefähr sechseinhalbmal die Entfernung Hamburg–München. Von Irland im Westen bis zum Uralgebirge im Osten sind es rund 5000 km. Der über 2000 km lange Ural gilt als Grenze zwischen Asien und Europa. Der europäische Kontinent ist wie eine riesige Halbinsel an Asien angehängt. Für beide Kontinente hat man daher auch den Begriff **Eurasien** geprägt.

Im Norden, Süden und Westen wird Europa durch Meere begrenzt. Der Atlantische Ozean dringt mit seinen Nebenmeeren (Ostsee, Mittelmeer) und der Nordsee als Randmeer tief in den europäischen Kontinent ein, der dadurch in viele Buchten, Halbinseln und Inseln aufgeteilt ist.

Auch im Inneren ist Europa durch **Hoch-** und **Mittelgebirge, Tiefländer** und Hochflächen sehr stark gegliedert. Unser Kontinent bietet daher viele Abwechslungen in den Landschaftsformen.

2.1 Fertige eine Tabelle an mit den Spalten: Gebirge und Tiefländer. Ergänze diese Tabelle nun mit Hilfe von *Abb. 43.1* und deinem *Atlas*.

Gebirge	Tiefländer

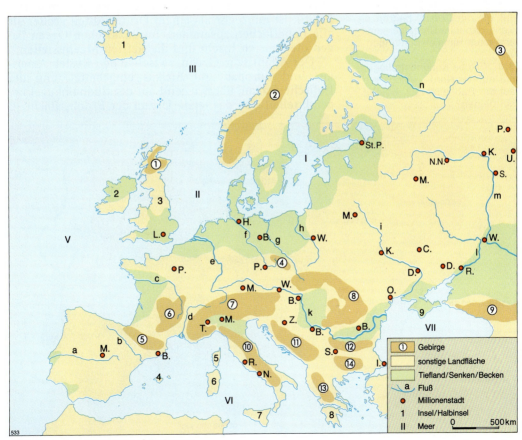

43.1 Europa – physische Gliederung

Die Erde auf einen Blick

1 Kontinente und Ozeane

Landmassen bedecken etwa ein Drittel der Erdoberfläche, die in sieben Kontinente gegliedert sind. Ihr Flächenanteil an der Nordhalbkugel ist größer als auf der Südhalbkugel.

Den Doppelkontinent Amerika nannte man in Europa nach der Entdeckungsfahrt des Kolumbus auch ‚Neue Welt'. Eine schmale Landbrücke – Mittelamerika – verbindet Nord- und Südamerika. Zur ‚Neuen Welt' zählte auch Australien nach seiner Entdeckung 1768 durch *James Cook*.

Die Antarktis wurde als letzter Kontinent bekannt. Der Norweger Roald Amundsen erreichte 1911 als erster Mensch den Südpol im Wettlauf mit dem Briten *Robert Scott*, der bei dieser Expedition sein Leben verlor.

Europa und Asien bilden naturräumlich einen Doppelkontinent, was durch die Bezeichnung ‚Eurasien' ausgedrückt wird. Er gehört mit Afrika zur ‚Alten Welt'. Die Grenze zwischen den Kontinenten verläuft vom Uralgebirge über den Uralfluß entlang dem Kaukasusgebirge.

Zwei Drittel der Oberfläche der Erde bedecken die Wasserflächen der Ozeane mit ihren Randmeeren. Der Pazifik ist mit mehr als einem Drittel Anteil größer als alle Landflächen zusammen. Im Pazifischen Ozean liegen die meisten Inseln und die tiefsten Meeresstellen.

Der Atlantische Ozean, zwischen den Küsten Amerikas und Europas und Afrikas eingebettet, und der Indische Ozean, überwiegend auf der Südhalbkugel liegend, teilen sich das letzte Drittel der Erdoberfläche.

1.1 Stelle die Kontinente und Ozeane *(Abb. 44.1)* nach ihrer Größe in einer Tabelle zusammen.
1.2 Schreibe die Kontinente auf, die die Ozeane begrenzen. Gehe dabei im Uhrzeigersinn und nach Himmelsrichtungen vor.
1.3 Welche Kontinente liegen nur auf der Nord-, welche nur auf der Südhalbkugel, welche auf beiden?

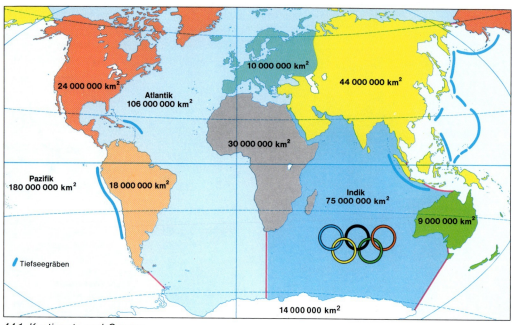

44.1 Kontinente und Ozeane

2 Rekorde der Erde

Heute gibt es keine unbekannten Kontinente und Ozeane mehr auf der Erde. Ihre Oberfläche ist genau vermessen. Flußlängen und Berghöhen, Meeresströmungen und Meerestiefen, aber auch Klima und Vegetation sind erfaßt und in Karten dargestellt.

Außerordentliche Besonderheiten findest du in der Aufstellung unten. Es sind Rekorde, die nur geringen Veränderungen unterliegen und meist nicht überboten werden können, anders als sportliche Höchstleistungen.

Das Gebirge mit den höchsten Bergen .... Himalaya
Der höchste Berg .... Mount Everest (8 848 m)
Die tiefste Meeresstelle .... Witjas Tief (– 11 022 m)
Die tiefste Stelle der
Landoberfläche... Am Toten Meer (– 401 m unter NN)
Der höchst gelegene schiffbare See
der Erde .... Titicacasee (3 812 m)
Das längste Gebirge Rocky Mountains/Anden (14 000 km)
Der längste Fluß .... Nil (6 671 km)
Der tiefste See .... Baikalsee (1 620 m)
Die größte Insel .... Grönland (2,17 Mill. km²)
Die größte Halbinsel .... Arabien (2,7 Mill. km²)
Der größte Kontinent .... Asien (44,5 Mill. km²)
Der größte See .... Kaspisches Meer (371 800 km²)
Die heißeste Augenblickstemperatur .. Azizia (Libyen)
                                   (+ 58,0 °C am 13. 9. 1922)
Der kälteste Ort .... Wostok (Ostantarktis)
                                   (– 88,3 °C am 24. 8. 1960)

2.1 Ordne die Rekorde der Erde auf dieser Seite den Kontinenten zu *(Abb. 44.1)*.
2.2 Suche die Endreime:
Der Ozean, das ist ein M...
Ein Erdteil, das ist gar nicht schwer,
heißt anders auch ein K........
Zählt man zusammen sie am End',
dann wird aus Wasser und aus L...
die ...., allen wohlbekannt.
(aus: Atlas für Kinder, Südwest-Verlag, München 1974, S. 22)

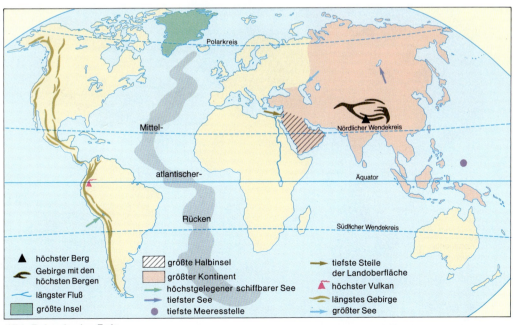

45.1 Rekorde der Erde

Kennst du dich aus?

● Kennst du dich in Niedersachsen aus? Übertrage das Rätsel auf Karopapier. Das Lösungswort verrät dir d.. größte ... Niedersachsens.
1 wichtiger Eisenbahnknotenpunkt
2 nördliche Landschaft
3 nordöstliche Landschaft
4 ein Fluß mit der Quelle im Wiehengebirge
5 Kaiserstadt am Harzrand
6 Stadt im Harlinger Land
7 Mittelgebirge zwischen Leine und Weser
8 Ostfriesische Insel

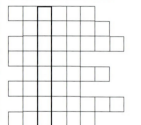

Bilde aus den Silben neue Wörter, deren zweite Buchstaben von oben nach unten gelesen einen Fluß zwischen Europa und Asien ergeben.

AF – AL – AL – BA – BU – CHEN – DA – EN – GRIE – JÜT (Ü=UE) – KA – KAR – EST – LAND – LAND – NI – OST – PA – PEN – PEST – RI – SEE – TEN – LAND

1 Landschaft in Dänemark _____

2 Staat in Südeuropa _____

3 Gebirge in Osteuropa _____

4 Gebirge in Mitteleuropa _____

5 Kontinent _____

6 Staat in Südosteuropa _____

7 Hauptstadt von Ungarn _____

8 Großes Gewässer in Nordosteuropa _____

9 Staat in Osteuropa _____

● Bringe die stumme Karte zum Sprechen. Ordne den Zahlen und Buchstaben die topographischen Angaben zu.

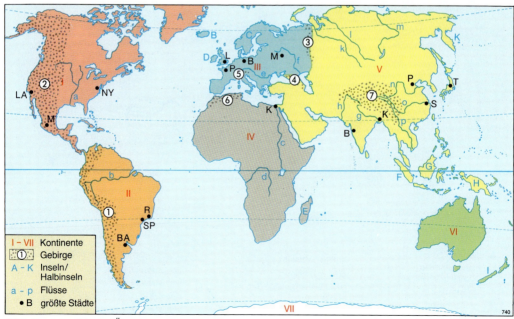

46.1 Topographische Übung

Orientierung auf der Erde

Wir fassen zusammen

Die Erde – Kugelgestalt / Gradnetz
Unsere Erde ist eine Kugel. Die Erdoberfläche besteht zu einem Drittel aus Landmassen, zu zwei Dritteln aus Wasser. Die Erde dreht sich von West nach Ost um ihre Erdachse. So entstehen Tag und Nacht.
Mit einem Kompaß lassen sich die Himmelsrichtungen bestimmen. Genaue Ortslagen werden mit Hilfe von Längen- und Breitengraden, dem Gradnetz, angegeben.

Entdeckungsfahrten zu Beginn der Neuzeit
Kolumbus entdeckte auf seiner Fahrt den Kontinent Amerika. Magellan bewies mit seiner Weltumsegelung, daß die Erde eine Kugel ist. Die Größe und Ausdehnung der Erdoberfläche wurden festgestellt. Das mittelalterliche Weltbild der Menschen änderte sich.

Orientierung auf Karten
Karten sind verkleinerte Darstellungen der Erde oder eines Teiles von ihr. Das Maß der Verkleinerung zur Wirklichkeit gibt der Maßstab an. Karten haben eine Legende, in der Farben und Signaturen erklärt werden. Mit ihrer Hilfe kann man eine Landschaft beschreiben. Wir unterscheiden zwischen physischen und thematischen Karten.

Niedersachsen – Landschaften / Verwaltung
Niedersachsen erstreckt sich von der Küste im Norden über das norddeutsche Tiefland zu den Mittelgebirgen im Süden. Moore, Heide, fruchtbare Ackerbaugebiete, große Wälder und zahlreiche Flüsse prägen weithin das Landschaftsbild.
Niedersachsen ist in vier Verwaltungsebenen gegliedert; Land, Regierungsbezirke, Landkreise und kreisfreie Städte, Gemeinden. Die Landeshauptstadt ist Hannover.

Deutschland – Europa – Erde
Drei Großlandschaften gliedern Deutschland: Norddeutsches Tiefland, Mittelgebirge, Alpen mit Alpenvorland.
Deutschland war über 40 Jahre in die Bundesrepublik Deutschland und die Deutsche Demokratische Republik geteilt. Seit dem 3. Oktober 1990 gehören die neu gegründeten Länder der ehemaligen DDR zur Bundesrepublik Deutschland, Hauptstadt des vereinigten Deutschland ist Berlin.
Europa ist einer der sieben Kontinente der Erde. Die Grenze Europas zu Asien bilden das Uralgebirge und der Uralfluß. Als Eurasien wird der Doppelkontinent Europa und Asien bezeichnet. Nord- und Südamerika nannte man nach der Entdeckungsfahrt des Kolumbus „Neue Welt".

Grundbegriffe

Kontinent
Ozean
Horizont
Globus
Erdachse
Äquator
Längengrad (Meridian)
Breitengrad
Nordpol
Südpol
Gradnetz
Orientierung
Maßstab
Atlas
Legende
Signaturen
Physische Karte
Thematische Karte
Geest
Europäische Gemeinschaft (EG)
Eurasien
Hochgebirge
Mittelgebirge
Tiefland

Warum beschäftigen wir uns mit „Geschichte"?

Schon immer war es für die Menschen eine wichtige Frage, woher sie kommen. In vielen Regionen gibt es Erzählungen, die von der Erschaffung des Menschen berichten. In der Geschichtswissenschaft wird durch genaues Forschen und das Zusammentragen von Überresten und schriftlichen Aufzeichnungen versucht, ein Bild von der Vergangenheit des Menschen zu erstellen. Warum? Zunächst ist es interessant zu wissen, wie die Menschen früher gelebt haben. Außerdem ist die heutige Welt leichter zu begreifen, wenn wir wissen, wie sie entstanden ist.

Unsere Erde gibt es seit etwa 6 Milliarden Jahren. Erst vor 3 Millionen Jahren entwickelten sich menschenartige Lebewesen. Seit rund 40 000 Jahren gibt es Menschen, so wie wir sie kennen. Es ist eine lange Geschichte von diesen Anfängen der Menschheit bis heute.

In dieser Zeit haben die Menschen viel gelernt: Geräte herstellen, Feuer anzünden, Häuser bauen. Sie erfanden das Rad, fahren heute in Automobilen und fliegen in Flugzeugen.

Woher kennen wir diese Geschichte?
Woher wissen wir von den Anfängen der Menschheit?
Schließlich wurde die Schrift erst vor etwa 5000 Jahren in Vorderasien erfunden.

Am Ende dieses Kapitels wirst du diese Fragen beantworten können.

Die Zeitleiste

Große Zeiträume können mit einer Zeitleiste dargestellt werden. Diese Zeitleiste veranschaulicht Zeitabstände. In sie kannst du auch Bilder und Symbole für geschichtliche Ereignisse eintragen. Für deine Mappe fertigst du ein Leporello: Klebe zwei DIN-A4-Blätter quer zusammen. Am unteren Rand verdeutlicht ein 58 cm langer Pfeil die Zeit. Diesen Pfeil kannst du nach deinen Bedürfnissen für die Jahreszahlen einteilen. Wir schlagen folgende Maßstäbe vor: Für die Zeit bis Christi Geburt: 1 cm = 200 Jahre; nach Christi Geburt: 1 cm = 100 Jahre. Oberhalb des Pfeiles ordnest du Bilder zeitgerecht ein! Für die Klasse nehmt ihr am besten eine Tapetenrolle als Zeitleiste.

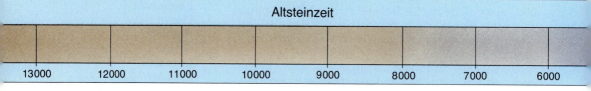

Altsteinzeit

13000　12000　11000　10000　9000　8000　7000　6000

Vom Ochsenkarren zum Automobil

Wenn du die Entwicklungsgeschichte von Fahrzeugen betrachtest, so stellst du fest, daß sie sich über viele Jahrhunderte kaum verändert haben. Zunächst benötigte man die Karren und Wagen hauptsächlich, um schwere Lasten zu transportieren. Später rumpelten auch Kutschen über unbefestigte Straßen und Wege. Erst in diesem

48.1 Ochsenkarren vor etwa 3500 Jahren

48.2 Kutsche im Altertum

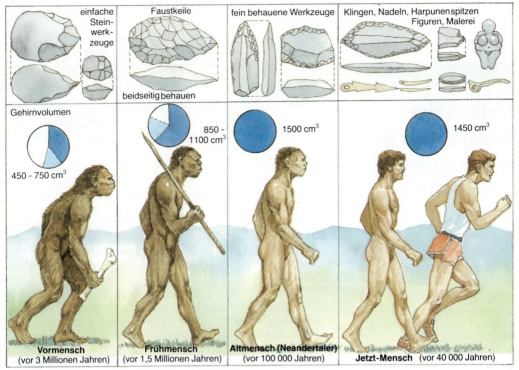

49.1 Entwicklung vom Vor- zum Jetzt-Menschen

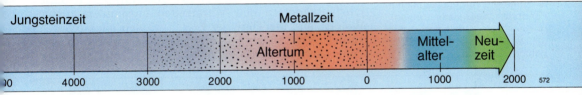

Jahrhundert erleben die Menschen die „Freiheit", die ihnen schnelle Fahrzeuge und ein gut ausgebautes Verkehrsnetz bieten. Aber auch heute noch leben auf der Erde Menschen, die nie ein Automobil gesehen haben, die sich ein vorbeifliegendes Flugzeug nicht erklären können.

● Suche Bilder von Wohnstätten oder Schiffen aus verschiedenen Zeiten, und ordne sie dem Alter nach.
● Das Auto hat nicht nur Freiheiten gebracht. Sprich über seine Nachteile.

49.2 Fuhrwerk im Mittelalter

49.3 Postkutsche zu Beginn der Neuzeit

49

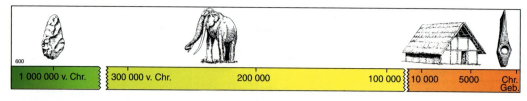

| 1 000 000 v. Chr. | 300 000 v. Chr. | 200 000 | 100 000 | 10 000 | 5000 | Chr. Geb. |

Leben der Menschen in vorgeschichtlicher Zeit

Die Geschichte der Menschheit wird von den Wissenschaftlern in die **Vorgeschichte** und die **Geschichte** eingeteilt. Von Geschichte spricht man, wenn es schriftliche Zeugnisse aus der Zeit gibt.

Aus der Vorgeschichte wissen wir daher nur von Funden. Archäologen graben Werkzeuge, Waffen, Reste von Behausungen, Nahrungs- und Kleidungsreste aus und untersuchen sie. Da Stein in jener Zeit ein besonders wichtiger Werkstoff war, nennen wir diese Zeit die **Steinzeit**. Auch in Niedersachsen gibt es Funde aus der Steinzeit. Aus ihnen versuchen die Vorgeschichtsforscher, das Leben der Menschen vor Tausenden von Jahren zu rekonstruieren.

Während der Steinzeit änderte sich das Klima in unserer Heimat mehrfach. Warmzeiten und Kaltzeiten (**Eiszeiten**) wechselten sich ab. Während der Eiszeiten lagen weite Teile Nordeuropas und der Alpen unter einer mächtigen Eisdecke. Dazwischen bedeckten Moose und Flechten den Boden, nur an geschützten Stellen gab es kümmerliches Strauchwerk, Polarweiden und Zwergbirken. Der Übergang von der Eis- zur Warmzeit dauerte Jahrtausende. In den Warmzeiten entstanden üppige Wälder, und die Tiere der Eiszeit wichen nach Norden zurück. Von Süden her drangen andere Pflanzen und Tiere nach Mitteleuropa vor.

● Nenne den Unterschied zwischen Geschichte und Vorgeschichte.
● Abb. 50.1 zeigt die Ausdehnung des Eises während der letzten Eiszeit. Beschreibe.
● Stelle die vorgeschichtlichen Fundorte deiner Heimatregion in einer Liste zusammen. Trage ein, was dort aus welcher Zeit gefunden wurde.

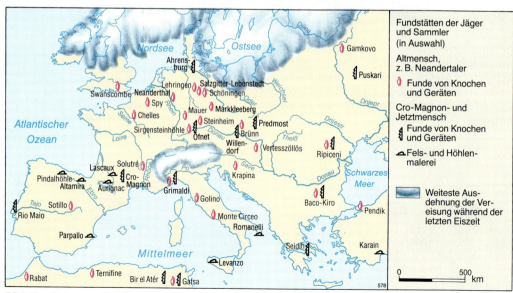

50.1 Fundorte von Knochen und Geräten des vorgeschichtlichen Menschen

51.1 Vor etwa 15 000 Jahren: Altsteinzeitmenschen unter einem Felsüberhang

51.2 Heute: Eingang einer Wohnhöhle der Steinzeit (Ofnethöhle bei Nördlingen im Ries)

1 Auf Nahrungssuche in der Altsteinzeit

Der Herbst färbt die Blätter bunt. Die Nächte werden bereits empfindlich kühl. Abo und Obo sind dennoch stolz, nicht unten am Fluß in den Rindenhütten schlafen zu müssen. Sie wollen endlich beweisen, daß sie erwachsen sind und mit auf die Jagd gehen können. Zum Ende ihres vierzehnten Sommers bereiteten sie sich auf die große Prüfung vor. Ihre Waffen haben sie selbst hergestellt und mit ihnen geübt. Obo grollt seinem Vater immer noch. „Die Lanze ist viel zu lang für dich!" hatte er ihn geneckt, als Obo ihm stolz die Stange aus dem begehrten, zähen Eibenholz zeigte. Schließlich half er ihm aber doch, sie über dem Feuer zu härten.

Nun sind sie schon seit Tagen unterwegs. In der Nähe der Horde dürfen sie sich nicht sehen lassen. Abos Mutter hatte zwar noch versucht, ihn für dieses Jahr bei sich zu behalten, aber die alte Tako war böse geworden: „Du wirst dich von deinem Liebling jetzt verabschieden! Kommt er zurück, wirst du stolz auf ihn sein; kommt er nicht zurück, hat der große Geist des Waldes es so gewollt."

Zunächst ernährten sich die beiden nur von Beeren. Das bekam ihnen nicht gut. Sie erinnerten sich, was sie beim Zusehen gelernt hatten. So graben sie seit Tagen auch nach Wurzeln und essen Blätter. Sogar ein Rebhuhn ist ihnen in die kunstvoll geflochtene Falle gegangen. Sie dürfen erst nach Hause kommen, wenn sie ein Tier erlegen, das größer und schwerer ist als sie selbst.

Endlich entdecken sie einen Trampelpfad der Waldelefanten, der an den Fluß führt. Sicher kommen die mächtigen Tiere hier entlang zur Tränke. Abo erinnert sich an Erzählungen, die er am Feuer gehört hat. Es ist gefährlich, einen solchen Elefanten zu erlegen. Wenn der Jäger sich von einem Baum auf den letzten Elefanten fallen läßt, mit der Lanze richtig trifft und sofort Reißaus nimmt, kann es gelingen. Die tödliche Stelle kennt er von den Zeichnungen der Männer im Sand. Die beiden Jungen beraten hin und her. Es ist ihnen mulmig zumute. Sie wollen sich aber ihre Angst nicht eingestehen. Schließlich wagen sie es. Sie klettern auf eine Eiche und erwarten gespannt den Abend. Würde es gutgehen? Insgeheim hofft jeder, die Elefanten würden doch nicht kommen.

Plötzlich hören sie ein Knacken und Stampfen, das näher kommt. Eine ganze Herde von Waldelefanten erschüttert den Boden. Auch junge Elefanten sind dabei. Aus Erzählungen wissen sie, daß die Elefantenkühe sehr wild reagieren, wenn ihre Jungen angegriffen werden. So lassen sie die Herde vorbeiziehen und atmen erleichtert auf.

Sie wollten den Baum schon wieder hinabsteigen, als ein Schnauben sie davon abhält. Ein verletzter, kleinerer Elefant lahmt weit hinter der Herde her. Ohne viel zu überlegen, stürzt Obo sich auf das Tier. Er trifft genau die

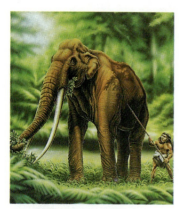

52.1 Rekonstruktion des Waldelefanten

Anfang 1948 wurden in Lehringen in der Nähe von Verden bei Bauarbeiten riesige Knochen gefunden. Genaue Untersuchungen ergaben, daß es sich um die Knochen eines Waldelefanten handelte. Zwischen den Rippen des Tieres stak eine Lanze aus Eibenholz. Ihre Spitze war durch Feuer gehärtet. In der gleichen Schicht entdeckten die Archäologen mit Mikroskopen Blütenstaub von Waldbäumen und Sträuchern. Die Untersuchungen ergaben ein ungefähres Alter von 150 000 Jahren. Neben den Knochen fand sich auch eine Reihe von Steinwerkzeugen sowie eine Unmenge von Feuersteinsplittern. Wie könnte sich die Geschichte abgespielt haben?

53.1 Jagdszene, von Steinzeitmenschen gemalt

Stelle neben der Wirbelsäule. Zwischen den Rippen dringt die Lanze in den Körper des mächtigen Tieres. Es rennt sofort los, Obo wird gegen einen Ast geschleudert und landet in einem Brombeerstrauch. Schnell rappelt er sich auf. In einigem Abstand folgen beide dem Tier, bis sie merken, daß es sich nicht mehr von der Stelle bewegt. Sie nähern sich ihrem Elefanten. Was müssen sie sehen? Er droht langsam in einem morastigen Tümpel zu versinken, strampelt noch ein wenig und fällt dann zur Seite.

Allein können sie den Elefanten nicht bergen. Schnell laufen sie nach Hause, um Hilfe zu holen. Der Stolz auf ihr Jagdglück läßt sie die weite Strecke ohne Pause rennen. Schließlich brechen sie mit den Männern wieder auf, führen sie zu dem Tümpel. Vom Elefanten ist nur noch der Kopf zu sehen. In der jetzt vom Mond erhellten Nacht trennen die Männer dem Tier den Kopf ab. Mit großem Hallo kehren sie zu den Hütten zurück.

Noch bevor das Feuer wieder lodert, zieht Obo seinen Vater zur Seite. Der hatte schon gemerkt, daß die beiden Jungen unruhig tuschelten. „Ja, ihr habt die Prüfung bestanden, auch wenn wir nicht den ganzen Elefanten bergen konnten. Aber ihr habt uns einen gehörigen Schrecken eingejagt! Eine Hirschkuh hätte es doch schließlich auch getan."

Glücklich schlief Obo in dieser Nacht ein. Seine Kratzer von den Brombeeren fühlte er kaum noch. Nun war er ein Jäger, er durfte mit seinem Vater und den anderen Männern jagen. Vieles würde er noch lernen müssen, aber darauf freute er sich.

1.1 Ordne den Fund von Lehringen in eine Zeitleiste ein.
1.2 Suche auf einer Karte von Niedersachsen die Stadt Verden.
1.3 Welche Tiere sind in der *Abb. 53.1* dargestellt?
1.4 Mit welchen Waffen sind die Jäger ausgestattet?
1.5 Erkundige dich über Völker, die heute noch wie Steinzeitmenschen leben.

2 Wohnung, Kleidung und Feuer

Im Sommer 1991 fanden Bergsteiger an einem Alpengletscher einen steinzeitlichen Jäger, der vor rund 5300 Jahren von einem Unwetter überrascht wurde. Das Eis hat den Toten über diese lange Zeit konserviert. Seine Kleidung war aus Leder gefertigt und mit Riemen und gezwirbelten Getreideblättern zusammengenäht.

Nicht so gut erhaltene Reste von Kleidung, Geräten und Waffen fanden Archäologen in Wohnhöhlen in Süddeutschland. Im flachen Norddeutschland legten sie Lagerplätze mit Steinen in ringförmiger Anordnung frei. Hier müssen umherziehende **Horden** ihre Zelte aufgestellt haben; auf ihren Jagdzügen schliefen sie wohl auch unter Windschirmen aus Zweigen und Rinde. Eine Horde ist eine Gruppe (20–50 Personen), die sich einen Lagerplatz teilt und gemeinsam auf Nahrungssuche – jagen und sammeln – geht.

Einen großen Fortschritt in der Entwicklungsgeschichte der Menschheit bedeutete der Umgang mit dem Feuer. Weil es mühsam war, neues zu entzünden, wurde es sorgsam gehütet und die Glut auf lange Wanderungen mitgenommen. Das Feuer brachte den Menschen großen Nutzen: Es härtete Holz und Knochen; es beseitigte Hindernisse; es verjagte wilde Tiere; es erleuchtete die Nacht und wärmte im Winter; es garte die Nahrung und machte sie bekömmlicher.

Die Zähmung des Feuers hatte noch weitere Folgen: Die großen Zähne und Kiefer der ersten Menschen bildeten sich über Generationen zurück, weil die Nahrung leichter zu kauen war. Am Lagerfeuer versammelte sich abends die Horde, um von den Tagesereignissen zu berichten. So entwickelte sich auch die Sprache weiter.

54.1 Ein Buschmann in Botswana entfacht ein Feuer. Er dreht ein Reibholz in einer Vertiefung und benutzt Stroh als Zunder.

2.1 Beschreibe, wie die Menschen der Steinzeit wohnten und sich kleideten.
2.2 Welche Vorteile und welche Gefahren brachte der Gebrauch des Feuers mit sich?

54.2 Ein Gletscher gibt sein Geheimnis preis: 5300 Jahre alte Leiche („Similaun-Mann", genannt „Ötzi") mit Bronzeaxt und einem Köcher mit Pfeilen; Niederjochferner, Südtirol

3 Werkzeuge, Geräte und Waffen

Die ersten Geräte, Werkzeuge und Waffen, die die frühen Menschen erfanden, waren aus Holz, Knochen oder Stein. Von diesen Überresten sind vor allem **Steinwerkzeuge** und **-waffen** erhalten geblieben, weil Holz und Knochen nur unter Luftabschluß überdauern. Die Knochen des Elefanten von Lehringen und die Lanze aus Eibenholz *(siehe Seite 52)* überstanden die Zeit zum Beispiel nur deshalb, weil sie in einem Tümpel aus Kalkschlamm lagerten.

Zur Bestimmung das Alters von tierischen und pflanzlichen Resten gibt es verschiedene komplizierte Untersuchungsverfahren. Auch die Lage innerhalb der Erdschichten spielt eine wichtige Rolle. Das Alter von Geräten oder Waffen aus Stein kann man durch einen Vergleich ihrer Fomen bestimmen. Dabei gilt: Je einfacher eine Form herzustellen ist, desto älter ist sie, und je tiefer ein Fund liegt, desto älter ist er.

3.1 Erkläre den Ausdruck „Faustkeil".
3.2 Versuche, die Faustkeile, Waffen und Geräte der Abb. 55.1 dem Alter nach zu ordnen. Beginne mit den ältesten Gegenständen.
3.3 Stelle fest, ob es in der Nähe deines Wohnortes Ausgrabungen mit Funden aus vorgeschichtlicher Zeit gegeben hat. Berichte darüber.

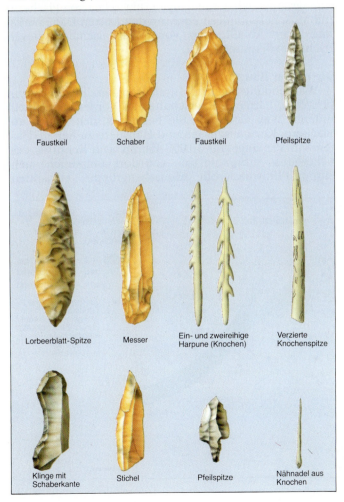

55.1 Aus dem einfachen Faustkeil entstanden allmählich Steinwerkzeuge für verschiedene Zwecke: Schaber, Spitzen, Klingen, Stichel. Harpunen aus Knochenspitzen für die Jagd fertigte man später.

55.2 Herstellung eines Faustkeils

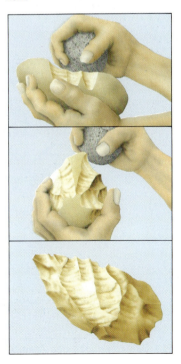

4.1 Liste die Folgen der Klimaveränderung in einer Gegenüberstellung auf.

letzte Eiszeit	Warmzeit

4.2 Stelle mit Hilfe der *Abb. 56.1* fest, wie sich der Ackerbau nach Europa ausbreitete. Vergleiche mit der Europakarte im Atlas.

4.3 „Aus Jägern und Sammlern werden Ackerbauern und Viehzüchter." Erläutere diesen Satz.

4 Aus Jägern und Sammlern werden Bauern

Das Klima ändert sich

Vor ungefähr 12 000 Jahren veränderte sich das Klima in unserer Heimat. Die grimmige Kälte wich allmählich, und es wurde wärmer. Die mächtigen Gletscher der letzten Eiszeit schmolzen ab. Viele Tiere starben in dieser Zeit aus. Andere, wie das Mammut oder Rentier, zogen mit dem zurückweichenden Eis nach Norden. Manche Jägerhorden folgten ihnen, andere blieben zurück und versuchten, sich der neuen Umgebung anzupassen.

Das war sehr schwierig, denn anstelle des offenen Graslandes erstreckten sich nun dichte Wälder. Die **Jäger** und **Sammler** mußten daher ihre Jagdweise umstellen, denn das Wild fand im Unterholz guten Unterschlupf. Hirsch, Wildschwein, Bär und Ur wurden jetzt gejagt. Um sie zu erlegen, erfanden die Jäger neue Waffen. Mit Pfeil und Bogen traf man auch auf weite Entfernung. Neuartige Schlingfallen hielten die Beute fest. Andere Menschengruppen wiederum gingen zum Leben von Fischern und Muschelsammlern über. An den Küsten Dänemarks fand man Abfallhaufen von Muschelschalen dieser Fischerbevölkerung.

Die ersten Bauern

Während die Jäger in Mitteleuropa um ihr Überleben kämpften, hatten Völkerschaften in Vorderasien einen anderen Weg gefunden. Sie begannen, den Boden zu beackern, Korn auszusäen und Haustiere zu halten. Das geschah vor ungefähr 10 000 Jahren. Die Kenntnis des **Ackerbaus** verbreitete sich von dort allmählich nach Europa. Einwandernde Menschengruppen erreichten

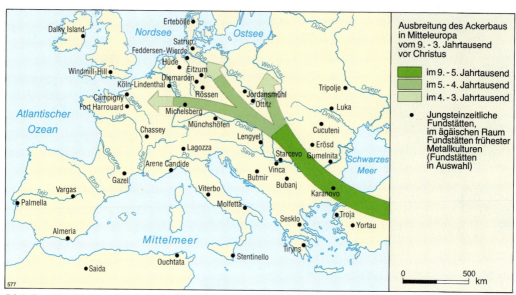

56.1 Das Vordringen des Ackerbaus

schließlich um 5000 v. Chr. auch unsere Heimat. Sie rodeten den Wald, bestellten den Boden und bauten Häuser. Die Zeit des Jagens und Sammelns war vorbei.

Wie es dazu kam, daß die Menschen Ackerbau betrieben, wissen wir nicht genau. Zunächst sammelten sie wildwachsende Gräser, weil sie festgestellt hatten, daß die kleinen Körner eßbar waren. Sie lernten, die Körner zu Mehl zu zerstoßen. Daraus stellten sie Brei her oder backten Brotfladen.

Dann müssen die Menschen beobachtet haben, daß Körner, die der Wind ins Erdreich fegte, im Frühjahr keimten. Und zur Sommerzeit konnten wieder neue Körner geerntet werden. Nun fingen sie an, die Grassamen zu sammeln und sie regelmäßig im Frühjahr in den Boden zu säen. Schon bald suchte man besonders dicke Körner für die Aussaat aus. Dies war der Anfang der **Getreidezucht**. Gesät wurden vor allem einfache Weizenformen wie Emmer und Einkorn und auch Gerste.

Die Menschen gaben das jahrtausendelange Umherziehen als Jäger und Sammler auf und wurden **seßhaft**. Die Lagerplätze wurden zu festen Wohnstätten in der Nähe der Felder. Um in der Zeit zwischen Ernte und Aussaat nicht zu verhungern, begannen die Menschen mit der **Vorratshaltung**. Auch die mühselige Suche nach Beeren und Kräutern blieb auf die nähere Umgebung beschränkt.

Man lebte nun nicht mehr in Horden, sondern als Großfamilie in einer Gemeinschaft. Auch für die Kinder änderte sich das Leben. Sie mußten nun im Haus und auf den Feldern mithelfen. Außerdem konnte eine seßhafte Familie die Alten und Kranken besser pflegen, als es in der umherziehenden Horde möglich war.

57.1 Die ersten Getreidepflanzen: links Emmer und Einkorn, rechts eine heutige Weizenähre

4.4 Welche Schritte waren nötig, bis der Mensch die erste Getreidepflanze züchtete?
4.5 Vervollständige deine Tabelle nach dem Arbeitsauftrag 4.1 um weitere Gegenüberstellungen.
4.6 Welche Tätigkeiten verrichteten die Menschen der Jungsteinzeit in *Abb. 57.2*? Beschreibe Geräte, Werkzeuge und Häuser. Beginne mit dem Vordergrund.

57.2 Bäuerliches Leben in der Jungsteinzeit

58.1 Front eines Hauses bei Köln-Lindenthal (Rekonstruktion)

5 Die ersten Dörfer

Schon bald erkannten die Menschen, daß Ernte und Aussaat viel besser gemeinsam zu bewältigen waren. So schlossen sich mehrere Bauernfamilien zu größeren Gemeinschaften zusammen, die in Dörfern lebten. Die ersten menschlichen Siedlungen entstanden.

Brachte der Boden nach einiger Zeit keine gute Ernte mehr, dann verließen sie ihr Dorf und siedelten an einer anderen Stelle. Anders als früher lebten jetzt viel mehr Menschen auf engerem Raum zusammen. So wuchs die Bevölkerung, und es entstanden neue Siedlungen. Mit einer wollen wir uns nun näher befassen. Es handelt sich um ein steinzeitliches Dorf aus der Zeit um 4500 v. Chr. Vorgeschichtsforscher haben es nach 1930 bei der Ortschaft Köln-Lindenthal ausgegraben.

Die Archäologen fanden heraus, daß die Siedlung auf einer gerodeten Lichtung lag, durch die ein Bach floß. Er teilte das Dorf in zwei Hälften und war an einer Stelle zu einer Viehtränke gestaut. Pfostenspuren im Boden ergaben, daß die Siedlung ungefähr 9–14 Häuser umfaßte. Rund 200 Menschen mögen hier gewohnt haben.

Zu jener Zeit lebten die Menschen in großen, familienähnlichen Gemeinschaften beisammen. Daher waren auch die Häuser bei Lindenthal sehr geräumig und hatten eine Länge von ungefähr 30 Metern. Die Männer errichteten sie aus Pfostenreihen, die sie in den Boden rammten. Die Wände bestanden aus Flechtwerk, das die Frauen aus Weidenruten flochten. Zum Schluß verschmierten sie das Geflecht mit einem dicken Lehmbrei. Das Dach des Hauses bestand aus Schilf oder Stroh.

5.1 Vergleiche das Haus bei Lindenthal mit alten Bauernhäusern deiner Umgebung.
5.2 Beschreibe das abgebildete Dorf! Wozu dienten die Zäune und Gräben?
5.3 Warum mußten die Bauern Vorräte anlegen?
5.4 Wodurch konnten Forscher etwas über das Leben der Menschen in Lindenthal erfahren?
5.5 Was stellten die Menschen in einem Steinzeitdorf wie Lindenthal alles her?

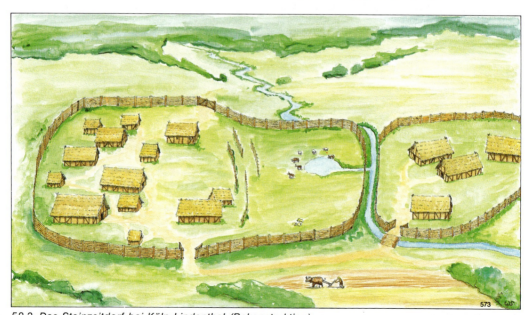

58.2 Das Steinzeitdorf bei Köln-Lindenthal (Rekonstruktion)

In den Abfallgruben fanden die Forscher zahlreiche Überreste, die uns einen Einblick in das Leben der Dorfbewohner geben: Geräte für die Feld- und Hausarbeit, Werkzeuge und Waffen. Auch fand man zahlreiche Tonscherben, die einstmals als Geschirr und Vorratsgefäße gedient hatten. Knochenreste von Ziegen, Schafen, Rindern und Schweinen zeigen, daß die Bewohner auch Haustiere hielten (Näheres zur Tierzucht im Kapitel 8, Seite 62). Das ganze Dorf war schließlich von einem festen Palisadenzaun umgeben, denn vor den immer noch umherschweifenden Jägern mußte man auf der Hut sein. Er bot zudem Schutz vor wilden Tieren und hinderte das Vieh am Fortlaufen.

Über das Zusammenleben der Menschen in einem solchen Dorf können wir nur Vermutungen anstellen. Gewiß waren sie viel stärker als wir heute aufeinander angewiesen. Sollten neue Felder kultiviert oder die Holzpalisaden ausgebessert werden, mußte man zusammenarbeiten. Mißernten und Hungersnöte konnte die Dorfgemeinschaft nur überstehen, wenn sie fest zusammenhielt.

Du siehst also, daß eine solche Siedlung ganz unabhängig war. Was die Menschen zum Leben brauchten, bauten sie an: Getreide, erste Gemüsepflanzen wie Erbsen und Linsen, später auch wildes Obst. Das Vieh lieferte ihnen Fleisch, Wolle und Milch. Sie fertigten Werkzeuge, die zur Feldarbeit und im Haus nötig waren. Außerdem legten sie Vorräte an, um Notzeiten und den langen Winter gut überstehen zu können.

Wieviel besser als früher lebte man nun, wo die Tage mit der mühevollen Suche nach Wild und eßbaren Pflanzen ausgefüllt waren.

59.1 Tontöpfe aus Köln-Lindenthal

5.6 Stelle in einer Tabelle die Unterschiede in Wohnung, Kleidung, Nahrung, Tätigkeiten zwischen Alt- und Jungsteinzeit zusammen.

Altsteinzeit	Jungsteinzeit
1. Wohnung Zelte, Höhlen …	Häuser aus Fachwerk

59.2 Steinzeitlicher Hausbau (Köln-Lindenthal)

60.1 Schleifen des Steinbeils

6.1 Stelle das Modell einer Steinbohrmaschine her. Verfasse dazu eine Gebrauchsanleitung.
6.2 Sammle Argumente für und gegen die Seßhaftwerdung. Spielt die Geschichte mit der Heimkehr Urgos nach.
6.3 Beschreibe die Funktion der Geräte und Werkzeuge in den *Abb. 60.1* bis *60.3* und *61.1* bis *61.3*.

60.2 Durchbohrtes und geschliffenes Steinbeil (Modell und Einzelstück)

6 Geräte für Haus und Hof

Die Frühlingssonne läßt den Schnee schmelzen. Die Mitglieder der Horde freuen sich auf den Sommer, denn die eßbaren Pflanzen brauchen noch etwas Zeit. Den langen, harten Winter hatten sie in diesem Jahr nur überlebt, weil sie die Dörfler und ihr zahmes Vieh überfielen. Die Alten wollten das Fleisch der „dummen" Tiere nicht essen. „Das Fleisch eines Tieres, das nicht fortläuft, macht die Seele eines Jägers krank", behaupteten sie. Aber die Jungen wollten überleben. Bei dem Überfall wurden zwar zwei von ihnen getötet, denn die Bauern waren von einem bellenden Hund gewarnt worden und hatten sich gewehrt. Doch vier Alte und drei Kleinkinder hatte der Winter schon genommen.

Seit Jahren schon gibt es Streit. Die jungen Frauen und Männer wollen engeren Kontakt mit den Fremden, die sich feste Häuser gebaut haben. Vielleicht könnte man wenigstens mit ihnen tauschen – Felle gegen diese eßbaren Fladen, die sie in einer heißen Höhle backen. Die Alten wollen nicht. „Wir werden unsere Freiheit nicht einem Leben opfern, bei dem man gebeugten Rükkens in der Erde kratzt, anstatt stolz den Regen und die Sonne im Gesicht zu spüren."

Heute ist der erste Neumond nach der Tagundnachtgleiche. Urgo, der Sohn des Häuptlings, wird zurückkehren. Er verbrachte den Winter bei einer befreundeten Horde, zehn Tage von hier. Sicher kann er viel berichten. Vielleicht trägt er auch einige Feuersteine im Gepäck, die es in jener Gegend häufiger gibt. Alles ist festlich vorbereitet. Sie haben zwar nur zwei Kaninchen und einen Fasan gefangen, aber die Freude wird dennoch groß sein. Schließlich tritt Urgo am Abend schwer bepackt zwi-

60.3 Die Steinbohrmaschine

schen die Zelte. Er ist wohlgenährt und trägt einen Umhang wie die Dörfler. Die Überraschung ist ihm gelungen. Als erstes zieht er ein quiekendes Ferkel aus einem Beutel. „Das möchte ich mit euch heute essen!" sagt er lachend und gibt es weiter. Schon befühlen einige junge Frauen und Männer den neuen Stoff des Umhanges. Urgo schiebt sie unwirsch beiseite und beginnt zu erzählen. Er berichtet, daß die Horde des Freundes Luka seßhaft geworden ist und in festen Häusern wohnt. Er zeigt ein geschäftetes Beil, mit dem sich der Wald gut roden läßt und beschreibt seine Herstellung ausführlich. Er erzählt vom Lockern des Bodens mit Hacke und Grabstock. Größere Felder würden gar mit einem Haken gepflügt, den ein Rind zieht. Aus einem Korb, den die Frauen bestaunen, holt Urgo eine Steinsichel. Mit einem Mörser zerstößt er große Grassamen zu Schrotmehl.

61.1 Handmühle

Besonders bewundert werden kleinere und größere Töpfe, die ineinander passen. Sie sehen aus wie hohle Kürbisse, sind aber viel härter. „Lis fertigt sie aus dem klebrigen Ton und härtet sie im Feuer", behauptet Urgo. In diesen Töpfen können Vorräte vor Mäusen sicher aufbewahrt werden. Urgo berichtet großspurig, daß in ihnen mit Wasser gegartes Fleisch überhaupt nicht verbrannt schmecke.

„In den nächsten Tagen", schließt Urgo seinen Bericht, „kommt Freund Luka mit seiner Tochter Lis. Sie kann sogar mit einer Spindel Wollfäden spinnen und diese auf einfachen Webstühlen zu solchen Stoffen verweben." Dabei zeigt er auf seinen Umhang. „Lis ist mir als Frau versprochen. Eines ist sicher! Ich werde seßhaft. Sonst bleibt Lis nicht bei mir. Wer mitmachen will, den lade ich ein." Dieser Satz ist Anstoß zu einer Auseinandersetzung, die fast die ganze Nacht dauert.

61.2 Webstuhl der Steinzeit

61.3 Wollballen mit Spindel

7.1 Erstelle eine Liste von Haustieren und ihren wildlebenden Artgenossen.
7.2 Erstelle eine gleiche Liste von Nutz- und Wildpflanzen.
7.3 Erkundige dich in einer Baumschule nach der Veredelung von Obstbäumen. Berichte.

7 Menschen züchten Haustiere und Nutzpflanzen

Jahrtausende hindurch lebten die Menschen von der Jagd, die voller Gefahren war. Ein erbeutetes Mammut bedeutete einen riesigen Fleischvorrat, und eine kleine Herde von Rentieren sicherte der Horde Nahrung für viele Tage. Wie mag es nun dazu gekommen sein, daß Menschen eines Tages die **Tierzucht** erlernten? Vielleicht hat es sich so abgespielt.

Ein verirrtes junges Wildschaf, ein neugeborenes Lamm, das ein kleines Mädchen aufzog oder ein paar vom Jäger verschonte Kälber könnten die ersten Tiere einer Herde gewesen sein. Allmählich gewöhnten sie sich an den Menschen. Junge Tiere kamen in Gefangenschaft zur Welt, die bereits zahmer waren. Nun hatte man „lebende Fleischvorräte", und die gefährliche Jagd wurde allmählich immer unwichtiger.

Die Bauern der **Jungsteinzeit** züchteten bereits zahlreiche nützliche Haustiere. Vor allem Schafe, Ziegen, Schweine und Rinder. Zu den treuesten Gefährten des Menschen zählt freilich der Hund. Er begleitete bereits die Jäger der Altsteinzeit und leistete später den Hirten und Bauern nützliche Dienste beim Hüten der Herde.

Ebenso wichtig für die Bauern war die Veredelung von Wildpflanzen zu **Nutzpflanzen**. Wie du schon weißt, züchteten sie als erstes aus Wildgräsern Getreidepflanzen. Später entdeckten sie, daß man auch andere wilde Pflanzen anbauen und daraus nahrhafte Speisen bereiten konnte. So hielten Linsen, Erbsen und Bohnen Einzug in die Gärten. Wilde Apfel- und Birnbäume wurden angepflanzt, Beerensträucher sorgsam kultiviert.

62.1 Hirte der Jungsteinzeit. Der gebogene Stock dient zum Greifen der Tiere.

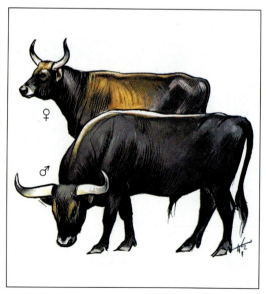

62.2 Der Auerochse (Ur). Er ist die wilde Stammform des Hausrindes und heute ausgestorben.

8 Kunst und Jagdzauber der Steinzeitmenschen

In den letzten 100 Jahren entdeckte man in Europa viele Höhlen, die mit kunstvollen Malereien verziert waren. Sie müssen in der Zeit zwischen 30 000 und 10 000 Jahren vor Christus entstanden sein. Die **Höhlenmalereien** stellen Tiere dar, die die Steinzeitjäger mit Vorliebe erbeuteten, beispielsweise Höhlenbären, Mammute, Wisente und Rentiere. Am bekanntesten sind die Höhlenmalereien von Lascaux in Südfrankreich und Altamira in Spanien.

Die frühen Künstler verwendeten für ihre Farben vor allem Erdfarbstoffe: Ocker aus bestimmten Erdschichten, dazu Holzkohle und Braunstein. Sie zerkleinerten die Mineralien zu Pulver und vermischten sie mit Pflanzensäften, Blut, Eiweiß und Wasser.

Aber auch in den Fels geritzte Zeichnungen von Tieren sind uns bekannt. Sie wurden mit steinernen Meißeln kunstvoll in den Fels gehauen. Aus welchen Gründen die ersten Kunstwerke der Menschheit entstanden, können wir nur vermuten.

Manche Forscher glauben, daß die Steinzeitmenschen die „Seele" der Tiere verzaubern wollten, daß die Zeichnungen also einem **Jagdzauber** dienten, um die Beute leichter zu erlegen. Dafür spricht, daß die Höhlenmaler dem Jagdwild auf ihren Zeichnungen oft tödliche Verletzungen beibrachten oder Speere und andere Waffen an Stellen ansetzten, an denen Jäger das Tier zu treffen wünschten. Andere Vorgeschichtsforscher vermuten, daß die geheimnisvollen Bilderhöhlen Heiligtümer steinzeitlicher Jäger waren. Sie meinen, daß dort religiöse Feste zu Ehren einer Jagdgottheit gefeiert wurden.

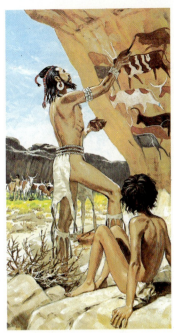

63.1 Auch in Afrika entdeckte man Felsenbilder. Sie waren auf überhängende Felsen im Freien gemalt.

8.1 Welche „Naturfarben" kennst du? Stelle eine entsprechende Liste zusammen und male ein Bild mit Naturfarben.

63.2 Tierzeichnungen in der Felsenhöhle von Lascaux (Südfrankreich)

9.1 Erstelle eine Liste mit den neuen Berufen, die die Metallzeit mit sich brachte.

9.2 Was hatten die Bauern gegen die neuen Geräte einzutauschen?

9 Neue Technik und neue Berufe: die Bronzezeit

Wie beim Ackerbau waren es wiederum Menschen im vorderasiatischen Raum, die vor ungefähr 4300 Jahren eine umwälzende Erfindung machten: die Technik der Metallverarbeitung.

Zunächst fand man heraus, daß durch Schmelzen von Kupfererz ein festes, schmiedbares Material entstand. Es ließ sich scharf schleifen und konnte erneut eingeschmolzen werden, wenn es einmal zerbrach. Doch diese Technik befriedigte nicht ganz, da reines Kupfer ziemlich weich ist. Erst die Beimischung von Zinn ergab eine harte Legierung: die Bronze. Um das neue Metall zu gewinnen, mußte der Schmied neun Teile Kupfer mit einem Teil Zinn verschmelzen. Nach diesem Metall wird der Zeitabschnitt **Bronzezeit** genannt.

Ein Grubenunglück

Hilfe! Hilfe! Vom Berg herab tönt es laut. Keuchend kommt Dio gelaufen, stolpert über eine Baumwurzel, rappelt sich wieder auf. Die Dorfbewohner versammeln sich aufgeregt. Außer Atem berichtet Dio, daß er und fünf Freunde entgegen dem Verbot versucht haben, einen neuen Stollen zu graben. Ein Bergsturz habe die Freunde verschüttet. Heimlich haben sie dann nochmals versucht, an eine ergiebige Ader des kostbaren Kupfererzes zu gelangen.

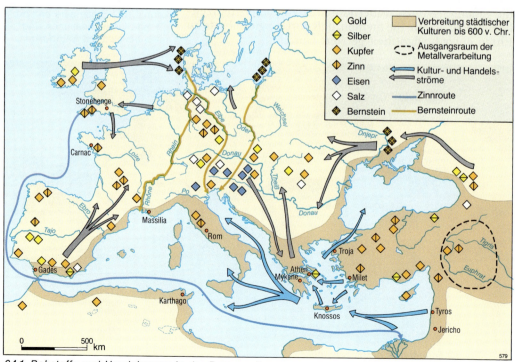

64.1 Rohstoffe und Handelswege in der Bronzezeit

65.1 Bergbau in der Metallzeit

Seit das Vorkommen erschöpft war, ging es mit dem Wohlstand des Dorfes bergab. Im letzten Jahr mußten sie schon Geräte und kostbaren Schmuck gegen Getreide eintauschen. Einige befreundete Familien waren auch schon fortgezogen. Und nun dies!

„Sie haben den Beschluß mißachtet, sie können nicht erwarten, daß wir uns auch noch in Gefahr begeben," sagen einige Männer. Die Frauen fordern sie jedoch auf, unverzüglich mit der Bergung zu beginnen: „Beschlüsse dürfen nicht verhindern, daß Menschen gerettet werden." So bestücken sich alle mit Pickeln, Hämmer und Stangen. Dio holt die Fackeln und nimmt in einem Kasten Glut mit. Bald stehen sie am Eingang des Bergwerkes. Vorsichtig steigt der erfahrene Konz die Sprossen hinab. Schon hört er die Schreie. Mit einer Fackel betrachtet er den Bergsturz. Dicke Brocken liegen in dem Stollen, nur ein etwa armdickes Loch ermöglicht den Kontakt mit den Eingeschlossenen, die er beruhigt.

Wieder über Tage beratschlagen die erfahrensten Bergleute, was zu tun sei. Einfach den Eingang freiräumen, wäre zu gefährlich. Das hängende Gestein bräche nach und gefährdete die Retter. Es gilt, einen neuen Gang in einem Bogen zu den Verschütteten zu treiben. Zunächst versuchen sie, das lose Gestein mit Pickeln und Hämmer zu lösen. Bald müssen sie es jedoch mit Feuer und Wasser zum Bersten bringen. Drei Tage und Nächte arbeiten alle Frauen und Männer, bis es endlich gelingt, die Eingeschlossenen zu retten.

Später untersuchen sie den neuen, gut abgestützten Stollen und finden tatsächlich gutes Kupfererz.

9.3 Beschreibe die Tätigkeiten der Bergleute in *Abb. 65.1*.
9.4 Nenne die Vorteile von Bronze gegenüber den Werkstoffen der Steinzeit und gegenüber Kupfer.
9.5 Beschreibe die Herstellung von Bronze.
9.6 Erstelle eine Liste der Bodenschätze, die in der Bronzezeit gefördert wurden *(Abb. 64.1)*.
9.7 Vergleiche *Abb. 64.1* mit einer Europakarte im Atlas. Stelle fest, ob diese Rohstoffe auch heute noch an den gleichen Orten gefunden werden.

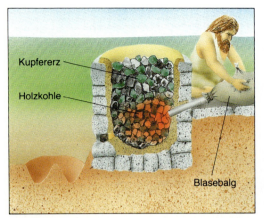 

66.1 Kupferschmelzofen beim Anblasen (links) und Abstechen (rechts)

Kaum ist das neue Erz entdeckt, beruft Konz den Rat ein. Auch die Frauen sollen diesmal mitberaten. Ohne ihre tatkräftige Hilfe wäre die Bergung nicht geglückt. Außerdem hat Konz etwas vorzuschlagen, dem auch sie zustimmen müssen. Die Frauen erklären sich mit der Wiederaufnahme des Bergbaues erst einverstanden, als Konz verspricht, nur dickes Hartholz als Stempel zu benutzen und die Arbeitszeit in den verräucherten Gängen zu verkürzen. Bisher lebte das Dorf nur vom Bergbau. Die Schmelzmeister und Bronzegießer unten am Fluß hatten ihre Geheimnisse bewahrt. Nun erläutert Konz seinen Plan. Junge Männer sollen bestimmt werden, die mit den Händlern ziehen und sich in der Ferne ausbilden lassen.

Wenn einmal das Kupfererz endgültig erschöpft sei, könne das Dorf vom **Fernhandel** weiterleben. Diesem Plan stimmen schließlich alle zu.

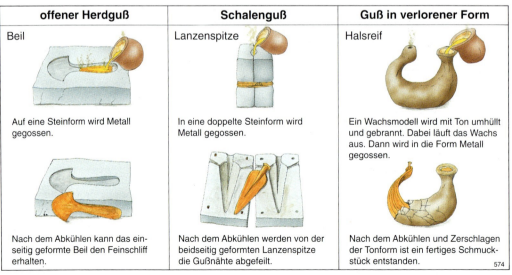

66.2 Verschiedene Gußtechniken

67.1 Sonnenwagen von Trundholm, etwa 3200 Jahre alt und von einem Bauern beim Pflügen entdeckt

10 Ein neues Metall: das Eisen

Mehr als ein Jahrtausend dauerte die Bronzezeit. Dann lernten die Menschen, ein neues, noch härteres Metall zu gewinnen und zu verarbeiten: das Eisen, von dem die **Eisenzeit** ihren Namen bekam.

Die Verarbeitung des Eisens stellte die Menschen vor große Probleme, denn sein Schmelzpunkt liegt wesentlich höher als der von Kupfer oder Zinn. Um 1 Kilogramm Eisen herzustellen, benötigte der Schmied 4 Kilogramm Holzkohle. Das Eisen, das er dann mit Hilfe der Holzkohle in seinem Brennofen ausschmolz, war zunächst weicher als Bronze. Es war unansehnlich, mit Schlacken vermischt und nicht gießfähig. Erst allmählich lernte der Schmied die richtige Technik. In noch glühendem Zustand mußte er das Eisen durch Hämmern von der Schlacke befreien und es zu der gewünschten Form schmieden. Anschließend härtete er es in kaltem Wasser.

Über viele Jahrhunderte blieb Eisen ein wertvolles Metall. Die Dinge des täglichen Bedarfs wie Schüsseln, Töpfe und Löffel wurden weiterhin aus Ton oder Holz gefertigt. Dies blieb so bis ins letzte Jahrhundert hinein. Erst mit der Industrialisierung wurde Eisen zur Massenware.

Mit dem Eisen hatten die Menschen endlich ein haltbares, hartes Metall, mit dem sich schwere Arbeiten wesentlich leichter verrichten ließen. Mit einer Eisensäge oder einer Eisenaxt konnte der Holzfäller den Wald besser urbar machen. Holz ließ sich mit Säge, Raspel und Feile viel leichter bearbeiten. Der eiserne Pflug wurde schließlich zum begehrten Objekt für jeden Bauern.

10.1 Stelle die Vor- und Nachteile von Stein, Holz, Kupfer, Bronze und Eisen in einer Tabelle gegenüber.
10.2 Informiere dich über andere Metalle, die heute gebraucht werden:

Metall	Anwendung

11.1 Besuche ein „Hünengrab". Sieh dir im Museum an, welche Funde in einem solchen Grab gemacht wurden.
11.2 Beschreibe den Bau eines „Hünengrabes" (Abb. 68.1).
11.3 Warum haben die Menschen der Vorgeschichte den Toten Schmuck, Werkzeuge und Geräte mit ins Grab gelegt?
11.4 Schlage im Lexikon über Naturreligionen nach, und berichte darüber.

11 Vom Glauben der Menschen in der Vorgeschichte

Da sich die Menschen die Naturereignisse nicht erklären konnten, glaubten sie an geheimnisvolle Mächte. Sie fühlten sich von Naturgottheiten und **Göttern** umgeben. Ein genaues Wissen über die religiösen Vorstellungen der Menschen jener Zeit haben wir nicht. Jedoch liefern uns Funde und Ausgrabungen von Spatenforschern wichtige Hinweise. Außerdem können aus dem Glauben heutiger Naturvölker Rückschlüsse gezogen werden.

Sollte die Darstellung von Jagdtieren auf Felswänden das Jagdglück beschwören? Es gibt Hinweise auf Riten, die die Fruchtbarkeit der Felder bewahren und Regen nach langer Trockenheit bringen sollten. Bei einigen Völkern war der Priester oft angesehener als der Fürst. Um die Götter zu besänftigen, brachte man Opfer dar. Sogar Menschenopfer sind uns bekannt, die die Götter gnädig stimmen sollten.

Auch die Art der Bestattung von Toten läßt Rückschlüsse auf den Glauben zu. Gräber oder Gräberfelder sind deshalb für Archäologen bedeutsame Fundorte. Im Laufe der Jahrtausende haben die Menschen ihre Toten auf ganz verschiedene Weise bestattet. Noch aus der Steinzeit stammen die mächtigen **Hünengräber**, die du an manchen Stellen in Norddeutschland sehen kannst. Die Menschen errichteten die gewaltigen Steinkammern für ihre Toten und gaben ihnen Waffen, Nahrung und Schmuck für das Leben im Jenseits mit. Dann bedeckten sie das Grab mit Erde. Im Laufe der Jahrtausende haben Regen und Wind die Erde abgetragen, so daß die Steinblöcke nun frei in der Landschaft stehen. Weil man früher glaubte, nur riesenhafte Hünen hätten sie errichten können, nannte man sie „Hünengräber". Aber auch andere Bestattungsarten sind uns bekannt.

68.1 Bau eines „Hünengrabes"

68.2 Hünengrab bei Belm (Kreis Osnabrück)

Leben der Menschen in vorgeschichtlicher Zeit

Wir fassen zusammen

Vorgeschichte und Geschichte
Die Erde existiert seit ungefähr sechs Milliarden Jahren. Vor rund drei Millionen Jahren entwickelten sich erste menschliche Lebewesen. Menschen, die uns in Körperbau und Auffassungsgabe ähnlich sind, gibt es seit etwa 40 000 Jahren.
Wie die Menschen damals lebten, kann nur aus zufälligen Funden oder Ausgrabungen von Archäologen erschlossen werden. Daher bezeichnen wir diesen Zeitraum als Vorgeschichte. Von der Geschichte der Menschen sprechen wir erst seit der Erfindung der Schrift vor ungefähr 5000 Jahren.

Die Altsteinzeit
Die Menschen der Altsteinzeit zogen in Horden als Jäger und Sammler umher. Sie zähmten das Feuer, gebrauchten Steinwerkzeuge und -waffen, und in Anfängen entstand die Sprache. Die steinzeitlichen Höhlenmalereien sind die ersten Kunstwerke des Menschen. Vermutlich dienten sie einem Jagdzauber. Während dieser Zeit gab es in Europa mehrmals einen Wechsel von Kalt-(Eis-) und Warmzeiten.

Die Jungsteinzeit
Mit dem Übergang zur jetzigen Warmzeit – vor etwa 12 000 Jahren – fand ein großer Einschnitt in der Menschheitsgeschichte statt: Die Menschen wurden seßhaft. Sie bauten feste Häuser und lebten in Dörfern. Sie erfanden den Ackerbau, züchteten Tiere und Pflanzen, legten Vorräte an und konnten so unabhängiger von Jahreszeiten und Klima leben. Weitere wichtige Erfindungen der Jungsteinzeit waren das Rad, der Pflug, der Webstuhl und die Töpferei.

Die Metallzeit
Es folgte die Epoche der Metallzeit. Ausgehend von der Kupferverarbeitung entwickelte sich eine Schmiedekunst, die die Bronze und schließlich das Eisen für Geräte, Waffen und Schmuck nutzbar machte. Das war jedoch nur durch einen Rohstoffhandel möglich, der sich zum Teil über Tausende von Kilometern erstreckte. Eine Arbeitsteilung war notwendig geworden, es entstanden verschiedene Berufe.

Vom Glauben der Menschen
Hünengräber und andere Grabanlagen und -funde erzählen viel über die Lebens- und Glaubenswelt der vorgeschichtlichen Menschen. Sie sahen sich von Geistern und Göttern umgeben und glaubten wohl auch an ein Leben nach dem Tod.

Grundbegriffe

Vorgeschichte
Geschichte
Steinzeit
Horde
Jäger
Sammler
Steinwerkzeuge und -waffen
Höhlenmalerei
Jagdzauber
Eiszeit
Seßhaftigkeit
Ackerbau
Tierzucht
Nutzpflanzen
Metallzeit
Fernhandel
Hünengräber
Götter

Menschen leben in extremen Räumen

Daß es auf der Erde Leben gibt, verdanken wir der Sonne und der Lufthülle. Die Sonne spendet uns Licht und Wärme. In der Lufthülle, die die anderen uns bekannten Planeten nicht besitzen, ist das lebensnotwendige Wasser enthalten. Ohne Wasser kann keine Pflanze gedeihen. Ohne Pflanzen entwickelt sich kein tierisches und menschliches Leben. Pflanzen sind unsere wichtigste Nahrungsquelle.

Aber nicht überall auf dieser Erde können Pflanzen wachsen. Manche Gebiete der Erde sind sogar ausgesprochen lebensfeindlich. Sie sind für das Wachstum von Pflanzen zu kalt und zu trocken. In den Kältewüsten liegen fast das ganze Jahr über Schnee und Eis *(Abb. 71.1)*. In den Trockenräumen mit ihren Fels-, Kies- und Sandwüsten regnet es fast nie *(Abb. 71.2)*.

Und trotzdem sind sogar diese Kälte- (Eis-) und Trockenwüsten belebt!

● Wie können Menschen in derartigen unwirtlichen Gegenden leben und arbeiten?
● Wie schützen sie sich vor der Eiseskälte oder der trockenen Gluthitze?
● Wie versorgen sich die Menschen mit dem Notwendigsten?
● Wie hat sich das Leben in diesen extremen klimatischen Räumen verändert?

Antworten auf diese Fragen und weitere Informationen über die Naturräume erhältst du auf den folgenden Seiten.

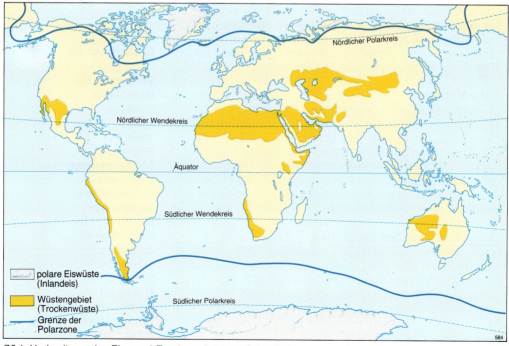

70.1 Verbreitung der Eis- und Trockenwüsten auf der Erde

71.1 In Grönland ▷   71.2 In Algerien ▷

Eskimos – Leben in der Kälte

1 Das Leben früher

Das ist Anarvik, ein Eskimo aus dem grönländischen Dorf Qaanaaq, den ich in Jakobshavn getroffen habe. Er ist über 70 Jahre alt und wohnt bei seiner Tochter Siksik. Ich traf ihn zufällig auf seinem täglichen Spazierweg zum Hafen. Wir kamen ins Gespräch, als ich ihn bat, ihn fotografieren zu dürfen. Er lud mich dann ein, bei ihm zu Hause bei einer Tasse Tee unsere Unterhaltung fortzusetzen.

Anarviks Zimmer in dem grünen Holzhaus ist angefüllt mit Dingen, die den alten Mann an seine Kindheit und Jugend erinnern. „Ja, früher war das Leben viel härter als heute. Jetzt gehe ich in das Geschäft und kaufe mir einen gefütterten Anorak, die Pelzstiefel, das Messer mit der scharfen Klinge oder die Nähnadeln, die Angelschnur oder die Streichhölzer. Meine Eltern haben das alles noch selbst hergestellt: die Jacke aus Vogelbälgen, deren Flaum nach innen gekehrt war, den zottigen Mantel aus Bärenfell, die Stiefel aus Robbenhaut, das Messer mit der Feuersteinklinge, die Nähnadeln aus Knochensplittern, die Angelschnüre und Hundeleinen aus den Därmen und Sehnen der Robben – und zum Feuermachen brauchten sie Treibholz, das sie so lange aneinanderrieben, bis durch die Reibungswärme das Holz sich entzündete.

Sie müssen wissen, daß bei uns hier fast vier Monate lang die Sonne nicht aufgeht. In dem Haus meiner Eltern – es war aus Steinen und Torf errichtet – brannte in den Lampen der Tran von Walrossen oder Robben und erhellte den Raum nur spärlich. Das Haus schützte uns vor den eiskalten Winden, aber eine richtige Heizung gab es dort nicht. Was hätten wir denn verbrennen sollen? Das wenige Treibholz? Und Bäume wachsen hier nicht! Früher war es für uns immer ein ganz besonderes Erlebnis, wenn nach den langen Nächten die Sonne zum ersten Mal wieder über dem Horizont auftauchte. Dann gingen wir auch wieder auf die Jagd."

72.1 Anarvik

1.1 Nenne Beispiele dafür, wie sich die Eskimos früher den Bedingungen der Kältewüste angepaßt haben *(Abb. 71.1 und 73.1–73.3)*.
1.2 Berichte über die Bedeutung der Robbe für die Eskimos früher *(Abb. 72.2)*.
1.3 Erkläre den Begriff „Selbstversorgung".

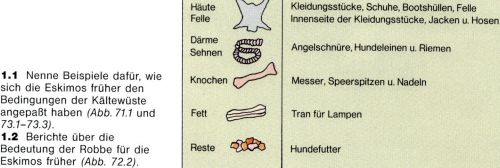

72.2 Verwertung einer erlegten Robbe

73.1 Eskimo im Kajak

73.2 Mit Hundeschlitten gingen die Eskimos früher auf tagelange Jagdzüge

73.3 Iglu, die halbkugelförmige wetterfeste Schneehütte der Eskimos, errichtet aus Eisblöcken

2 Das Leben heute

74.1 Die Lage Grönlands

Während wir uns unterhielten war es dunkel geworden. Anarvik drückte den Lichtschalter. „Das ist echter Fortschritt", sagte er. „Heute bringen uns Schiffe das Erdöl, das uns mit Licht und Wärme versorgt. Sogar die Straßen werden in der Nacht taghell erleuchtet."

Die Haustüre wurde geöffnet. Eine Frauenstimme rief laut und deutlich nach Anarvik. Es war seine Tochter, die von der Arbeit in der Fischfabrik heimgekommen war. Unterwegs hatte sie ihren Sohn, Anarviks Enkel, aus dem Hort abgeholt und im Supermarkt eine Tasche voller Lebensmittel eingekauft, unter anderem Gemüse und Bananen, Erdbeermarmelade und Joghurt.

Anarvik verglich das Leben seiner Tochter mit dem seiner eigenen Mutter. „Soll ich meine Tochter bedauern oder beneiden? Meine Mutter hätte nie und nimmer für fremde Menschen in einer Fabrik gearbeitet! Sie fühlte sich trotz der vielen Arbeit für die Familie als freier Mensch, der sich den Tag selbst einteilte. Ihr konnte niemand etwas befehlen.

Aber für meine Tochter ist es unvorstellbar, jeden Tag zu Hause zu bleiben und für die ganze Familie zu sorgen. Sie betont, daß sie unabhängig sein wolle. Meine Tochter erhält später einmal eine Rente – meine Mutter wußte, daß wir Kinder für sie im Alter sorgten. Und wenn wir es nicht gekonnt hätten, wäre die Dorfgemeinschaft eingesprungen."

„Und nach dem Abendessen ist's fast jeden Tag das gleiche: Sie setzen sich vor das Fernsehgerät. Am Wochenende besuchen sie auch des öfteren das neue städtische Erholungszentrum. Sie denken, ohne diese

2.1 Schreibe einen Bericht über die Arbeit eines Fängers im Jahresablauf nach *Abb. 74.2*.
2.2 Beschreibe die Veränderungen in den Siedlungen der Grönländer *(Abb. 75.1)*!
2.3 Auch die Arbeitsweise der Menschen hat sich geändert *(Abb. 75.2)*, berichte darüber!

Wohnverhältnisse	leicht aufbaubare Hütten Iglu im Landesinnern				feste Häuser Hütten an der Küste					Hütten Iglu im Landesinnern		
Fang	Robbenfang mit Netzen vom Eis aus				Walfang	Robbenfang im offenen Wasser					Robbenfang vom Eis aus	
Jagd		Fuchs				Vögel						
Fischerei	Schwarzer Heilbutt					Schwarzer Heilbutt				Dorsch		
Verkehrsmittel	Hundeschlitten					Kajak					Hundeschlitten	
Lichtverhältnisse	Polarnacht		Dämmerung			Mitternachtssonne				Dämmerung		Polarnacht
Eisverhältnisse	Packeis					Treibeis	offenes Wasser			Treibeis		Packeis
Monat	J	F	M	A	M	J	J	A	S	O	N	D

74.2 Jahresablauf eines Fängers im Nordwesten Grönlands bis 1950

75.1 Jakobshavn (Ilulissat)

Annehmlichkeiten wäre früher unser Leben langweilig gewesen. Aber das stimmt nicht! Das Leben heute ist leichter geworden. Aber ist es auch schöner? Für mich wäre es undenkbar gewesen, wie meine Tochter täglich zur selben Zeit aufzustehen, dann in die Fabrik oder wie mein Enkel in eine Schule zu gehen.

Sehen Sie, manche von uns Eskimos haben den Sprung aus der ‚Steinzeit' in die Moderne nicht verkraftet. Sie können nicht mehr so leben wie unsere Eltern und Großeltern. Aber sie können auch nicht so leben wie die Jungen. Und diesen Kummer ertränken sie in Alkohol."

3 Grönland: Ausbeutung der Fischfanggründe

Die Gewässer vor den Küsten Grönlands waren früher bekannt für ihren großen Fischreichtum. Hier trifft eine warme Meeresströmung, ein Zweig des Golfstroms, auf den kalten Ostgrönlandstrom, der aus der Arktis kommt. Das kalte Tiefenwasser des Ostgrönlandstroms bringt Nährstoffe und Sauerstoff, der Golfstrom die Wärme. Dadurch entstehen für viele Fischarten ideale Bedingungen für das Laichen und Wachstum. Von den etwa 100 Fischarten waren besonders Kabeljau, Makrele, Heilbutt und Lachs geschätzt.

Durch internationale Trawlerflotten, ausgerüstet mit modernster Fangtechnik, wurden die Fischbänke vor Südwest- und Südostgrönland nahezu leergefischt. Die Fangmengen mußten begrenzt werden.

Heute zahlt die EG jährlich einen finanziellen Ausgleich für die Fischereirechte in grönländischen Gewässern.

75.2 In einer Fischfabrik

Polartag und Polarnacht

76.1 Angmagssalik, Ostgrönland. Das Bild wurde Anfang März, gegen 15 Uhr, aufgenommen.

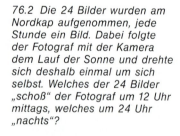

76.2 Die 24 Bilder wurden am Nordkap aufgenommen, jede Stunde ein Bild. Dabei folgte der Fotograf mit der Kamera dem Lauf der Sonne und drehte sich deshalb einmal um sich selbst. Welches der 24 Bilder „schoß" der Fotograf um 12 Uhr mittags, welches um 24 Uhr „nachts"?

Kommst du einmal im Sommer nördlich des Polarkreises, dann kannst du sie auch erleben: die Tage ohne Nacht, die „nachtlosen Nächte", in denen die Sonne nicht untergeht. Die „Mitternachtssonne" beschreibt ihren Kreis über dem Horizont. Im Süden steht sie am höchsten, im Norden am tiefsten, aber ihr Tagbogen sinkt nicht unter den Horizont.

In Narvik/Norwegen (68°N) dauert der **Polartag** vom 25. Mai bis zum 18. Juli. Am 23. September sind Tag und Nacht gleich lang. Ab dem 27. November bis zum 14. Januar taucht die Sonne nicht mehr über dem Horizont auf. Es beginnt die **Polarnacht**. Es sind dies die „taglosen Tage", an denen man sehnsüchtig auf die ersten Sonnenstrahlen wartet. Den ganzen „Tag" über brennen die Straßenlampen, ebenso in den Schulen, Fabriken und Büros. Die Taschenlampe gehört zu den Dingen, die jeder Schüler mit sich trägt. Nur ein fahles Licht um die Mittagszeit erinnert daran, daß anderswo die Sonne scheint.

Am 21. März sind Tag und Nacht gleichlang. Danach nehmen Licht und Wärme mit Riesenschritten zu. Wo das Land nicht vom ewigen Eis bedeckt ist, bricht der Frühling aus: Gräser und Kräuter sprießen schnell.

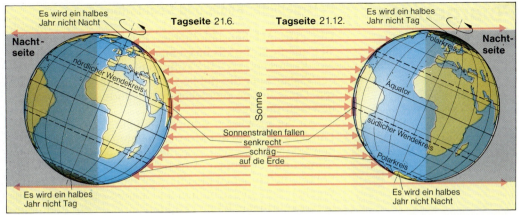

77.1 Wie entstehen der Polartag und die Polarnacht?   ▽ 77.2 Dauer von Polartag und Polarnacht

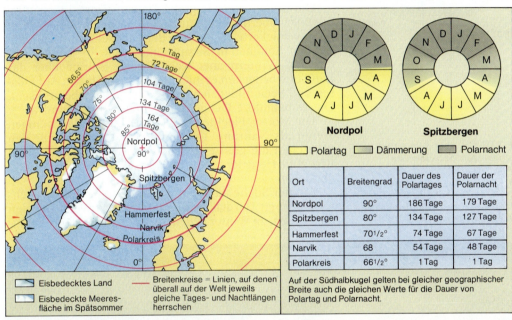

Ort	Breitengrad	Dauer des Polartages	Dauer der Polarnacht
Nordpol	90°	186 Tage	179 Tage
Spitzbergen	80°	134 Tage	127 Tage
Hammerfest	70 1/2°	74 Tage	67 Tage
Narvik	68°	54 Tage	48 Tage
Polarkreis	66 1/2°	1 Tag	1 Tag

Auf der Südhalbkugel gelten bei gleicher geographischer Breite auch die gleichen Werte für die Dauer von Polartag und Polarnacht.

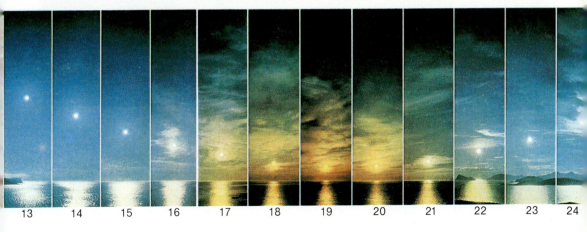

Polargebiete der Erde

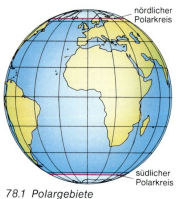

78.1 Polargebiete

● Berichte über Klima und Lebewesen der Eiswüste *(Abb. 79.2)!*
● Beschreibe die Verbreitung der Eiswüste, der Tundra und des Nördlichen Nadelwaldes im Nordpolargebiet *(Abb. 79.1)!*

Polargebiete: Klima und Vegetation

Die extrem lebensfeindlichen **Eiswüsten** beschränken sich auf die Antarktis im Gebiet des Südpols und Teile des Nordpolargebietes. Hier können nur Tiere überleben, wie der Eisbär oder die Robben, die sich von Fischen ernähren. Diese Fische aber leben von Plankton, den Kleinstlebewesen im Meer.

An die Eiswüsten schließt sich ein schmaler Streifen Landes an, in dem nur Moose, Flechten und Gräser gedeihen können. Sie stellen keine hohen Ansprüche an das Klima und den Boden. Wegen der kurzen Sommer in den Polargebieten haben die Pflanzen lediglich acht bis zehn Wochen Zeit, um zu blühen und Samen zur Fortpflanzung hervorzubringen. Bäume können unter diesen Bedingungen nicht aufkommen.

Der Boden ist bis in große Tiefen gefroren. Er taut im Sommer oberflächlich auf. Das Schmelzwasser kann nicht versickern. Weite Teile der Landschaft verwandeln sich im Sommer in Sümpfe und Seen. In den langen, dunklen Wintern aber wehen eisige Stürme über das Land und bedecken es mit einer Schneeschicht. Auf Flüssen und Seen bildet sich dickes Eis. Alles Leben erlischt. Dieses baumlose Gebiet bezeichnen wir als **Tundra**.

Die Moose, Flechten und Gräser dienen den wenigen Tieren als Nahrung. Unter ihnen hat das Ren für den Menschen die größte Bedeutung. Weil der Mensch das Ren zum Haustier gemacht hat, kann er in der Tundra überleben.

Auf der Suche nach Futter wandern die Rentierzüchter mit ihren Herden im Sommer zu den Weidegründen im Norden, im Winter in den Schutz der südlicheren Wäl-

78.2 An der Südspitze Grönlands

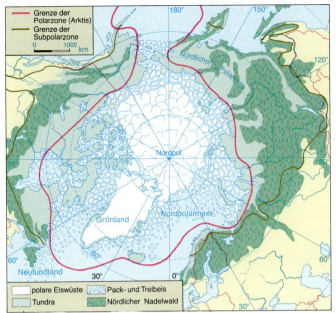

79.2 Klimadiagramm von Jakobshavn / Westküste Grönlands (69° N, 51° W)

79.1 Das Nordpolargebiet (Arktis)

der. Heute wohnen diese Viehhirten in festen Siedlungen, von wo sie die wandernden Rentiere mit dem Auto oder sogar mit dem Hubschrauber erreichen können. Wenige Männer bleiben auch nachts bei den Herden.

Manche ehemaligen Rentierzüchter verdienen sich heute ihren Lebensunterhalt dadurch, daß sie – in ihre alte Tracht gekleidet – den Touristen Felle, Geweihe oder Kleidung verkaufen.

79.3 Tundra im Sommer

Klimadiagramme
Das Klima auf einen Blick

Das **Klimadiagramm** eines bestimmten Ortes (Beispiel: Hannover-Langenhagen) erhältst du, wenn du die Temperaturkurve und die Niederschlagssäulen in einem Diagramm zusammenfügst. Das Klimadiagramm gibt dir auf einen Blick Auskunft über den Verlauf der Temperaturen und die Höhe der Niederschläge an einem Ort im Laufe eines Jahres.

Wenn du selbst ein Klimadiagramm zeichnest, mußt du auf folgendes achten: Wir wählen den Maßstab so, daß in der Werteskala 10 °C der mittleren Monatstemperatur in der Höhe 20 mm Niederschlag entsprechen. Bei 10 °C verdunsten etwa 20 mm Wasser im Monat, bei 20 °C sind es etwa 40 mm und so weiter. Wenn also in einem Klimadiagramm die Niederschlagskurve über der Temperaturkurve verläuft, dann heißt das, daß mehr Niederschläge fallen, als Wasser verdunsten kann. Diesen Monat oder die Jahreszeit bezeichnen wir als feucht. Wenn die Temperaturkurve über den Niederschlagssäulen liegt, dann ist der betreffende Monat oder die Jahreszeit trocken.

Hannover *(Abb. 80.1)* besitzt zu allen Jahreszeiten ein feuchtes, Jakobshavn *(Abb. 79.2)* ein sehr winterkaltes und In Salah *(Abb. 82.1)* ein extrem trockenes Klima.

● Versuche nun selbst, auf Millimeterpapier Klimadiagramme nach den Angaben in *Tab. 1* zu zeichnen!
● Sprich über das Klima von Hannover.
● Vergleiche das Klima von Hannover mit dem von Jakobshavn und In Salah.

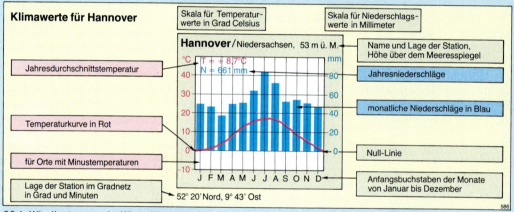

80.1 Wie liest man ein Klimadiagramm?

Tab. 1: Klimadaten von Hannover im Vergleich zu Jakobshavn (Grönland) und In Salah (Sahara)

Hannover	J	F	M	A	M	J	J	A	S	O	N	D	Jahr
Temperatur (°C)	0,1	0,5	3,6	8,1	12,6	15,8	17,4	17,0	13,8	9,1	5,1	1,8	8,7
Niederschläge (mm)	48	46	38	48	52	64	84	73	54	56	52	46	661
Jakobshavn	J	F	M	A	M	J	J	A	S	O	N	D	Jahr
Temperatur (°C)	−31,5	−14,4	−12,5	−7,8	0,6	5,9	8,2	6,8	2,5	−3,7	−7,6	−10,8	−5,4
Niederschläge (mm)	10	13	14	15	20	19	35	34	41	29	21	18	269
In Salah	J	F	M	A	M	J	J	A	S	O	N	D	Jahr
Temperatur (°C)	13,3	16,1	20,0	25,0	28,9	35,0	36,7	35,8	32,8	26,7	19,1	14,4	25,3
Niederschläge (mm)	1	1	0	2	1	0	0	0	1	2	0	2	10

Die **Temperatur** wird mit dem Thermometer in zwei Metern Höhe über dem Erdboden im Schatten gemessen und in Grad Celsius (°C) angegeben. 0 °C entspricht dem Gefrierpunkt, 100 °C dem Siedepunkt des Wassers.

Die Wetterkundler (Meteorologen) messen mehrmals am Tage und errechnen daraus die Tagesmitteltemperatur. Die Erfahrung hat gezeigt, daß es genügt, die um 7 Uhr, 14 Uhr und 21 Uhr gemessenen Werte zusammenzuzählen, wobei der Wert von 21 Uhr zweimal gezählt wird. Die Summe dieser Werte wird dann durch vier geteilt.

Beispiel: 7 Uhr: 12 °C – 14 Uhr: 22 °C – 21 Uhr: 15 °C

Tagesmittel: $\frac{12+22+15+15}{4} = 16$, also 16 °C

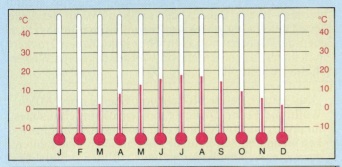

Aus den Tagesmitteln wird das Monatsmittel berechnet. Dazu werden die Tagesmitteltemperaturen des Monats zusammengezählt und durch die Anzahl der Tage des Monats geteilt.

Wir können den Verlauf der Temperatur während eines Jahres darstellen, indem wir die einzelnen Werte der Monatsmittel in einem Schaubild (Diagramm) festlegen und miteinander durch eine Linie verbinden. Diese Linie nennen wir Temperaturkurve.

Die **Niederschläge** werden in einem Regenmesser gesammelt und täglich die Menge in Millimetern gemessen. Bei den Niederschlägen ermittelt man im Unterschied zu den Temperaturen keine Durchschnittswerte, sondern die Niederschlagsmengen werden zusammengezählt. Der Verlauf der Niederschlagshöhen können wir in einem Diagramm darstellen, und zwar durch Säulen.

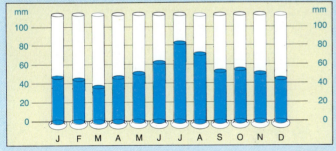

81.1 Regenmesser

Das **Klimadiagramm** ist die zeichnerische Darstellung des Verlaufs von Temperatur und Niederschlag an einem bestimmten Ort während des Jahres.

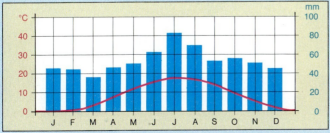

Wüste
Leben mit der Trockenheit

1 Trockenwüste: Klima und Vegetation

„Als Gott den Menschen erschaffen hatte, blieben zwei Tonklumpen übrig. Aus diesen formte er die Dattelpalme und das Kamel." Diese Schöpfungsgeschichte erzählt man sich in der Sahara, der größten Wüste der Erde. Denn Dattelpalme und Kamel waren früher für das Überleben der Menschen in dem lebensfeindlichen Trockenraum unersetzlich. Hören wir, was uns dazu eine Wissenschaftlerin mitteilt:

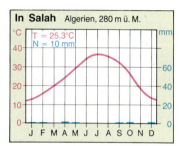

82.1 Klimadiagramm In Salah

> „Das Kamel liefert Fleisch und hochwertige Milch, Wolle und Leder. Dicke Schwielensohlen schützen es im unwegsamen Gelände und verhindern ein Einsinken im heißen Sand. Auf ungewöhnlich hohen Beinen vermag es sich der bodennahen Heißluft zu entziehen. Verschließbare Nüstern, langbewimperte Augen und reichlicher Tränenfluß schützen es vor Treib- und Flugsand. Energiereserven für magere Zeiten trägt es ganz bequem als Fetthöcker mit sich herum. Notfalls hungert es bis zu zwei Wochen, und es kommt bei einer sommerlichen Wüstenglut von 50 Grad Celsius länger als eine Woche ohne Wasser aus. Es kann binnen weniger Minuten über 100 Liter Wasser trinken, und es verträgt sogar salziges Wasser und ebensolche Pflanzen, die für Rinder und Schafe bereits giftig sind."

1.1 Beschreibe das Klima in der Trockenwüste *(Abb. 82.1)*.
1.2 Beschreibe die Kamelkarawane *(Abb. 82.2)*! Welche Bedeutung hatten diese Karawanen früher?

Mit diesen „Wüstenschiffen" wurden früher die riesigen Entfernungen von Oase zu Oase zurückgelegt. Nur dort, wo man wegen des unwegsamen Geländes keine

82.2 Kamelkarawane

83.1 Sandwüste

83.2 Kieswüste

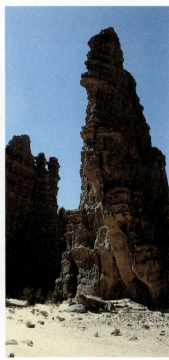
83.3 Felswüste

Pisten anlegen kann, halten auch heute noch Kamelkarawanen die Verbindungen von abgelegenen Oasen zur „Außenwelt" aufrecht.

Ansonsten stellen heute Autos, Omnibusse, Lastkraftwagen und Flugzeuge die Verbindungen zwischen den Oasen her.

2 Wüste ist nicht gleich Wüste

Wüsten sind nicht ein einziges großes Sandmeer. Nur ein Fünftel der Sahara bedecken die Dünenfelder der Sandwüste, die durch den Wind ständig umgelagert werden. Wanderdünen können sogar Straßen und ganze Oasen verschütten.

Geröll bedeckt die weiten Flächen der Kieswüsten, aus denen der Wind den feinen Sand ausgeweht hat. Besonders menschenfeindlich sind die Felswüsten. Durch die großen Temperaturunterschiede zwischen Tag und Nacht zerspringt das Gestein der Felsplatten in scharfkantige Stücke, die Wind und Sand im Laufe der Zeit abschleifen.

Vor allem am Rande der Wüstengebirge kommen Täler vor, in denen aber kein Wasser fließt. Sie werden als **Wadis** bezeichnet. Diese Trockentäler füllen sich nach den seltenen, aber heftigen Regengüssen sehr schnell mit Wasser, das sturzflutartig abfließt.

2.1 Beschreibe nach den Abb. 83.1–83.3 die verschiedenen Formen der Wüsten.

Verwendung der Dattelpalme

Früchte: Nahrung und Viehfutter
Stämme: Bau- und Brennmateriel
Saft: Getränk
Wedel: Flechtmaterial

3.1 Erkläre die Entstehung von Oasen in der Wüste *(Abb. 84.1)*.
3.2 Beschreibe den Anbau in einer Oase *(Abb. 84.2)*.
3.3 Welche Bedeutung hatte die Dattelpalme für die Oasenbauern?

3 Oasen – Inseln im Meer der Wüste

Wo Wasser vorkommt, dort gibt es Leben. Das Wasser der Oasen kommt aus den oft viele hundert Kilometer entfernten Gebirgen. Wenn es dort regnet, versickern die Niederschläge bis zu einer wasserundurchlässigen Gesteinsschicht. Sie fließen dann unterirdisch bis weit in die Sahara hinein. Dort tritt das Wasser entweder in Quellen aus (Quelloasen) oder es kommt als Grundwasser der Oberfläche so nahe, daß die Pflanzen es mit ihren Wurzeln erreichen (Grundwasseroase).

Wo das Grundwasser unter einem hohen Druck steht, sprudelt es in artesischen Brunnen empor. Anderswo, wie zum Beispiel in der Oase In Salah, wird es in unterirdischen Kanälen vom Gebirgsrand zur Oase geleitet. Heute verfallen die meisten Anlagen, weil es zu teuer ist, sie instand zu halten. Ein weitverzweigtes System von Kanälen bewässert die Oasengärten, wo im Schatten von Palmen viele Nutzpflanzen gedeihen. Mehrmals im Jahr kann geerntet werden.

84.1 Grundwasseroase (schematische Darstellung)

84.2 Die Grundwasseroase El Golea, Algerien

4 Eine Oasenbewohnerin erzählt

„Ich heiße Kande. Ich lebe in einer Oasenstadt in der nördlichen Sahara. Mein Leben spielt sich in erster Linie hier im Hause ab, so wie es der Koran vorschreibt. Im allgemeinen darf ich nur in Begleitung meines Mannes das Haus verlassen, und dann muß ich völlig verschleiert sein. Kein Fremder darf uns Frauen zu Gesicht bekommen, sobald wir älter als zehn Jahre sind. Aber was macht das schon! Im Kreise meiner Familie lege ich den Schleier ab, aber auch dann müssen die Haare bedeckt bleiben. Wenn ich Lust dazu verspüre, schminke ich mich, lege Schmuck an und trage Stöckelschuhe.

Wer denkt, unser Leben hinter den hohen Mauern in den kühlen Lehmhäusern wäre traurig, der irrt. Wir Frauen haben viel zu erzählen und viel zu lachen, wenn wir uns gegenseitig besuchen. Dann trinken wir zusammen Tee, nähen, stricken oder machen uns sonstwie nützlich.

Wir leben in einem Land der ‚unsichtbaren Frauen'. Nur Männer sitzen in den Teehäusern und handeln auf dem Bazar. Der Koran sagt, die Männer stünden über uns Frauen. Deshalb werden viele Mädchen zur Landarbeit herangezogen, und nur wenige dürfen die Schule besuchen. Die meisten Frauen sind daher **Analphabeten**, das heißt, sie können weder lesen noch schreiben.

Auch heute noch werden viele von uns gegen ihren Willen und sehr früh verheiratet, meistens im Alter von 16 Jahren. Der Bräutigam ist etwa 18 Jahre alt. Die Eltern handeln den Brautpreis aus. Zahlreiche Kinder steigern das Ansehen der Frau und ihres Mannes."

85.1 Mutter und Kind

4.1 Vergleiche das Leben der Frauen in einer Oase der Sahara mit dem Leben bei uns *(Abb. 85.1).*

4.2 Miß die West-Ost- und die Nord-Süd-Erstreckung der Sahara sowie die Entfernungen zwischen einzelnen großen Oasen *(Abb. 85.2)!*

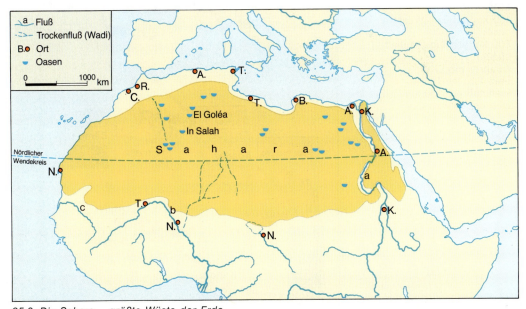

85.2 Die Sahara – größte Wüste der Erde

86.1 LKW-Transport

5 Wandel in der Wüste

Ein Autor dieses Buches berichtet:
Ich sitze in einer Bar in In Salah und trinke den süßen dunklen Tee, dazu ein Glas kühles Wasser. Der Besitzer der Bar leistet mir Gesellschaft. Nach einiger Zeit kommen wir ins Gespräch.

„Mein Geschäft geht nicht schlecht", sagt er. „Ich verdiene hier mehr, als wenn ich allein von meinem Garten leben müßte. Für die Datteln bekommt man heutzutage nur mehr ein Drittel dessen, was noch vor zehn Jahren die Ernte eingebracht hat. Und der Anbau von Getreide lohnt schon gar nicht mehr, seit die LKW Getreide und andere Nahrungsmittel hierher liefern und diese dann viel billiger verkauft werden, als wir sie anbieten können. Unsere Oasengärten ‚sterben' deshalb langsam. Und wo sie nicht mehr gepflegt werden, da versanden sie oder versalzen. Sie müssen wissen: Das Wasser löst die im Boden enthaltenen Salze, und deshalb ist die Entwässerung genauso wichtig wie die Bewässerung.

Weil wir heute das Wasser mit Motorpumpen leichter beschaffen können, verbrauchen wir mehr – deshalb sinkt der Grundwasserspiegel ab, und die Palmen können das Wasser mit ihren Wurzeln nicht mehr erreichen."

Tab. 1: Transportleistungen im Vergleich

Kamel
30 km pro Tag
2–3 Treiber pro 10 Kamele
200 kg Last pro Tier

LKW
150 km pro Tag (Wüstenpiste)
500 km pro Tag (Asphaltstraße)
1 Fahrer pro LKW
etwa 20 Liter Dieselkraftstoff pro 100 km
mehrere Tonnen Last

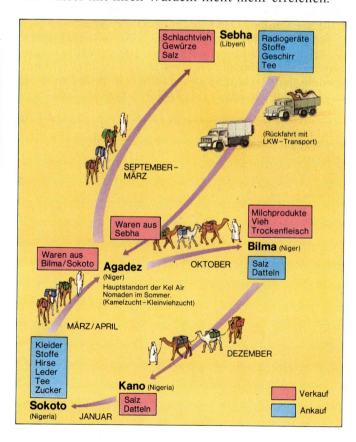

86.2 Karawanenhandel der Kel-Air-Nomaden

87.1 Erdöl- und Industrie-Oase Hassi-Messaoud

87.2 Siedlung von Beduinen, die am Rand einer Oase seßhaft wurden

87.3 LKW – „versandet"

Am Nachmittag gesellen sich einige ältere Männer zu uns. Sie klagen darüber, daß sie allein seien, weil ihre Söhne fortgezogen seien: in die „Erdöloasen", die dort inmitten der Wüste gebaut wurden, wo man Erdöl oder Erdgas erbohrt hat. Neben den Bohrtürmen wurden Fabriken errichtet, in denen die Söhne der Oasenbauern und Beduinen einer geregelten Arbeit nachgehen.

Seit in weiten Teilen der Sahara Autos die Kamelkarawanen abgelöst haben, sind die Beduinen – einst die Herren der Wüste – seßhaft geworden. Nur noch wenige **Nomaden**stämme, wie die Kel Air, betreiben noch in den unzugänglichen Gebieten Karawanenhandel. Und so hören sich die Klagen der alten Männer an: „Mein Sohn muß in einer Fabrik in Ghardaia arbeiten, sechs Tage in der Woche! In dieses Joch der Abhängigkeit ließe ich mich nie zwingen!" Und ein anderer sagt: „Mein Sohn fährt so ein Ungetüm von LKW durch die Wüste." „Was soll ich erst sagen", ruft ein weiterer. „Meine Söhne arbeiten in einem Hotel an der Küste. Sie bedienen dort Fremde!" „Und mein Ältester ist zum Militär gegangen und lebt jetzt in Algier. Ich fürchte, daß unsere Enkel nur noch aus Büchern erfahren werden, wie Oasenbauern und Wüstennomaden einst gelebt haben."

5.1 Schreibe einen Bericht über den Karawanenhandel der Kel-Air-Nomaden *(Abb. 86.2, Atlas)*!
5.2 Begründe die Veränderungen bei den Oasenbauern und den Wüstennomaden *(Abb. 86.1 und 87.1–87.3)*.

6 Städte in der Wüste

88.1 Gasse in Tozeur, Tunesien

Während wir uns immer leichter anziehen, je praller die Sonne vom Himmel scheint und je wärmer es wird, tragen die Menschen in der Wüste dicke, lange Gewänder, die die Haut vor zu starker Verdunstung schützen. Im Gegensatz zu uns meidet der Wüstenbewohner die direkte Sonneneinstrahlung. Auch dort, wo die Menschen in Städten am Rande der großen Oasengärten wohnen, geht es darum, vor der Sonnenglut zu fliehen.

„Zuweilen haben die Städte verschiedene Stadtteile. In einem wohnen die reichen Händler, im anderen die Handwerker, im dritten die Bauern. Aber besonders interessant ist der Stil, in dem diese Wüstenstädte gebaut sind. Eines ist ihnen aber allen gemeinsam: die Flucht vor der gnadenlosen Sonnenglut. Die Straßen sind überwölbt oder überdeckt. Nur hier und da fällt ein Sonnenstrahl auf den Boden, und stellenweise führt die Gasse lange im Stockdunkeln durch die Häuser hindurch. An den Seiten laden steinerne Bänke zum Ruhen ein.

In den heißen Mittagsstunden sitzen dort in Mäntel und Tücher gehüllt Gestalten. Sie wirken fast wie Gespenster, wenn das an die Dunkelheit noch nicht gewöhnte Auge sie zuerst erblickt. Da und dort hört man hinter den dicken Mauern Frauenstimmen.

Alle Häuser sind aus Lehm, Trockenziegeln oder aus Steinen gebaut, die mit dem Gips der Wüste als Mörtel verbunden sind. Nur die Decken und Türen fügt man aus Palmholz. Die wenigen Fenster sind klein und unverglast. Nur Luftlöcher und verziertes steinernes oder hölzernes Gitterwerk sieht man im Gemäuer."

6.1 Beschreibe eine Oasensiedlung *(Abb. 88.2)*! Warum stehen die Häuser so eng zusammen? Warum besitzen sie Flachdächer? Warum können sie aus Lehm gebaut sein?

88.2 Blick auf die Dächer von Zelfana, nahe Ghardaia, Algerien

Menschen leben in extremen Räumen

Wir fassen zusammen

Eskimos – Leben in der Kälte

Je weiter man in Richtung Pole kommt, um so länger werden die Tage im Sommer und die Nächte im Winter. Am Pol dauern Polartag und Polarnacht je ein halbes Jahr.

Grönland, die größte Insel der Erde, liegt in der Polarzone und ist bis auf einen schmalen Küstenraum von mächtigen Eismassen bedeckt. Die Eskimos hatten sich hier den Bedingungen der Kältewüste angepaßt und als Selbstversorger hauptsächlich von den Tieren des Meeres gelebt. Unter dem Einfluß der modernen Zivilisation haben sie ihre ursprüngliche Lebensweise aufgegeben.

Wüste – Leben mit der Trockenheit

Wüsten sind in zwei großen Gürteln beiderseits der Wendekreise der Erde verbreitet. Die größte Wüste ist die Sahara in Nordafrika.

Pflanzen, Tiere und Menschen haben besondere Eigenschaften und Verhaltensweisen entwickelt, um in Trockenräumen überleben zu können. Sie schützen sich vor der Austrocknung durch die Gluthitze der Sonne. Die Menschen leben in Oasen, deren Häuser dicht zusammenstehen; die schmalen Gassen sind überdacht.

In den Oasengärten wird die Bewässerungsfläche intensiv genutzt. Viele Oasen verkümmern, weil sich der Anbau von Nahrungsmitteln nicht mehr lohnt, weil mancherorts die Brunnen versiegen, weil moderne Verkehrsmittel die Aufgaben der Karawanen übernehmen, weil Industrie, der Abbau von Bodenschätzen (Erdöl!) oder der Tourismus neue Arbeitsplätze bieten.

Grundbegriffe

Selbstversorgung
Polartag/Polarnacht
Eiswüste
Tundra
Klimadiagramm
Temperatur
Niederschlag
Trockenwüste
Wadi
Oase
Analphabeten
Nomaden

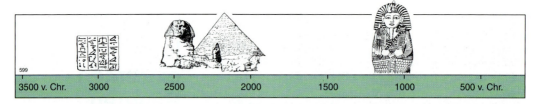

| 3500 v. Chr. | 3000 | 2500 | 2000 | 1500 | 1000 | 500 v. Chr. |

Ägypten – eine frühe Hochkultur

Die Anfänge der Hochkulturen

Als in unserer Heimat noch Urwälder das Land bedeckten und kaum Menschen lebten, entstanden östlich des Mittelmeeres in den Tälern großer Flüsse die ersten Staaten der Weltgeschichte. Dort schufen die Menschen feste Ordnungen für ihr Zusammenleben und regelten die Rechte und Pflichten des einzelnen durch Gesetze. An der Spitze des Staates stand ein König, dessen Beamte das Land verwalteten.

Die Menschen bauten Städte, in denen es große Tempel für die Götter und gewaltige Paläste und Grabanlagen für die Könige gab. Hier erfanden sie auch die ersten Schriftzeichen und machten andere wichtige Entdeckungen. Dabei entwickelten sich unterschiedliche Berufe, so daß sich das Wirtschaften und Zusammenleben der Menschen veränderte.

Wir können darüber viel erfahren und geraten in Staunen, wenn wir uns die schriftlichen Überreste und die gewaltigen Denkmäler der damaligen Zeit ansehen. Vieles ist bis heute erhalten geblieben. Auch in unseren Museen können wir die großartigen Leistungen dieser Völker bewundern.

Warum gerade an großen Flüssen solche **Hochkulturen** entstanden sind, wollen wir am Beispiel Ägyptens untersuchen.

● Nenne die Hochkulturen und die Flüsse, an denen sie sich entwickelten *(Abb. 90.1).*
● Stelle fest, durch welche Staaten diese Flüsse heute fließen *(Atlas).*

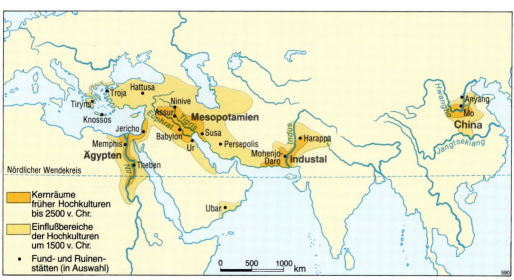

90.1 Die Anfänge der frühen Hochkulturen

91.1 Weltraumbild der Nilstromoase und des Nildeltas

1 Ägypten – ein Geschenk des Nils

92.1 Fellache schöpft Wasser zur Bewässerung seines Feldes

Schon um 450 vor Christus nannte der griechische Geschichtsschreiber *Herodot* Ägypten ein „Geschenk des Nils". Der Nil ist die Lebensader des nordafrikanischen Staates. Ohne ihn wäre Ägypten eine einzige Wüste.

Nördlich von Kairo teilt sich der Nil in mehrere Arme. Weil der Mündungsbereich dem griechischen Buchstaben Delta (Δ) ähnelt, bezeichnen wir eine derartige Flußmündung als **Flußdelta**.

Beiderseits von fruchtbaren Feldern gesäumt, durchzieht der Nil als grünes Band die Wüste Ägyptens. Er ist ein **Fremdlingsfluß**, denn sein Wasser erhält er von drei großen Quellflüssen, die im regenreichen Zentral- und Ostafrika entspringen. Dort fällt in den Sommermonaten der meiste Regen, in den Wintermonaten verhältnismäßig wenig. Dadurch steigt der Wasserstand des Nils in Ägypten regelmäßig im Spätsommer um etwa sechs Meter an. Und mit dem Wasser wird der fruchtbare Nilschlamm transportiert.

Obwohl auf dem Weg durch die ägyptische Wüste sehr viel Wasser verdunstet, ist der Strom so wasserreich, daß die **Stromoase** entlang des Nils bewässert werden kann.

Seit der Zeit der Pharaonen bestimmt diese „Nilschwelle" den Ablauf des bäuerlichen Jahres. Die Sommerfluten des Nils überschwemmten die Felder. Die Bauern (Fellachen) warfen Erdwälle auf und teilten dadurch das Land in viele Becken ein, in denen das Überschwemmungswasser ein bis zwei Monate stand und langsam versickerte. Bei dieser „Beckenbewässerung" setzte sich der vom Nil mitgeführte fruchtbare Schlamm ab. Er düngte die Felder und sicherte ertragreiche Ernten.

Wenn der Nil auch nur einen halben Meter über den normalen Hochwasserstand anstieg, brachen die Dämme, und es gab schwere Schäden. Blieb aber die „Nilschwelle" zu niedrig, wurden die Becken nicht erreicht. Es gab Mißernten und Hungersnöte. Wir kennen aus der Bibel die Geschichte des Joseph. Der Pharao hatte in einem Traum sieben fette und dann sieben magere Kühe aus dem Nil steigen sehen. Joseph deutete den Traum so: „Sieh, sieben Jahre kommen, da herrscht großer Überfluß im ganzen Land Ägypten. Nach ihnen kommen sieben Hungerjahre." Und Joseph ließ in der Zeit der reichen Ernte Vorräte anlegen für die Jahre der Not.

Schon vor 5000 Jahren bewässerte man ganzjährig einen Teil der höhergelegenen Felder mit Schöpfrädern, die von Menschen oder Tieren angetrieben wurden. Auch heute noch ziehen Ochsen den einfachen Holzpflug oder bewegen die Wasserschöpfräder. Menschen und tierische Arbeitskräfte sind billiger als Maschinen. Und Menschen gibt es in Ägypten im Überfluß! Die Nilstromoase und das Delta sind wie ein großer fruchtbarer Garten inmitten einer Wüste. Sie sind ein Geschenk des Nils – aber auch ein Werk des Menschen!

1.1 Vergleiche das Weltraumbild *(Abb. 91.1)* mit der Atlaskarte (Stromoase, Wüste, Siedlungen).
1.2 Lege Transparentpapier auf das Weltraumbild, zeichne die Küstenlinie, die Umrisse der Stromoase, den Flußlauf und die größten Städte ein und beschrifte sie *(Atlas)*.
1.3 Begründe: Der Nil ist ein Fremdlingsfluß.

2 Der Nil stellt Aufgaben

In den Jahrhunderten vor Christi Geburt verehrten die Menschen den Nil wie einen Gott, weil sie Jahr um Jahr ihre Abhängigkeit von ihm erlebten. Als in einem Jahr das Hochwasser ausblieb, schrieb der König an seine Beamten:

> „Ich bin besorgt um das Volk meines Landes. Mein Herz ist in Unruhe, weil der Nil schon im siebenten Jahr nicht steigt. Es gibt wenig Feldfrüchte, es mangelt an Kräutern und an allem Eßbaren. Jedermann bestiehlt seinen Nächsten. Die Kinder weinen, die jungen Männer sind mutlos, und der Alten Herz ist gelähmt."

Kalendarische Zeitrechnung – Geburt der Wissenschaften

Das Eintreffen der Nilfluten ist an feste, immer wiederkehrende Zeiten gebunden. Deshalb mußten die Menschen den Himmel mit seinen Gestirnen beobachten. Ein weiser Priester entdeckte, daß am Abend des 19. Juli eines jeden Jahres ein sehr heller Stern über Ägypten aufging. Es war der Stern Sirius, der den Beginn der Überschwemmungen anzeigt. Der Tag, an dem der Sirius aufging, wurde zum Neujahrstag. Herodot schrieb in seinem Reisebericht im 5. Jahrhundert vor Christus voller Bewunderung:

> „Die Ägypter waren die Ersten, die die Länge des Jahres feststellten: sie teilten es in zwölf Monate zu dreißig Tagen ein, und sie gaben jedem Jahr noch fünf Tage hinzu. So stimmt das Kalenderjahr der Ägypter sehr genau mit dem Jahr in der Natur überein."

2.1 Was meint ein Dichter des alten Ägypten mit folgender Aussage: Drei Monate ist Ägypten eine weiße Perle, drei Monate eine schwarze Haut, drei Monate ein grüner Smaragd und drei Monate rotes Gold? Male einen altägyptischen Kalender mit vier Jahreszeiten, wobei du die Zeit von Oktober bis Ende Februar nochmals aufteilen mußt.

2.2 Beschreibe die Aufgaben, die gelöst werden mußten, um die Nilfluten nutzen zu können.

2.3 Auf der *Abb. 93.1* sind die Tätigkeiten, Arbeitsgeräte und Haustiere der Bauern dargestellt. Beschreibe!

In Ägypten wurden die Jahreszeiten von der Nilüberschwemmung bestimmt: die Zeit der Flut, die ungefähr von Ende Juni bis Ende September dauerte; die Zeit des Auftauchens der Felder aus dem Wasser, die im Oktober begann und in der das Land bis in den Februar hinein feucht blieb; die Zeit der Trockenheit, bis im Juni der Kreislauf (Zyklus) von neuem begann. Das Verhalten des Flusses bestimmte auch die tägliche Arbeit der Menschen. Während der Überschwemmung arbeitete man an den Bauten des Königs, in der Trockenzeit erntete und drosch man.

93.1 Bauern bei der Feldarbeit

Die Ägypter benutzten die Hieroglyphen in drei verschiedenen Bedeutungen:
- zwei Drittel aller Hieroglyphen als Zeichen für Laute, wie in unserem Alphabet;
- als bildliche Zeichen für ganze Gegenstände, auch für Götter;
- als Zeichen, um die Bedeutung eines Wortes ganz eindeutig zu machen, wie bei Mann oder Frau.

Nicht nur für den **Kalender**, sondern auch für den Bau von Pyramiden wurden die Himmelserscheinungen genau beobachtet. So entwickelte sich die Astronomie. Daneben entstanden noch weitere **Wissenschaften**, wie zum Beispiel die Erdvermessung (Geometrie). Weil die jährlichen Hochwasser die Landbegrenzungen verwischten, mußten die Ägypter nach jeder Überflutung die Äcker neu vermessen. Elle und Fuß waren dabei natürliche Maße.

Die Vorratswirtschaft entsteht

Viel wichtiger aber war es, daß die Ägypter eine planmäßige **Vorratswirtschaft** aufbauten, um auch in den schlechten und mageren Jahren zu überleben. Deshalb mußten die Bauern in den guten Jahren einen Teil der Ernte in die Vorratskammern des Königs abliefern. Die Abgaben wurden gewogen und aufgeschrieben. Wahrscheinlich entstand so die schwierige Kunst des Schreibens.

Schrift und Handel

Heute können wir feststellen, daß die Ägypter sehr schreibfreudig waren. Sie malten und meißelten ihre Schriftzeichen, die **Hieroglyphen**, auf die Wände ihrer Tempel und Gräber, auf Tonscherben, vor allem aber auf das Mark der Papyrusstaude. Das Papyrusrohr war ebenfalls ein Geschenk des Nils. Aus seinen Fasern wurden Seile und Taue gedreht, Matten und Teppiche geflochten.

Handwerker bauten sogar aus Papyrusbündeln Boote, mit denen Kaufleute den Nil befuhren, um Handel zu treiben. Sie tauschten die gefertigten Waren untereinander und mit Nachbarvölkern aus und führten Gold, Elfenbein, Eben- und Zedernholz, Myrrhen und Weihrauch und sogar Affen und Pferde nach Ägypten ein.

94.1 Ein Beamter vermißt die Grenzen eines Feldes. Bauern bringen ihm Geschenke.

3 Die Herstellung einer Papyrusrolle

Papyrus sieht unserem Papier ähnlich und hat ihm auch den Namen gegeben. Es ist aber doch etwas ganz anderes. Die Papyrusstaude ist ein Sumpfgras, das früher überall in den Tümpeln Ägyptens wuchs. Es hat dicke Stengel, die bis zu drei Meter hoch werden können. Für die Papyrusherstellung wurden die langen Stengel in bis zu 50 cm lange Stücke zerteilt. Danach entfernte man mit einem Messer die harte Rinde und schnitt das Mark in dünne Streifen. Nachdem die Streifen in Wasser eingeweicht worden waren, legte man sie in zwei Schichten längs und quer übereinander, bedeckte sie mit einem Stück Leinentuch und beklopfte sie mit einem Holzhammer. So entstand eine Doppelschicht, die durch den Saft der Pflanze fest miteinander verklebt war. Nach dem Trocknen und Polieren konnte man die Papyrusblätter aneinanderkleben und erhielt so eine lange Papyrusrolle. Die längste erhaltene Rolle befindet sich heute in London. Sie ist fast 42 Meter lang.

I	Einer
∩	Zehner
℮	Hunderter
𓆸	Tausender
𓏺	Zehntausender
𓆑	Hunderttausender
𓁨	Million

95.1 Zahlzeichen

3.1 Schreibe folgende Zahlen in Zahlzeichen: 1112, 20133, 193, 1004.

95.2 Eine Papyrusrolle entsteht

Zeichen	Dargestellter Gegenstand	Lautzeichen
𓅐	Geier	a
𓇋	Schilfrohr	i, j
𓂝	Unterarm	e
𓅱	Wachtel	u, w
𓃀	Bein	b
𓊪	Stuhl	p
𓆑	gehörnte Schlange	f
𓅓	Eule	m
𓈖	Wasser	n
𓂋	Mund	r
𓉗	Hof	h
𓎛	geflochtene Flachssträhne	ch
𓄡	Tierbauch mit Zitzen	ch
𓋴	Riegel	s
𓋳	gefaltetes Tuch	s
𓈘, 𓈖	Teich, See	sch
𓈎	Hügel(abhang)	k, q
𓎡	Korb mit Handgriff	k

95.3 Hieroglyphen

4.1 Betrachte *Abb. 97.1* und stelle fest, wo die Städte Memphis und Theben und die meisten Pyramiden liegen. Nenne auch die Bodenschätze, die auf dieser Karte verzeichnet sind.

4.2 Erstelle eine Liste der Bodenschätze und ihrer Verwendung *(Abb. 97.1)*.

4.3 Von wo und auf welchem Wege wurden die Sandsteinblöcke für den Pyramidenbau geholt *(Abb. 97.1)*?

4 Der Pharao – König der Ägypter

Die vielen Probleme, die der Nil den Menschen stellte, konnten einzelne Familien oder Volksstämme nicht bewältigen. Die erforderlichen Arbeiten mußten sinnvoll geplant, straff organisiert und aufeinander abgestimmt werden.

So zwang der Nil die Menschen zur Bildung eines einheitlichen **Staates**, an dessen Spitze ein König stand, der für alles verantwortlich war. Er regierte mit Hilfe seiner **Beamten**, die alle wichtigen Arbeiten am Nil und in den Städten sowie die Speicherung und Verteilung der Lebensmittel zu überwachen hatten. Sie mußten auch im Zusammenleben der Menschen für Ordnung und Gerechtigkeit sorgen.

Die Ägypter nannten ihren König **Pharao**, das heißt „Hohes Haus". Zuerst wurde nur der königliche Palast so bezeichnet, später erhielt dann der König diesen Titel.

Ursprünglich gab es in Ägypten zwei Reiche, die miteinander Krieg führten. Unterägypten lag im fruchtbaren Nildelta, Oberägypten im engen Niltal zwischen Kairo und Assuan. Um das Jahr 3000 vor Christus vereinigte ein starker König mit Namen *Menes* beide Reiche zu einem einheitlichen Großreich. Er trug als äußeres Zeichen seiner Macht eine Doppelkrone und ließ eine neue, prachtvolle Hauptstadt erbauen, die er Memphis nannte. Hier wurde auch der älteste uns bekannte Tempel errichtet.

Seine Nachfolger schufen weitere große Bau- und Kunstwerke. Sie alle konnten nur entstehen, weil der Pharao über die Arbeitskraft seines gesamten Volkes verfügte.

Dieses Volk glaubte, daß sein König von den Göttern abstammte. Es sah deshalb die harten Arbeiten für den König nicht nur als aufgezwungenen Frondienst an, sondern auch als einen frommen Dienst, von dem es sich Segen nach dem Tod erhoffte.

96.1 Chefren-Pyramide bei Giseh

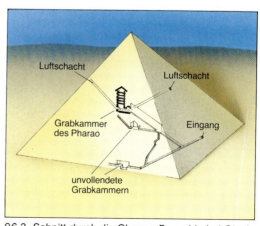

96.2 Schnitt durch die Cheops-Pyramide bei Giseh

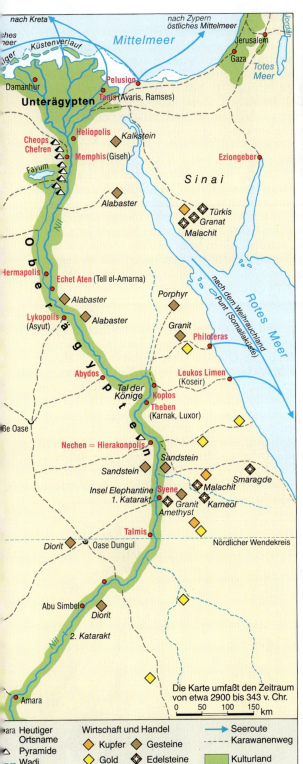

97.1 Ägypten im Altertum

97.2 Goldener Sargdeckel des Pharao Tutenchamun (angefertigt um 1350 v. Chr.) mit den Zeichen der Macht und Göttlichkeit: geflochtener Götterbart, Krummstab und Geißel

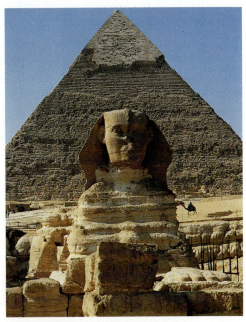

97.3 Chefren-Pyramide mit Sphinx

4.4 Beschreibe einzelne Tätigkeiten auf der Baustelle der *Abb. 98.1.*

4.5 Vergleiche die Höhe der Pyramide mit dem Kirchturm deiner Heimatgemeinde.

4.6 Rechne aus, wieviel Fußballfelder du auf der Grundfläche einer Pyramide unterbringen könntest.

4.7 Stelle die Symbole der Macht und Göttlichkeit eines Pharao zusammen. Betrachte dabei noch einmal die Abbildungen in diesem Kapitel.

Der Pyramidenbau

So ließen sie sich zu Tausenden wie Zugtiere vor Schlitten spannen, auf denen gewaltige Steinblöcke zum Pyramidenbauplatz transportiert wurden. Am schwersten war es jedoch, die Blöcke an der Baustelle Stück für Stück nach oben zu bringen. Je höher der Bau wurde, desto schwerer fiel die Arbeit. Zum Abschluß wurden in die treppenförmig aufgebauten Steinblöcke noch weiße Kalksteine zur Verkleidung eingefügt. *Herodot* schreibt:

> „Die einen mußten Steine aus den Steinbrüchen der arabischen Gebirge heranschaffen und bis zum Nil schleppen. Nachdem die Blöcke zu Schiff auf dem Strom herangeschafft worden waren, standen andere bereit, sie in Empfang zu nehmen und weiter zu transportieren. So fronten jeweils 100 000 Menschen drei Monate lang, ehe sie abgelöst wurden. Allein beim Bau der Straße, auf der die Blöcke herangeschafft wurden, währte die Drangsal des Volkes zehn Jahre lang. Diese Straße ist ein Werk, sicherlich nicht geringer als die Pyramiden selbst."

Die größte und älteste **Pyramide** ist die Cheops-Pyramide des stolzen Königs *Cheops*. Ihre Grundfläche beträgt 230 Meter im Quadrat, ihre Höhe fast 150 Meter. Damit ist sie beinahe so hoch wie der Kölner Dom.

Pyramiden sind Grabmäler, riesige Steinhäuser mit versteckten Zugängen und langen Tunneln, die zu einer Grabkammer führen. Die Grabkammer liegt tief verborgen im Innern der Pyramide und war für den Leichnam des Königs bestimmt. Sie ist mit kostbaren Steinen, Gold und Schriftbildern ausgeschmückt, die von den Ruhmestaten des Herrschers berichten. Dies alles diente, genauso wie der menschenköpfige Löwe, die *Sphinx*, der Verdeutlichung der Macht und Göttlichkeit des Pharaos.

98.1 Rund 100 000 Menschen erbauten in 20 Jahren die Cheops-Pyramide. Über zwei Millionen Steinblöcke von ungefähr je 2,5 t wurden aufeinandergetürmt. Alles ohne Kran und Flaschenzug! Die Werkzeuge zur Bearbeitung der Steinblöcke waren aus Kupfer.

5 Die ägyptische Familie

Alte Texte, aber auch Bilder und Skulpturen erzählen uns von der großen Bedeutung der Familie für die ägyptische Gesellschaft. Die Ehepartner sehen wir in liebevoller Verbundenheit dargestellt, oft zusammen mit ihren Kindern. Jedes Kind war den Ägyptern willkommen, und im Unterschied zu anderen Völkern wurden keine Kinder ausgesetzt.

Es ist auch auffallend, daß in den meisten Darstellungen die Frauen gleich groß wie die Männer sind. Das deutet auf eine Gleichrangigkeit von Mann und Frau in der Öffentlichkeit hin, obwohl Frauen keine besondere berufliche Ausbildung erhielten und es nur wenige Frauen gab, die lesen und schreiben konnten.

Während die Männer außer Haus in Politik, Landwirtschaft, Handel und Gewerbe tätig waren, bestand die Hauptaufgabe der Frauen in der Führung des Haushalts und der Erziehung der Kinder. Zum Haushalt gehörte oft eine zahlreiche Dienerschaft, besonders bei den höheren Beamten.

Zu staatlichen Gemeinschaftsaufgaben, wie den Bau von Deichen, Kanälen und Staubecken zum Auffangen des kostbaren Nilwassers, und in der Landwirtschaft wurden Frauen ebenfalls herangezogen.

5.1 Erkläre, warum auf der *Abb. 99.1* männliche und weibliche Gestalten gleich groß dargestellt werden. Versuche zu begründen, warum die Männer dunkelhäutig, die Frauen hellhäutig dargestellt sind.

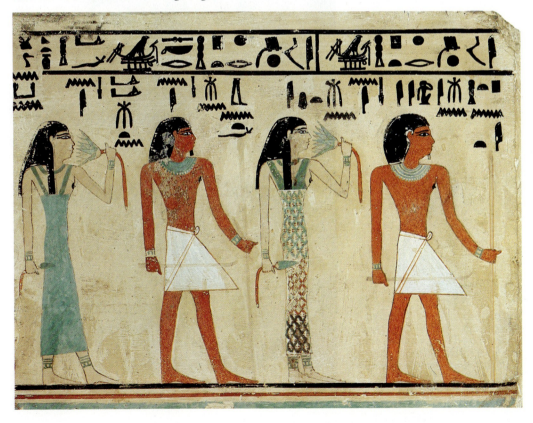

99.1 Grabplatte eines Ägypters und seiner Familie (um 2000 v. Chr.). Das Ehepaar schreitet vorweg.

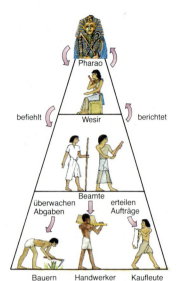

100.1 Der Aufbau der ägyptischen Gesellschaft

6 Die ägyptische Gesellschaft

Die ägyptische **Gesellschaft** war straff organisiert und gegliedert. An der Spitze der Machtpyramide stand der König, der Pharao. Dann folgten der Wesir, die Beamten, Offiziere und Priester. Der **Wesir** war oft ein Verwandter des Königs oder der Sohn eines hohen Beamten. Er leitete die gesamte Verwaltung des Landes und war gleichzeitig Richter im Namen des Königs. Nach dem Pharao hatte er den größten Einfluß im Reich.

Je höher ein Beamter aufstieg, desto mehr Befehlsgewalt und Vergünstigungen besaß er. Dies war einer der Gründe, warum die Lebensformen der Menschen sehr unterschiedlich waren.

Die meisten Ägypter waren Flußbauern, **Fellachen**. Sie bebauten als Pächter ihr Land, das dem Pharao

100.2 Ägyptische Familie aus der Zeit um 1400 vor Christus. Beachte die Verbundenheit der Eltern, die sich mit den Armen umfassen, und ihre freundlichen Gesichtszüge. In der Mitte ist die Tochter des Paares abgebildet.

gehörte. Während die hohen Beamten mit ihren Frauen und Kindern sehr wohlhabend in großen Stadthäusern wohnten, hausten die Fellachen mit ihren Familien sehr ärmlich in kleinen Hütten.

Neben den Bauern gab es Kaufleute und Händler und eine große Anzahl von Handwerkern: Maurer, Steinmetze, Weber, Maler, Goldschmiede, aber auch Techniker und Transportarbeiter. Viele waren in königlichen Diensten, wurden von den Beamten beaufsichtigt und mit Naturalien wie Brot, Bohnen, Salz, Bier und Kleidung bezahlt. Ganz unfrei waren die Sklaven, die auf den königlichen Gütern arbeiten mußten.

Begehrt war der Beruf des Schreibers, weil dieser Beamter und vielleicht sogar Wesir werden konnte. Deshalb gaben die Beamten ihren Söhnen folgende Ratschläge:

101.1 Ägyptischer Schreiber

„Kaum hat ein Schriftkundiger angefangen heranzuwachsen – er ist noch ein Kind –, so wird man ihn grüßen und als Boten senden ... Einen Bildhauer kann man nicht als Boten senden, noch einen Goldschmied ... Ich habe den Erzarbeiter bei seiner Arbeit beobachtet, an der Öffnung seines Schmelzofens. Seine Finger sind krokodilartig, er stinkt mehr als Fischlaich ... Der Steinmetz graviert mit dem Meißel in allerlei harten Steinen. Hat er die Arbeit beendet, so versagen ihm seine Arme und er ist müde; wenn er sich des Abends niedersetzt, sind seine Knie und sein Rücken gebrochen ... Der Töpfer steckt in seinem Lehm; der beschmiert ihn mehr als ein Schwein ... Dem Schuster geht es sehr schlecht, er ist ewig unter seinen Gerbbottichen. Es geht ihm so gut, wie es einem unter Leichen geht ... Der Wäscher wäscht auf dem Uferdamm, sein Nachbar ist das Krokodil ... Siehe es gibt keinen Beruf, in dem einem nicht befohlen wird, außer dem des Beamten, da ist er es, der befiehlt. Wenn du schreiben kannst, wird dir das mehr Nutzen bringen als alle die Berufe, die ich dir dargelegt habe."

Bauern- und Handwerkersöhne hatten es sehr schwer, das Schreiben zu lernen und Beamte zu werden. Einer Grabinschrift entnehmen wir, daß es manchmal doch möglich war:

„Die Hoffnungen des Bauern Pasis, seinen Erstgeborenen als Beamten zu sehen, erfüllen sich. Methen geht in die Stadt, lernt in einer der Tempelschulen die Bilderschrift gelehrter Priester und erhält nach Jahren eine Anstellung als Schreiber. Langsam steigt er die Stufenleiter der Würden empor und wird Verwalter königlicher Kornspeicher. Bevor er nach einem reichen und ausgefüllten Leben in die Welt des Jenseits-Nils geht, hat er Vermögen genug, eine stattliche Grabkammer zu errichten ... In endlosen Spruchbändern verkündet seine Grabkammer die persönliche Geschichte des Toten ..."

6.1 Überlege, warum wir vom Leben der Ägypter so viel mehr wissen, als von den Menschen, die zur gleichen Zeit in Europa gelebt haben.
6.2 Beschreibe das Schaubild 100.1, das dir den Aufbau der ägyptischen Gesellschaft verdeutlicht.

102.1 Dieser Ausschnitt aus dem Totenbuch des Hunefer zeigt, wie es der Seele eines Verstorbenen ergeht: In einem weißen Gewand wird sie vom Totengott Anubis zum Totengericht geführt. Hier wird Hunefers Herz gegen eine Feder aufgewogen. Unter der Waage sitzt der Totenfresser. Sollte seine Seele böse sein, würde sie das Ungeheuer für immer vernichten. Der Weisheitsgott schreibt das Ergebnis auf. Danach führt der Himmelsgott Horus die gerettete Seele für immer zu Osiris.

7 Die Religion der Ägypter

Die ägyptische Götterwelt

In der Götterwelt der Ägypter kannst du viele und sehr unterschiedliche Götter und Göttinnen entdecken. Zu Beginn der ägyptischen Geschichte sahen sich die Menschen verschiedenen Mächten ausgeliefert wie Tieren und Pflanzen, Blitz und Donner, Tag und Nacht. Fast jede Familie und jeder Volksstamm glaubte an einen eigenen Gott. Es gab viele Götter, die sich in Tieren verkörperten. Einige hatten einen Mischleib, halb Tier, halb Mensch. Andere besaßen einen Tierkopf.

Im Volk wurden viele Sagen und Geschichten über die Götter erzählt. Man nennt sie **Mythen**. Ein solcher Mythos ist der des Gottes *Osiris*.

Er herrschte in grauer Vorzeit auf Erden und wurde eines Tages von seinem Bruder *Seth* ermordet. Dieser zerstückelte die Leiche und verstreute sie über das Land. *Isis*, die Frau des Osiris, erweckte die Leichenteile jedoch zu neuem Leben. Dann empfing sie von ihrem Gemahl den Sohn *Horus*, den sie heimlich aufzog. Als Horus groß war, wollte er seinen Vater rächen. Aber er konnte im Kampf nicht siegen. Da bestimmte ein Göttergericht, daß Osiris der Herrscher des Totenreiches und Horus König über Ägypten sein sollte.

Entsprechend dieser Sage glaubten die Ägypter, daß Isis die Mutter allen Lebens sei. Osiris verköperte die Fülle der sich stets erneuernden Natur und Seth die lebensfeindliche Wüste.

Die Pharaonen führten ihre Abstammung auf Osiris zurück und glaubten, daß sie seine Söhne seien. Deshalb wurden sie von der Bevölkerung als Gottkönige angebetet und verehrt. Doch war die Sage des Osiris auch in anderer Hinsicht bedeutungsvoll. Gleich dem wiedererstandenen Gott hoffte jeder Ägypter auf ein Weiterleben nach dem Tod.

Ihren Göttern bauten die Ägypter großartige Tempel, in denen sie auf Geheiß der Priester Opfer darbrachten.

102.2 Bronzestatue des Horus, dem Himmelsgott mit dem Falkenkopf

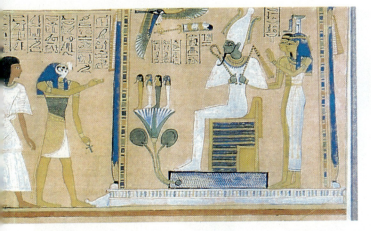

7.1 Warum glaubten die alten Ägypter an ein Weiterleben nach dem Tode? Lies hierzu den Mythos des Gottes Osiris, und erzähle, was du aus *Abb. 102.1* über das Totengericht erfährst.
7.2 Vergleiche den Glauben der alten Ägypter mit dem Glauben der vorgeschichtlichen Menschen *(Seite 68)* und der Germanen *(Seite 143)*. Wo gibt es Gemeinsamkeiten, wo Unterschiede?

Im Vorhof stand der große Altar, auf dem Tiere und Speisen geopfert wurden. Durch eine Säulenhalle gelangte man zum Allerheiligsten, in dem das goldene Götterbild stand. Nur der König und die Priester hatten hier Zutritt.

Der Jenseitsglaube

Die Ägypter glaubten, daß ihre Seele unsterblich sei. Sie stellten sich das Leben nach dem Tode wie in einem ewigen Reich vor, das dem diesseitigen Leben glich, mit Ausnahme von Krankheit, Hunger und anderen Plagen. Jedoch mußte die Seele, die den Körper verließ, jederzeit wieder in diesen zurückkehren können.

Deshalb wurden aus den toten Körpern zuerst die inneren Organe entfernt und die Körperhülle sorgfältig gereinigt. Dann balsamierte man sie ein: Sie wurden mit Ölen, Salben und Duftstoffen eingerieben, danach kunstvoll mit Binden umwickelt, so wie es die *Abb. 103.1* zeigt.

Durch diese Mumifizierung konnte der Körper vor Verwesung geschützt werden. Viele solcher **Mumien** sind bis heute erhalten geblieben und in Museen, zum Beispiel in Hildesheim, zu besichtigen.

Für die Mumien wurden Totenhäuser gebaut, in denen sie bestattet wurden. Denn die Toten sollten ein dauerhaftes Zuhause haben, in dem sie vor äußeren Gefahren und Bedrohungen geschützt blieben. Die größten Totenhäuser sind die euch schon bekannten Pyramiden.

In späterer Zeit ließen sich die Pharaonen in prunkvollen Felsengräbern beisetzen. Diese Grabstätten liegen westlich von Theben im „Tal der Könige" *(Abb. 97.1)*. Aber nicht nur die Pharaonen wurden so aufwendig bestattet. Auch die Beamten und Künstler ließen sich große Totenhäuser bauen und die Wände mit bildlichen Darstellungen und Texten schmücken.

Sie erzählen vom Leben der Verstorbenen und von ihren Taten. Sie berichten aber auch von ihren Vorgesetzten, ihrer Familie und den Menschen, mit denen sie lebten.

103.1 Mumie einer Priesterin in ihrem Sarg, daneben der Sargdeckel

104.1 Ausgemalte Grabkammer

Die *Abb. 104.1* zeigt die ausgemalte Totenkammer des Künstlers Pasched, der beim Bau der Königsgräber mitgewirkt hat. Der Eingang der Grabkammer wird von dem schakalköpfigen Gott Anubis, dem Totengott, bewacht. Im Hintergrund wird ein Totengericht abgehalten, so wie es auch die *Abb. 102.1* zeigt.

In das Grab bekamen die Toten all das mit, was sie als Lebende brauchten: Lebensmittel, Speisen und Getränke, Kleidung und Schmuck, aber auch Waffen, damit sie sich verteidigen konnten.

Die Totenbücher

Zu den Grabbeigaben gehörte auch ein Totenbuch, der „Wegweiser für die Seele". Auf einer langen Papyrusrolle war alles aufgeschrieben und gemalt, was für den Toten auf seinem Weg ins Jenseits wichtig war. Die *Abb. 102.1* stammt aus dem Totenbuch des Schreibers Hunefer. Die Schrift über den Figuren ist sein Bekenntnis:

> „Großer Gott, ich kenne dich und habe dich immer verehrt! Ich habe nichts Schlechtes getan! Ich war nicht ungerecht gegen die Menschen! Ich habe nicht hungern lassen! Ich habe keinen zum Weinen gebracht! Ich habe nicht getötet! Ich habe nicht Ehebruch begangen! Ich habe nicht betrogen! Ich bin rein!"
>
> (gekürzt und sprachlich vereinfacht)

Ägypten – eine frühe Hochkultur

Wir fassen zusammen

Die Entstehung einer Hochkultur
Östlich des Mittelmeeres entstanden in den Tälern großer Ströme die ersten Hochkulturen der Menschheit, eine davon war die ägyptische Kultur.
In der Stromoase Ägypten stellte der Fremdlingsfluß Nil den Menschen viele Aufgaben, die nur gemeinsam gelöst werden konnten.

Wirtschaft, Wissenschaften, Schrift
Die immer wiederkehrenden Überschwemmungen des Nils bestimmten den Lebensrhythmus der Menschen, so daß sie eine Vorratswirtschaft aufbauten, den Kalender und viele Wissenschaften wie die Astronomie und Geometrie erfanden und eine Schrift, die Hieroglyphen, entwickelten.
Sie schrieben auf Papyrus, das aus der Papyrusstaude hergestellt wurde. Auch Gebrauchsgegenstände, vor allem aber Boote, die dem Handel und Transport auf dem Nil und seinen Flußarmen im Delta dienten, wurden aus ihr gefertigt.

Staat, Gesellschaft und Familie
Aus dörflichen Gemeinschaften bildeten sich allmählich kleine Staaten, aus denen schließlich ein ägyptischer Staat hervorging. An dessen Spitze stand ein König, der Pharao, der mit Hilfe eines Wesirs und vieler Beamten regierte. Die unterste Schicht der ägyptischen Gesellschaft bildeten die Kaufleute, Handwerker und Fellachen.
Das Familienleben war geprägt von gegenseitiger Achtung – auch den Kindern gegenüber – und der Gleichrangigkeit von Mann und Frau.

Religion und Totenkult
Die Ägypter beteten verschiedene Götter an, über die viele Mythen verbreitet waren. Auch ihre Pharaonen verehrten sie als Götter.
Sie glaubten an ein Weiterleben nach dem Tod. Davon zeugen die großartigen Pyramiden und Felsengräber mit ihren prächtigen Grabkammern, in denen die Mumien bestattet wurden. Ihnen wurde alles mit ins Grab gegeben, was zum Leben nötig war.
Zu den Grabbeigaben gehörte auch ein Totenbuch, das aus einer langen Papyrusrolle bestand. Hierauf war alles verzeichnet, was für das Totengericht wichtig war.

Grundbegriffe

Hochkultur
Flußdelta
Fremdlingsfluß
Stromoase
Vorratswirtschaft
Kalender
Wissenschaft
Hieroglyphen
Papyrus
Staat
Gesellschaft
Pharao
Wesir
Beamte
Fellachen
Mythos
Pyramide
Mumie

Wandel des Lebens in Stadt und Land

Auf den folgenden Seiten sollst du das Leben unserer mittelalterlichen Vorfahren in Dörfern und Städten kennenlernen. Du erfährst etwas über ihre Arbeit und über ihr sonstiges Leben. Vergleichst du diese Zeit mit der heutigen, dann wirst du feststellen: Städte, Dörfer und Menschen haben sich verändert; ein Wandel hat sich im Laufe der Jahrhunderte vollzogen. Es gibt aber auch viele Dörfer und Städte, in denen wir noch Reste aus früheren Zeiten finden können: Burgen, Gutsherrenhöfe, Rathäuser, Marktplätze, Häuser aus Stein und Fachwerk. Auch viele Straßen tragen noch einen mittelalterlichen Namen. Diese „Reste" aus der Vergangenheit nennen wir **Quellen**, d. h. ein Name, ein Gebäude oder ein Platz gibt uns Hinweise auf den Ursprung, die Quelle seines Entstehens.

- Schreibe aus der *Abb. 107.1* jene Städte heraus, die von 1241–1350 in Niedersachsen gegründet wurden.
- Welche Städte, Marktflecken und Bischofssitze liegen in deiner Umgebung?
- Beschreibe einen mittelalterlichen Fernhandelsweg, indem du die Städte und Flußläufe nennst, die er kreuzt und berührt.

Im Mittelalter gab es nur wenige Städte in Deutschland. Von den etwa 5 Millionen Menschen wohnten rund 4,5 Millionen auf dem Lande. Die Dörfer waren klein und hatten meist nicht mehr als 200 Einwohner. Genügsam und ärmlich verlief das Leben. Wer heute auf dem Dorf wohnt, kann sich kaum vorstellen, wie es dort wohl vor 1000 oder 500 Jahren ausgesehen haben mag.

Die Menschen damals hatten auch ein anderes Zeitgefühl und eine viel begrenztere Vorstellung von der Größe der Welt.

Im folgenden Kapitel bekommst du Antworten auf die Fragen:
- Wie sahen die Dörfer und Städte früher aus?
- Wo entstanden die Städte?
- Welche Berufe übten die Menschen aus? Wie arbeiteten und wirtschafteten sie?
- Wie ernährten sie sich?
- Welche Sitten und Gebräuche gab es?
- Mit welchen Krankheiten, Seuchen und Mißernten hatten sie zu kämpfen?
- Wie wurden sie bestraft, wenn sie sich nicht an Verordnungen und Vorschriften hielten?
- Wie alt wurden die Menschen damals?

Das andere Zeitgefühl

Kinder und Erwachsene erlebten und empfanden damals anders als wir. Ein wichtiger Grund dafür war das andere Zeitgefühl. Kalender mit Tagen und Monaten kannte man nicht. Eine grobe Orientierung gaben die verschiedenen Jahreszeiten, in denen die Natur sich veränderte. Weiterhin boten die jährlich wiederkehrenden kirchlichen Feste Hinweise auf den Jahreslauf. Bei der Einteilung des Tages spielten die gewohnten Erscheinungen in der Natur eine wichtige Rolle, denn Uhren kannte man noch nicht. Wenn die Sonne aufging oder morgens der Hahn krähte, dann waren das Zeichen für den Beginn des Tages und der Arbeit. Stand die Sonne am höchsten, so wußte man, daß es Mittag (Mitte des Tages) war. Der Beginn der Dämmerung zeigte das Ende des Tages an. Sonnenaufgang und Dämmerung beschrieben den Zeitraum für das „Tagewerk" (Werk des Tages). Ein für unsere heutigen Vorstellungen ungenaues Zeitgefühl kommt auch darin zum Ausdruck, daß Menschen über ihr Lebensalter nicht genau Bescheid wußten. Nur die wenigsten kannten ihr Geburtsdatum, meistens schätzten sie ihr Alter. Orientierungshilfen boten auch die Kirchenglocken. Sie läuteten zu kirchlichen Anlässen (Gottesdiensten, Beerdigungen, Festen), aber auch zu bestimmten Tageszeiten. Darüber hinaus riefen sie alle Bewohner bei Bränden und sonstigen Gefahren zusammen.

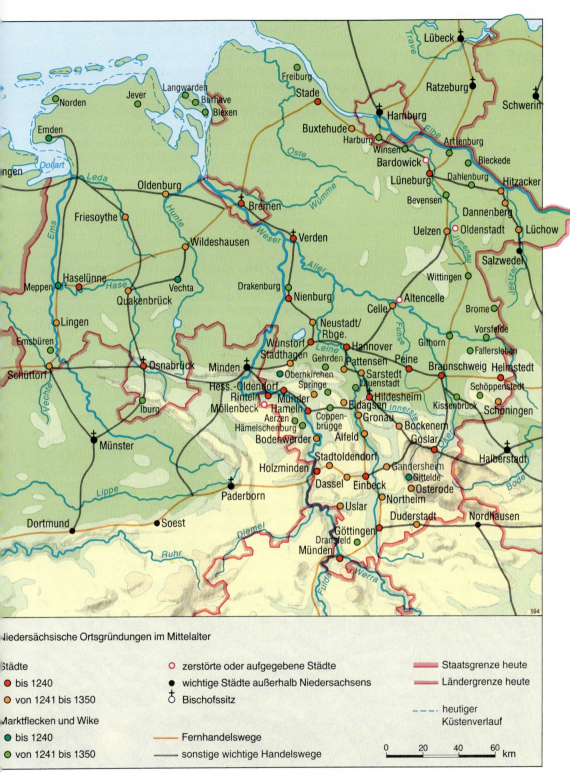

107.1 Gründung mittelalterlicher Städte und Fernhandelswege in Niedersachsen

Das Leben auf dem Dorf

1.1 Beschreibe, was du auf der *Abb. 108.1* sehen kannst.
1.2 Nenne die typischen Merkmale eines mittelalterlichen Dorfes.
1.3 Erkläre den Begriff „Allmende" und erläutere, weshalb das Allmende-Recht für die Dorfbewohner wichtig war.
1.4 Wenn du auf dem Dorf wohnst, kannst du heute noch Reste der Allmende feststellen. Erkundige dich bei den Bauern oder bei der Gemeinde.

1 Wie ein Dorf im Mittelalter aussah

Um 800 n. Chr. entstanden in Deutschland kleine Siedlungen, die wir Dörfer nennen. Sie sahen damals ganz anders aus als heute. Du mußt dir nicht feste Steinhäuser vorstellen, sondern einfache Hütten.

Die Menschen züchteten Vieh, machten Äcker fruchtbar und bestellten sie. Aufgaben, die alle angingen, erledigten sie gemeinsam. Dazu gehörte ein Zaun, der um das ganze Dorf gelegt wurde. Nur durch ein Tor gelangte man hinein oder hinaus. Der Dorfzaun sollte vor fremden Eindringlingen und Überfällen schützen; außerdem konnte das Vieh nicht weglaufen.

In der Mitte des Dorfes legten die Bauern einen Anger an, einen Platz mit Bäumen. Hier, unter der „Dorfeiche" oder „Dorflinde", traf man sich zum Gespräch oder zum Tanzvergnügen. Doch auch Gerichtsverhandlungen fanden an dieser Stelle statt. Auf breiten Wegen konnten Karren und Erntewagen zu den Häusern fahren. Am Dorf gelegene Flüsse, Teiche, Weiden und Wälder durften von allen genutzt werden. Sie waren Gemeingut, das heißt, sie gehörten der gesamten Gemeinde und wurden **Allmende** genannt. Diese Bereiche sind zugleich auch die typischen Merkmale eines mittelalterlichen Dorfes.

108.1 Mittelalterliches Dorf

2 Menschen und Tiere unter einem Dach

Eine Familie vor etwa 700–800 Jahren wohnte in einer großen Behausung, die sie selbst gebaut hatte. Ein Holzgerüst, das längst nicht so stabil war wie ein Fachwerkhaus, bildete das Hausgerippe. Die Wand, ein Knüppelgeflecht, das mit Lehm verschmiert wurde, sollte die Hütte vor Unwetter und Kälte schützen. Das Dach bestand aus Stroh, Schilf oder Torf. In einem einzigen großen Raum gab es eine offene Feuerstelle. Durch ein Loch im Dach zog der Rauch ab. Anstelle von Fenstern, die noch unbekannt waren, baute man kleine Holzluken in die Wände. Sie ließen nur wenig Tageslicht in das Haus und sollten vor allem für eine notdürftige Belüftung sorgen.

Der Fußboden des Hauses bestand aus gestampftem Lehm. Ein roh gezimmerter Holztisch, Bänke und Truhen für die Kleidung waren die wichtigsten Möbel. Wenn es dunkel wurde, spendete ein flackernder Kienspan Licht. Die Familie saß um das Licht herum oder lagerte am offenen Feuer. Betten gab es noch nicht. Zum Schlafen legte man sich auf die Bank oder auf Heu und Stroh.

Tiere lebten mit den Menschen unter einem Dach. Die Ställe der Kühe, Pferde, Hühner und Schweine waren nur durch eine halbhohe Wand vom Wohnraum abgetrennt. In den Wintermonaten spendete das Vieh Wärme. Wenn bei grimmiger Kälte Pferde mit den Ketten klirrten, Kühe brummten und die Familie am offenen Herd in der Diele hockte, verbreitete sich ein wohliges Gefühl im Haus.

Im späten Mittelalter waren die Häuser besser gebaut. Es gab mehr Räume, und das Vieh war teilweise in Stallungen außerhalb des Wohnhauses untergebracht. Vor allem in Süddeutschland baute man die Bauernhöfe so, während im Norden Vieh und Mensch unter einem Dach blieben.

2.1 Beschreibe die *Abb. 109.1*.
2.2 Sprecht darüber, wie das Familienleben an den Abenden im Sommer und Winter wohl ausgesehen haben mag. Einen Anknüpfungspunkt könnt ihr finden, wenn ihr heutige Gewohnheiten beschreibt und mit den damaligen vergleicht.

109.1 *Im Inneren eines Bauernhauses aus dem 16. Jahrhundert (Narjesbergen, Kreis Fallingbostel)*

110.1 Bauern bei der Feldarbeit (um 1500)   110.2 Feldarbeit heute

3 Die Arbeit der Menschen

Bis zum 12. Jahrhundert mähten die Bauern das Getreide nur mit der Sichel. Später erleichterte die Sense die Erntearbeit. Zum Dreschen trieb man das Vieh auf die geerntete Frucht, damit es die Körner austrat. Erst zu Beginn des 13. Jahrhunderts kam der Dreschflegel auf.

Als Zugtiere dienten Ochsen, am Anfang des 14. Jahrhunderts wurde auch das Pferd als Arbeitstier eingesetzt, zum Beispiel beim Pflügen mit einem Scharpflug (Abb. 111.2). Die Bodenbearbeitung konnte mit der gebogenen Pflugschar, die die Schollen umwendete, wesentlich verbessert werden. Außerdem war es nun möglich, größere Felder zu bearbeiten.

Die Überschüsse an Milch, Eiern, Gemüse, Fleisch, Wolle und Korn verkaufte die Bauersfrau auf dem Markt in der nahen Stadt.

Auch die Wälder in der Nähe des Dorfes spielten für die tägliche Nahrung eine wichtige Rolle. Man sammelte Beeren und wilden Honig, jagte das Wild und mästete Schweine mit Eicheln. Das Holz zum Bauen und Heizen stammte ebenfalls aus dem Dorfwald.

Eine Bauernfamilie arbeitete hauptsächlich dafür, daß alle genug zu essen hatten. Die tägliche Arbeitszeit richtete sich noch nach der wirklichen Länge des Tages. Sie begann bei Sonnenaufgang und endete bei Sonnenuntergang. In den Sommermonaten arbeiteten die Menschen von Montag bis Samstag 16–17 Stunden täglich; Ferien kannten sie nicht. Nur die Sonn- und Feiertage brachten eine kurze Erholung von der mühseligen Arbeit des Alltags.

Darüber hinaus boten Dorf- und Familienfeste eine willkommene Abwechslung. Kirchweihen (Kirmessen), Hochzeiten und Kindtaufen wurden ausgiebig gefeiert. Musiker spielten zum Tanz auf, man trank Bier oder Wein und aß saftigen Braten.

3.1 Wie heißen die Arbeitsgeräte in den Abb. 110.1 und 110.2 sowie 111.1?

3.2 Stelle in einer Tabelle gegenüber, welche Arbeitsgeräte und Maschinen heute benutzt werden, und ergänze sie durch weitere Beispiele.

Mittelalter	heute
Sichel Sense	Mähdrescher

3.3 Vergleiche die Abb. 110.1 und 110.2. Erläutere die Unterschiede.

111.1 Bäuerliche Arbeitsgeräte

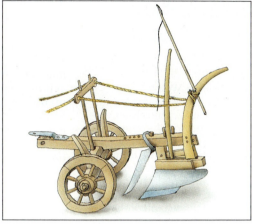

111.2 Scharpflug

4 Die Dreifelderwirtschaft

In den ersten Jahrhunderten nach Christi Geburt kannten die Bauern nur die Zweifelderwirtschaft. Eine Hälfte wurde beackert, die andere ließen sie brach (= ungebrochen) liegen, damit sich der Boden wieder erholen konnte. Die Ernteerträge waren gering.

Etwa seit dem 8. Jahrhundert war bekannt, daß Korn nicht nur im Frühjahr, sondern auch im Herbst gesät werden konnte. Man unterschied Sommergetreide und Wintergetreide und teilte jetzt die Bestellung in drei Felder auf: ein Feld wurde mit Wintergetreide bestellt, das zweite mit Sommergetreide, das dritte blieb brach und wurde als Viehweide benutzt. Im folgenden Jahr wurde gewechselt und im dritten wieder.

Die **Dreifelderwirtschaft** brachte große Vorteile:
– bessere Erträge gegenüber der Zweifelderwirtschaft,
– eine gleichmäßigere Verteilung der Feldarbeit im Jahr.

4.1 Beschreibe mit Hilfe der Abb. 111.3 die Dreifelderwirtschaft.
4.2 Welche Vorteile brachte die Dreifelderwirtschaft gegenüber der Zweifelderwirtschaft?

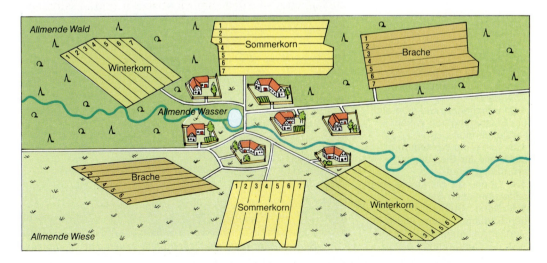

111.3 Dreifelderwirtschaft

Das Leben in der Stadt

Die „kleine Welt"

Straßen gab es kaum. Auf unbefestigten Wegen reisten vornehme und wohlhabende Leute in Kutschen. Auch das Pferd war ein häufig benutztes Beförderungsmittel. Neuigkeiten brachten nur Reisende wie Händler und Kaufleute mit. Von Ereignissen, die in entfernteren Gegenden passierten, erfuhren die Menschen kaum etwas. Die meisten von ihnen kamen ihr Leben lang nicht aus ihrem Heimatort heraus. Wer im Mittelalter in einer Stadt wie Hannover wohnte und nach Göttingen oder Bremen reisen wollte (etwa 100 km), der benötigte für die Hin- und Rückfahrt allein zwei Tage.
Von Europa und fernen Ländern hatten die Menschen kaum Kenntnisse, sondern eher märchenhafte Vorstellungen. Verläßliche Landkarten existierten nicht, die Kontinente Amerika und Australien waren überhaupt noch nicht bekannt.

1.1 Welche Tätigkeiten der Handwerker zeigt dir die Abb. 112.1?
1.2 Beschreibe, wie man sich die Entstehung von Wiken vorstellen muß.
1.3 Zähle die typischen Merkmale für Siedlungsgründungen auf.
1.4 Nenne die Merkmale einer mittelalterlichen Stadt.
1.5 Nenne Städtenamen mit den Endungen -burg, -berg, -furt, -brücke(n). Benutze die Abb. 107.1 und deinen Atlas.

1   Merkmale einer mittelalterlichen Stadt

Wenn du Bilder mittelalterlicher Städte miteinander vergleichst, dann wirst du mehrere Gemeinsamkeiten feststellen. Bestimmte Anlagen, Gebäude und Plätze findet man in allen Städten der damaligen Zeit. Sie sind zum Teil bis heute erhalten geblieben. So zum Beispiel **Stadtmauern** mit Türmen und Toren, Kirchen und ein **Rathaus**. Wo sich wichtige Straßen kreuzen, befindet sich meistens der **Marktplatz**.

Leider gibt es nur noch wenige Orte, die ihr mittelalterliches Aussehen vollständig bewahrt haben. In Niedersachsen gehören zum Beispiel Goslar, Duderstadt oder Celle dazu. Reste alter Bauwerke findet man jedoch noch in vielen niedersächsischen Städten. Wer einmal in Süddeutschland Rothenburg ob der Tauber, Nördlingen oder Nürnberg besucht hat, kann sich eine mittelalterliche Stadt gut vorstellen. Die Karte auf *Seite 107* zeigt die Gründung und Verbreitung mittelalterlicher Städte in Niedersachsen.

In letzter Zeit sind Altstadtfeste immer beliebter geworden. Sie zeigen oftmals das Leben der Stadtbewohner (**Bürger**) vor vielen Jahrhunderten und holen damit Erinnerungen an vergangene Zeiten in die Gegenwart zurück.

112.1 Bürger einer mittelalterlichen Stadt bauen eine Stadtmauer

Wo mittelalterliche Städte entstanden

Vor etwa 1000 Jahren zogen Fernhandelskaufleute mit Pferden und Planwagen durch Europa. Sie bereisten auf ihren langen und beschwerlichen Wegen Gebiete, die wir heute Deutschland nennen. Dabei machten sie auch in Niedersachsen an geeigneten Plätzen Rast und verkauften dort ihre Waren. Lagen die Handelsorte günstig, dann bauten sich die Kaufleute dort Häuser, sie siedelten sich an. Wo gebaut und gehandelt wurde, da waren auch Handwerker gefragt. Sie ließen sich dort ebenfalls mit ihren Familien nieder. Diese Siedlungen nannte man **Wike** (siehe auch *Abb. 107.1*). Bei einzelnen Orten kannst du diesen Ursprung heute noch aus dem Namen ersehen: Braunschweig (Brunswick), Bardowik. Viele Städte in Norddeutschland sind aus solchen Wiken entstanden: Stade, Osnabrück, Göttingen, Hildesheim, Verden, Hameln, Helmstedt, Meppen, Wildeshausen, Hamburg und Bremen.

Aus der Lage damaliger Handelsplätze können wir typische Merkmale für Siedlungsgründungen erkennen.

Kamen mehrere dieser typischen Merkmale an einem Ort zusammen, dann waren die Voraussetzungen zum Siedeln der Menschen besonders günstig. Viele solcher Wike entwickelten sich zu Städten.

Merkmale für Siedlungsgründungen
- an Kreuzungen wichtiger Fernhandelsstraßen;
- an seichten (flachen) Flußübergängen, die den Händlern und Reisenden eine Durchfahrt ermöglichen (Brücken waren damals noch selten);
- an geschützten Meeresbuchten, in denen Schiffe anlegen konnten, um Waren aus- und einzuladen;
- um Burgen und Klöster. Die Nähe mächtiger Herren (Fürsten, Herzöge, Bischöfe, Äbte) bot Schutz und Zuflucht bei Gefahren.

113.1 Das Breite Tor in Goslar (Der Torturm entstand 1443)

113.2 Marktplatz, Rathaus und Marktkirche in Goslar

114.1 *Eine Patrizierfamilie bei Kaufverhandlungen*

2 Handwerker und Kaufleute

Im Mittelalter gab es zahlreiche Handwerksberufe. Viele davon sind jetzt ausgestorben. Wer kennt heute noch den Beruf des Nadlers (Nähnadeln fertigen) oder Handschuhmachers? Berufe, die vor 700 Jahren noch gebraucht wurden, hatten später keine Bedeutung mehr. Ein Beispiel soll dir das erklären:

Vor etwa 700 Jahren gab es viele Ritter. Sie benötigten Rüstungen und Waffen. Ein Schmied wäre damals nicht in der Lage gewesen, eine Ritter-Rüstung zu bauen und zugleich Schwerter, Dolche und Hufeisen herzustellen. Alles mußte in mühsamer Handarbeit geschehen; deshalb hatten sich die Schmiede spezialisiert. Für die Ritter arbeitete der Waffen-, Klingen-, Nagel- und Hufschmied.

Jeder Beruf war in einer **Zunft** zusammengeschlossen, der nur die Handwerksmeister angehörten. Die Zunft regelte alle Fragen, die mit dem Handwerk zu tun hatten. So legte die Bäckerzunft fest, wieviel ein Brötchen wiegen und wie der Teig für das Brot zubereitet werden mußte. Wer gegen die Zunftordnung verstieß, wurde hart bestraft *(Abb. 117.1).*

Die wohlhabenden Kaufleute, die **Patrizier**, gehörten zu den oberen Bevölkerungsschichten. Sie bestimmten zunächst allein, später zusammen mit den Handwerkerzünften das Schicksal der Städte.

2.1 Beschreibe die *Abb. 114.1.* Woran erkennst du, daß es sich um Patrizier handelt? Beschreibe auch, was sich alles in und vor diesem Raum abspielt.
2.2 Weshalb gab es im Mittelalter viele Handwerksberufe, die wir heute nicht mehr kennen?
2.3 Erkundige dich in einem Handwerksbetrieb deines Wohnortes oder der Handwerkskammer nach den Aufgaben der Zünfte heute.

3 Ernährung, Eßsitten, Körperpflege, Kleidung

Das tägliche Essen bestand aus drei Mahlzeiten. Morgens wurde eine einfache Suppe aus Gerste oder Hirse gekocht. Mittags gab es einen Brei aus Hafer oder Bohnen und abends oft Brot mit Käse. Fleisch konnten sich die meisten nur bei Festlichkeiten leisten. Suppe wurde mit dem Holzlöffel gegessen, Fleisch mit dem Messer geschnitten. Gabeln waren noch nicht bekannt. Einige Regeln aus einem „Anstandsbuch" des Mittelalters zeigen dir, daß es gute und schlechte Eßsitten gab. Man soll:
- Finger nur am Gewand oder Kragen abwischen;
- die Hand, die das Fleisch hält, nicht als Taschentuch benutzen;
- nicht schnauben wie ein Igel;
- nicht schmatzen wie eine Sau;
- nicht am Kopf kratzen, während man ißt.

Es war nicht üblich, sich regelmäßig zu waschen. Wasser holte man in Eimern aus dem Brunnen. Jede Familie besaß einen hölzernen Badezuber. Diese Holztonne benutzten etwa 10–15 Menschen, wenn sie ein Bad nehmen wollten. Vermutlich haben sich die meisten nur ein- bis zweimal im Monat gründlicher gewaschen. Doch gab es auch Badestuben, die der Körperpflege dienten.

Auch die Kleidung wurde viel seltener gewechselt, als wir das heute gewohnt sind. Man hatte nicht viel anzuziehen. Der Bauer trug einen Leibrock und eine Leinenhose, die Bäuerin ein dunkles Kleid aus grobem Tuch. Sie stellte die Kleidung für die ganze Familie her.

3.1 Beschreibe die Abb. 115.1. Stelle Unterschiede zum heutigen Wohnen heraus.
3.2 Vergleiche die Speisen mit unserer heutigen Nahrung! Stelle in einer Tabelle gegenüber:

Essen im Mittelalter	Mein Speiseplan in der Woche

Was kannst du feststellen? Wie denkst du darüber?
3.3 Welche der Eßsitten gelten noch heute? Welchen Sinn hatten wohl die Hinweise auf das Benehmen?

115.1 Wohn- und Lebensverhältnisse ärmerer Bauern im 16. Jahrhundert

116.1 Schandtonne 116.2 Pranger 116.3 Narrenhaus

4 Menschen mußten sich am Pranger schämen

Wer gestohlen, betrogen, sich geprügelt oder gemein über andere getratscht hatte, wurde vor aller Öffentlichkeit bloßgestellt (angeprangert). Ein Richter verurteilte den Missetäter oder die Missetäterin zum „Prangerstehen". Es war eine Schmach und Schande für jeden, dem das widerfuhr. Wer öffentlich verhöhnt oder ausgelacht werden durfte, hatte seine Ehre für immer verloren. Er war kein „ehrbarer" Bürger mehr.

Der **Pranger** *(Abb. 116.2)* gehörte zu jedem Marktplatz. Er sah ganz unterschiedlich aus: der einfache Schandpfahl *(Abb. 117.3)* und die Schandbühne *(Abb. 117.2)* waren am bekanntesten. Für bestimmte Strafen war der Marktplatz nicht geeignet. Die Ratsherren verlegten deshalb das „Anprangern" des Missetäters an einen anderen Ort *(Abb. 117.1)*.

Mit der Schandtonne *(Abb. 116.1)* und dem Narrenhaus *(Abb. 116.3)* wurden meistens Diebe bestraft. Die Tonne mit der Eisenkugel bekam der Sünder umgehängt. Er mußte damit auf dem Marktplatz umhergehen. Das Narrenhaus konnte häufig auch gedreht werden. Zuschauer ließen die Garten-, Feld- oder Marktdiebe so lange Karussel fahren, bis ihnen schwindelig wurde und sie sich übergeben mußten. In die Prechel steckte man häufig die Alkoholiker. Die *Abb. 117.4* zeigt einen Schriftsteller in der Prechel, der wegen einer kritischen Schrift angeprangert wurde.

4.1 Beschreibe die *Abb. 116.1–116.3* und *117.1–117.4*.

4.2 Stelle mit Hilfe des Textes und der Bilder auf den *Seiten 116/117* in einer Tabelle gegenüber:

die Strafe	das Vergehen

4.3 Sprecht in der Klasse über folgende Fragen:
a) Was meint ihr zu den Strafen?
b) Wie werden solche Vergehen heute bestraft?

117.1 Bäckertaufe

117.2 Schandmasken mit Schandbühne

117.3 Falschspieler

117.4 Prechel

5 Mißernten, Seuchen, Feuersbrünste

118.1 Schutzkleidung eines Pestarztes (17. Jahrhundert). Sie bestand aus luftundurchlässigen Stoffen oder Leder. Der Kopf wurde durch eine Maske mit einem Schnabel geschützt, der einen mit Weihrauch, Essig oder Öl getränkten Schwamm enthielt. Der Stab diente als Erkennungs- und Warnzeichen.

Mißernten gab es um 1350 häufiger. Kamen dazu noch Kriege oder Mäuse- und Hamsterplagen, dann gab es Zeiten, in denen sich Menschen von Baumrinde, Eicheln, Brennesseln, Löwenzahn und Wildkräutern ernähren mußten. Wir wissen aus schriftlichen Quellen, daß in Notzeiten auch Frösche und Spatzen gegessen wurden.

Etwa ab 1350 breitete sich die **Pest** in Norddeutschland aus. Sie wütete in vielen Städten. Gefürchtet war vor allem die Beulenpest. Der Rattenfloh übertrug den Bazillus von der Ratte auf den Menschen. Aus den Akten verschiedener Stadtarchive wissen wir, wie groß die Zahl der Pesttoten gewesen ist: in Hannover in 6 Monaten 3000, in Wildeshausen bei Oldenburg in 15 Wochen über 4000. In ganz Niedersachsen starben im Durchschnitt von 100 Menschen 30 an der Pest. Zu den ersten Anzeichen der Krankheit gehörte auch das Niesen. Wir hören heute noch häufig die Redewendung „Gesundheit", wenn jemand niest. Sie soll aus der Pestzeit stammen.

Seuchen breiteten sich früher ungehindert aus, weil
- es kaum ausgebildete Ärzte gab;
- noch keine wirksamen Arzneimittel bekannt waren;
- Körperpflege und Wohnungen nicht so hygienisch waren wie heute;
- Speisen nicht so sauber zubereitet wurden, wie wir es gewohnt sind;
- der Kot des Viehs auf den Gassen und in den Häusern zur Verbreitung von Krankheiten beitrug.

Häuser mit Pesttoten wurden ausgeräuchert oder verbrannt. Die Leichen beerdigte man in Massengräbern, weil die Friedhöfe zu klein waren.

118.2 Papst Gregor an der Spitze einer Pestprozession

119.1 Feuersbrunst von 1726 vernichtet fast die ganze Stadt Reutlingen

Liest man in alten Städte-**Chroniken**, dann ist häufig von Feuersbrünsten die Rede. Ganze Stadtteile brannten nieder und mußten neugebaut werden. Wenn ein Feuer ausbrach, waren alle Bewohner verpflichtet, beim Löschen zu helfen. Jeder Stadtrat hatte deshalb Feuerverordnungen erlassen. Ein Auszug aus der Erfurter Feuerordnung von 1351 zeigt, was die Bürger zu tun hatten:

> Erhebt sich ein Feuer, so sollen die Träger Wasser tragen. Kommt aber einer nicht, soll er in 8 Tagen die Stadt verlassen oder im Stock sitzen. Jede Familie soll in ihrem Haus eine Leiter haben, die bis an das Dach reicht, und einen Wassereimer. Wer sich nicht daran hält, muß 5 Groschen* Strafe zahlen.
> *Ein Handwerker verdiente täglich (12 Stunden Arbeitszeit) 1 Groschen.

Wie lange Menschen lebten

Menschen alterten damals wesentlich früher als heute. Schon mit 30 Jahren wirkten sie durch ihre Kleidung und ihr Aussehen wie 50jährige. Auch die harte Arbeit brachte es mit sich, daß viele Menschen frühzeitig gebeugt gingen. Während die Menschen heute ein Lebensalter von mehr als 70 Jahren erwarten können, starben die meisten Menschen im Mittelalter vor dem 40. Lebensjahr.

5.1 Beschreibe die Abb. 118.1 und 118.2.
5.2 Weshalb konnten sich Seuchen ausbreiten, und weshalb mußten viele Menschen sterben?
5.3 Nennt Länder und Gebiete auf der Welt, in denen Menschen heute hungern.
5.4 Beschreibe die Abb. 119.1.
5.5 Sprecht über den Sinn der Bestimmungen aus der Feuerverordnung von 1351.
5.6 Wie ist das heute geregelt, wenn es in einem Dorf oder in einer Stadt brennt? Erkundige dich in deiner Gemeinde oder bei der Feuerwehr.

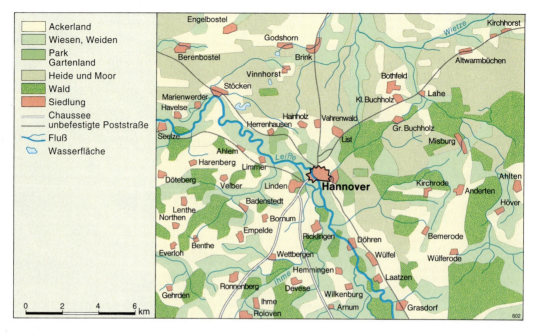

120.1 Hannover und Umgebung 1770

6 Hannover – eine Stadt verändert sich

1770: Große Heide- und Moorflächen kennzeichneten das heutige Stadtgebiet. Eine Stadtmauer umschloß das alte Hannover, nur wenige befestigte Straßen durchquerten das Gebiet. Autos, Eisenbahnen, Fabriken, Hochhäuser, elektrisches Licht, Sportplätze und vieles mehr gab es noch nicht. Die Bürger der Stadt waren Kaufleute, Handwerker und Beamte am kurfürstlichen Hof, denn Hannover wurde bereits 1636 **Residenzstadt**. Die Bewohner der umliegenden Dörfer kamen meistens nur an Markttagen in die Stadt.

6.1 Beschreibe die Abb. 120.2, 120.3 und 121.2. Überprüfe, ob es auch in deinem Ort solche Gebäude gibt.

6.2 Überlege, warum sich so viele Menschen im Stadtzentrum aufhalten.

120.2 Altstadt – Kramerstraße und Marktkirche

120.3 Linden – Bürgerhäuser 1910

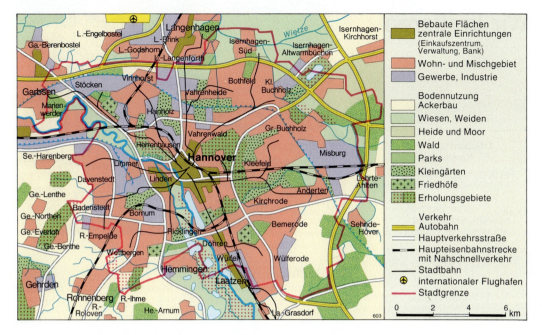

121.1 Hannover und Umgebung heute

Heute: Die ehemaligen Dörfer am Rande der Stadt sind Stadtteile von Hannover. Die Wohnsiedlungen (**Wohnviertel**) am Stadtrand wachsen ständig. In der Innenstadt wohnen nur noch wenige Menschen. Hier befindet sich das **Geschäftszentrum** mit Kaufhäusern, Büros, Banken und den Dienststellen der Verwaltung, die vielen Menschen Arbeitsplätze bieten. Zahlreiche Gewerbe- und Industriebetriebe liegen verkehrsgünstig an Wasserstraßen und Eisenbahnlinien.

An Werktagen fahren täglich mehr als 220 000 Menschen aus der Umgebung mit der Eisenbahn, mit Bussen, Stadtbahnen oder mit dem Auto nach Hannover zur Arbeit.

6.3 Vergleiche die *Abb. 120.1* und *121.1*. Schreibe auf, was sich seit 1770 verändert hat. Beachte die Verkehrswege, die Gewässer, die land- und forstwirtschaftliche Nutzung, die bebauten Flächen.

121.2 Stöcken – Kraftwerk am VW-Werk

Wir kartieren

122.1 Burgstraße in Hannover (Teilansicht)

Arbeitsmittel für die Kartierung
Feste Schreibunterlage, Schreibzeug (z. B. Farb- oder Filzstifte, Bleistift), Radiergummi, vorher erarbeitete Legende, beschafftes Kartenmaterial, Fotoapparat.

Wir kartieren
Die Schüler einer 6. Klasse wollten wissen, wie in der Altstadt von Hannover in einigen Straßen die Gebäude genutzt werden. Sie führten deshalb eine Kartierung durch. Dabei gingen sie nach folgendem Plan vor:
1. Sie überlegten, welchen Zweck die Kartierung haben sollte.
2. Aus dem Stadtplan wählten sie die entsprechenden Straßen aus.
3. Gemeinsam erstellten sie eine einheitliche Legende (Abb. 122.2).
4. Zunächst wurden Häuser bzw. Straßenzeilen fotografiert. Anschließend zeichneten sie für jedes Haus die Nutzung in eine Skizze ein. Dabei arbeiteten sie in Gruppen.
5. In der Schule wurde die Reinzeichnung angefertigt und diese ausgewertet.

- Eine Kartierung gliedert sich in folgende Abschnitte: Vorbereitung, Durchführung und Auswertung. Ordne ihnen die im Text genannten Punkte zu.
- Bei einer Kartierung wird in Gruppen gearbeitet. Warum ist es notwendig, eine einheitliche Legende festzulegen?
- Fasse die Ergebnisse der Nutzungskartierung mit eigenen Worten zusammen (Abb. 122.2).

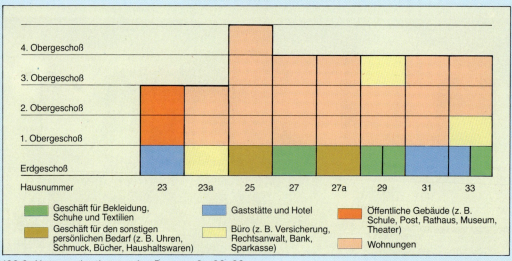
122.2 Nutzungskartierung der Burgstraße 23–33

Wandel des Lebens in Stadt und Land

Wir fassen zusammen

Menschen im Mittelalter lebten anders
Damals besaßen die Menschen noch keine Uhr und keinen Kalender. Sonnenstand und Kirchenglocken gaben die Tageszeit an. Man kannte nur wenige Speisen. Die warmen Mahlzeiten aßen meistens alle aus einer Schüssel. Aus Quellen und Chroniken wissen wir, daß Katastrophen zum Alltag der Menschen gehörten. Die Ernteerträge reichten gerade für den eigenen Bedarf. Vernichteten Unwetter die Ernte auf den Feldern, brachen Hungersnöte aus. Schwere Krankheiten und Seuchen wie die Pest konnten sich wegen fehlender Medizin und mangelnder Hygiene rasch ausbreiten. Die Fachwerkbauweise ließ bei Feuersbrünsten schnell ganze Straßenzüge in Flammen aufgehen.

Das Leben auf dem Dorf
Die Dörfer waren klein und von einem Zaun umgeben. Gewässer, Wälder, Weiden und Wege waren Allmende. Nur das Ackerland teilten die Bauern unter sich auf. Damals herrschte die Dreifelderwirtschaft. Niedrige Hütten und dunkle Räume bezeichnen im Mittelalter das, was wir heute „Haus" und „Wohnung" nennen. Menschen und Tiere lebten unter einem Dach.
Geerntet wurde mit einfachen Arbeitsgeräten wie Sense und Sichel. Das Vieh zog Pflug und Wagen. Die Menschen mußten hart arbeiten und starben oft vor dem 40. Lebensjahr.

Das Leben in der Stadt
An Kreuzungen von Handelswegen, Flußübergängen, Meeresbuchten und im Schutze von Burgen oder Klöstern entstanden Wike, die sich später vielfach zu Städten entwickelten. Den Mittelpunkt bildete der Marktplatz mit dem Rathaus. Die Stadtmauer grenzte die Stadt deutlich von der ländlichen Umgebung ab und bot ihren Bürgern gleichzeitig Schutz.
Handel und Handwerk bestimmten das Leben in den Städten. Die Patrizier gehörten zu der oberen und reicheren, die Handwerker meist zur unteren Bevölkerungsschicht. Handwerker waren in Zünften zusammengeschlossen und mußten nach deren Regeln ihre Arbeit verrichten. Wer gegen Zunftregeln und sonstige Rechtsverordnungen verstieß, wurde hart bestraft und in aller Öffentlichkeit angeprangert.
Im Laufe der Zeit haben sich die Städte verändert. So wurden zum Beispiel einige zu Residenzstädten. Nur wenige Städte konnten bis heute ihr mittelalterliches Stadtbild bewahren.
Heute prägen Wohnviertel am Stadtrand, Geschäfts- und Bürohäuser im Zentrum, Industrie- und Gewerbebetriebe an Wasserstraßen und anderen Verkehrslinien meist das Aussehen der Städte.

Grundbegriffe

Quellen
Allmende
Dreifelderwirtschaft
Stadtmauer
Rathaus
Marktplatz
Bürger
Wik
Zunft
Patrizier
Pranger
Pest
Chronik
Residenzstadt
Wohnviertel
Geschäftszentrum

Nordseeküste – früher und heute

124.1 Deiche schützen das Marschland

Woran denkst du, wenn du die Worte Inseln, Küste, Strand und Meer hörst?

Vielleicht an Sonne und Wind, baden und Sandburgen bauen, Boote, Muscheln sammeln, Deiche, …? Die Bewohner der Küste und Inseln kennen die Nordsee auch ganz anders. Bei schwerem Sturm rollen hohe Wellen mit großer Gewalt gegen das Land. Sie zerstören Deiche, überfluten das Marschland, bringen Schiffe in Seenot und bedrohen die Menschen.

Immer wieder hat das Meer große Flächen überflutet und das mühsam gewonnene Land weggerissen. Nur durch die gemeinsame Arbeit aller Küstenbewohner beim Deichbau wird verhindert, daß das Meer weiter vordringt.

- Welche Bundesländer haben Anteil an der Nordseeküste (Atlas)?
- Berechne die Entfernung zwischen Emden und Wilhelmshaven entlang der Festlandsküste (Atlas, Abb. 124.2).
- Stelle fest, an welchen Stellen das Meer am tiefsten ins Land eingedrungen ist. Miß die Strecken (Abb. 124.2)!

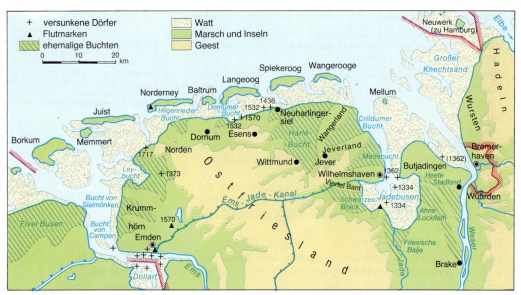

124.2 Landverluste und Schäden durch große Sturmfluten an der Küste Ostfrieslands

125.1 Sturmflut an der Nordseeküste (Nordstrandischmoor) ▷

126.1 Frachter „Silona" auf dem Deichvorland

1 Die Sturmflut 1962 – als die Deiche brachen

Die Nacht vom 16. zum 17. Februar 1962 wird vielen älteren Menschen an der Küste noch heute in Erinnerung sein. Es tobte ein Nordwest-Sturm mit Windstärke 10 über der Nordsee. Er staute das Wasser in der Deutschen Bucht und trieb es in die Flußmündungen. Das Wasser der Flüsse konnte nicht ablaufen.

Die für den Deichschutz verantwortlichen Männer hatten Helfer herbeigerufen. Sie standen an den Deichen und sahen, wie das tosende Wasser höher und höher stieg, wie es am Fuße der Deiche nagte, die Grasnarbe der Deiche entzweischlug. Donnernde Wellen klatschten auf die Deichkrone, überspülten sie und rissen auf der Rückseite große Löcher. An vielen Stellen brachen die Deiche. Das Wasser stürzte mit reißender Wucht in die Marschen, überflutete Wiesen und Äcker, ja sogar Bauernhöfe, Dörfer und Vororte der Städte. Straßen und Bahnlinien wurden zerstört. Die **Sturmflut** war eine Katastrophe!

Mannschaften der Bundeswehr und des Bundesgrenzschutzes, der Polizei, der Feuerwehren, des Roten Kreuzes und des Technischen Hilfswerkes wurden zu Hilfe gerufen. Verzweifelt versuchten sie, gemeinsam mit den vielen freiwilligen Helfern, mit Sandsäcken und Pfählen die Lücken in den Deichen zu schließen.

Andere Rettungsmannschaften brachten vom Wasser eingeschlossene Menschen mit Schlauchbooten in Sicherheit. Kleidung und Nahrung mußten für Helfer und Gerettete herbeigeschafft werden. Obdachlos gewordene Familien brachte man in Schulen, Heimen und Privatwohnungen unter. Tag und Nacht arbeiteten die Ärzte in den Krankenhäusern.

Tab. 1: Einige besonders hohe Sturmfluten

17. Febr. 1164: Einbruch des Jadebusen, 20 000 Tote
16. Jan. 1362: Einbruch des Dollart, 100 000 Tote; und Verlust der Marschen in Nordfriesland
1. Nov. 1570: weite Überflutungen an der ostfriesischen Küste
11. Okt. 1634: sogenannte „Manndränke", 10 000 Menschen und 50 000 Stück Vieh ertrunken; 1300 Häuser zerstört
24./25. Dez. 1717: Verwüstung der gesamten Küste, 15 000 Menschen umgekommen, 5000 Häuser weggerissen
3./4. Febr. 1825: Überflutung aller Marschen, 800 Tote
1. Febr. 1953: 2100 Tote in den Niederlanden und Belgien
16./17. Febr. 1962: Sturmflut in Hamburg, zahlreiche Deichbrüche, 312 Tote
3. Jan. 1976: höchste Sturmflut an der deutschen Nordseeküste, nur wenige Deichbrüche, keine Toten

126.2 Rettung von Menschen

127.1 Deichbruch durch die Sturmflut 1962

127.2 Flutmarke in Hamburg-Wilhelmsburg

Als am Sonntag, dem 18. Februar, die Sonne an einem wolkenlosen und fast windstillen Tag aufging, sahen Hubschrauberpiloten das ganze Ausmaß der Verwüstung. Überall im Küstengebiet standen Häuser, Felder und Wiesen unter Wasser. Teile der Deiche waren durch die Wucht der Wassermassen einfach weggerissen worden.

Besonders hart betroffen war der Raum Hamburg. 120 000 Wohnungen standen unter Wasser. 34 000 Menschen waren obdachlos, 2000 konnten aus den Fluten, aus Häusern, von Dächern und Bäumen gerettet werden. 312 Menschen ertranken oder starben an Unterkühlung.

Noch tagelang waren Rettungsmannschaften im Einsatz, um Trümmer von Häusern, gestrandete Schiffe, umgestürzte Bäume und Autos sowie den Schlamm von den Straßen und aus den Kellern der Häuser zu entfernen.

127.3 Folgen der Sturmflut 1962 in Hamburg-Wilhelmsburg

1.1 Welche Gebiete sind von einer Sturmflut besonders hart betroffen *(Abb. 124.2, Atlas)*?
1.2 In welchen Jahreszeiten treten häufiger schwere Sturmfluten auf *(Tab. 1)*?
1.3 Nenne Auswirkungen, die eine Sturmflut hat *(Abb. 126.1 und 126.2, 127.1 und 127.3)*.
1.4 Erkundige dich, welche Organisationen bei einer Katastrophe in deinem Heimatort helfen.
Schreibe auf, wofür sie zuständig sind.

128.1 Informationstafel

Tab. 1: Aus dem Gezeitenkalender

Tag	Juli			
	HW		NW	
	Uhr	Uhr	Uhr	Uhr
1 Mi	3.24	15.26	9.22	21.58
2 Do	4.00	16.03	9.59	22.35
3 Fr	4.40	16.42	10.37	23.12
4 Sa	5.21	17.23	11.15	23.52

128.2 Hinweistafel

2 Das Wasser kommt und geht

Familie Schneider ist in Horumersiel angekommen. Während die Eltern die Koffer auspacken, wollen sich Melanie und Stefan erfrischen und ein Bad im Meer nehmen. „Badet aber nur dort, wo der Strand bewacht ist!" ruft Frau Schneider hinter den Kindern her. Als die beiden Kinder am Strand ankommen, sind sie enttäuscht. Wo ist denn das Meer? Vom Wasser ist weit und breit nichts zu sehen! Der Sandstrand geht nach wenigen Metern in graubraunen Schlick über. Melanie und Stefan haben Pech. Das Wasser ist zur Zeit zurückgewichen.

Zweimal am Tag sinkt der Wasserspiegel der Nordsee um zwei bis drei Meter. Dann herrscht **Ebbe.** Nachdem der niedrigste Wasserstand (**Niedrigwasser** = NW) erreicht ist, setzt die **Flut** ein. Das Wasser beginnt wieder zu steigen. Die Wellen laufen dann in Richtung Strand. Etwas mehr als sechs Stunden nach Niedrigwasser steht dann das Wasser am höchsten, es ist **Hochwasser** (= HW). Der Höhenunterschied zwischen Niedrigwasser und Hochwasser heißt Tidenhub. Er beträgt zum Beispiel in Wilhelmshaven 3,60 Meter, in Bremerhaven 3,40 Meter, in Cuxhaven 2,85 Meter und in Hamburg noch 2,20 Meter. Die Flutwelle der Nordsee kommt aus dem Atlantischen Ozean und erreicht an der deutschen Nordseeküste zuerst die Ostfriesischen Inseln, bevor sie weiter in die Deutsche Bucht und in die Unterelbe einläuft. Ebbe und Flut heißen **Gezeiten** oder auch Tiden.

Für die Bewohner der Küste gehört der Wechsel von Ebbe und Flut zum täglichen Leben. Urlauber müssen lernen, mit den Gezeiten richtig umzugehen. Nur bei Flut ist das Baden im Meer erlaubt. Bei Ebbe kann man dagegen

128.3 Am Strand

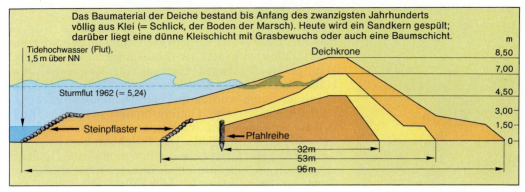

129.1 Deiche – früher und heute

herrlich über den Küstenstreifen wandern, der bei Flut überschwemmt wird, das **Watt**.

Auf dem Rückweg vom Strand klettern Melanie und Stefan auf den **Deich**. „Der Deich ist ja höher als die meisten Häuser", meint Melanie, „man kann das Meer und den Ort gut überblicken!" „Deiche müssen so hoch sein", erwidert Stefan. „Sie schützen das Land, wenn eine Sturmflut droht. Für das tägliche Hochwasser benötigt man eigentlich keine so hohen Deiche."

„Vater wollte einen Gezeitenkalender besorgen", erinnert sich Melanie. „Vielleicht können wir später noch einmal wiederkommen und zusehen, wie die Flut am Strand aufläuft. Zum Baden ist es dann wohl zu kalt."

Nach dem Abendessen machen Melanie und Stefan mit ihren Eltern einen Spaziergang zum Strand. Noch bevor sie den Deich überqueren, hören sie schon das Rauschen des Meeres. Die Flut hatte begonnen.

129.2 Watt bei Ebbe

2.1 Erkläre den Unterschied zwischen
a) Flut und Hochwasser
b) Ebbe und Niedrigwasser.
2.2 Berechne den Zeitunterschied zwischen Hochwasser und Niedrigwasser in der Informationstafel und im Gezeitenkalender (Abb. 128.1 und Tab. 1).
2.3 Lies den Text in Abb. 128.2. Betrachte dann Abb. 128.3 und entscheide: Ist dort gerade gefahrloses Baden möglich?
2.4 Warum sollte sich jeder Urlauber an der Nordsee unbedingt über die Zeiten von Hoch- und Niedrigwasser informieren?
2.5 Beschreibe und vergleiche die Deichquerschnitte (Abb. 129.1).

130.1 Der Queller, eine Pflanze im Watt, die das Salzwasser verträgt

3 Küstenschutz heute

Seit über 2000 Jahren siedeln Menschen an der Nordseeküste. Zunächst bauten sie ihre Häuser zu ebener Erde. Häufige Überflutungen zwangen die Bewohner, ihre Häuser auf Erdhügel, die **Wurten** oder Warften, zu bauen. Bei Sturmfluten wurden die Wurten immer wieder zerstört. Sie mußten erhöht und verbreitert werden. Schließlich verband man einzelne Wurten untereinander durch Erdwälle und Holzpfähle. Der **Deichbau** begann.

Der Bau von Deichen war schon immer eine Gemeinschaftsaufgabe aller Küstenbewohner. Früher mußte der Bauer am Deich selber für sein Deichstück sorgen. Ein gewählter Deichobmann, auch Deichgraf oder Deichvogt genannt, kontrollierte die Deiche seines Gebietes. Er bestimmte, wo Ausbesserungen an alten und die Anlage neuer Deiche nötig waren. Das Land im Schutze der Deiche war, neben dem Fischfang, die Lebensgrundlage der Küstenbewohner. Wer die Deichpflicht verletzte, wurde schwer bestraft.

Heute übernimmt das zuständige Bundesland die Kosten für den Bau und die Erhaltung der Deiche. Alle Deiche werden regelmäßig kontrolliert, Schäden sofort repariert. Man hat erkannt, daß ein breites Vorland vor dem Deich der beste Schutz für die Küste ist. Bei starker Flut oder sogar Sturmflut laufen die Wellen zuerst über das Vorland, verlieren dabei an Kraft und gefährden damit weniger die Deiche. Zum Schutz des Vorlandes werden Pfahlreihen mit Flechtwerk (= Lahnungen) im Watt gebaut. Sie dienen als Wellenbrecher und halten den Schlick fest. Ein Pflanze, die das Salzwasser verträgt, ist der Queller.

Ein großes Problem ist die **Entwässerung** des tiefgelegenen Marschlandes. Das Wasser der häufigen Niederschläge wird hier in Gräben (= Grüppen) gesammelt und fließt ins Meer. Besonders bei stärkerem Regen in der

3.1 Die Menschen an der Küste haben ein altes Sprichwort: wer nicht will deichen, der muß weichen. Erkläre.
3.2 Warum ist ein breites Vorland der beste Deichschutz (Abb. 130.3)?
3.3 Deiche sind nie fertig. Begründe.
3.4 Wie funktioniert ein Sieltor (Abb. 131.3 und Abb. 131.4)?
3.5 Beschreibe das Blockbild (Abb. 131.1) und erkläre, wie die Marsch entstanden ist.
3.6 Stelle fest, wie lange die Eindeichung der Harlebucht gedauert hat (Abb. 131.2).

130.2 Lahnungen im Bau ...

130.3 ... und viele Jahre später

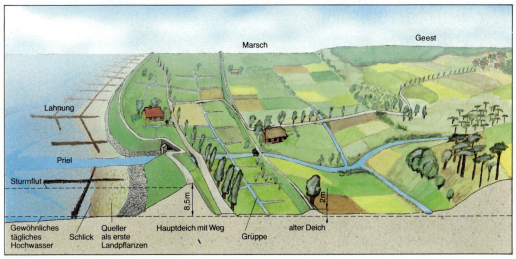

131.1 Küste und Marschen (Blockbild)

Geest müssen die Marschen viel Wasser aufnehmen. Durch **Sieltore** in den Deichen wird das Wasser ins Meer abgeleitet. Bei stärkerer Flut schließen sich die Sieltore. Statt der Sieltore übernehmen heute Sperr- und Schöpfwerke in den Hauptdeichen die Entwässerung der Marsch.

Früher wurde das neugewonnene Land, die **Marsch**, eingedeicht, um Weide- und Ackerland zu gewinnen. Heute dient die Landgewinnung dem Küstenschutz sowie dem Schutz seltener Tiere und Pflanzen.

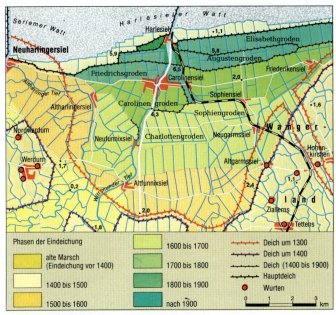

131.2 Die Harlebucht – Landgewinnung

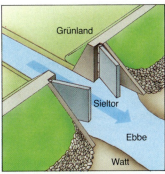

131.3 Sieltor bei Ebbe

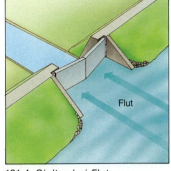

131.4 Sieltor bei Flut

Wir werten ein Bild aus

1. Wir beschreiben zunächst, welche Einzelheiten im Bild dargestellt sind, wie zum Beispiel die Siedlungen, die Küste, die Gewässer oder die Freizeiteinrichtungen.
2. Es ist hilfreich, wenn wir bei der Beschreibung eine bestimmte Reihenfolge einhalten, z. B. Vordergrund, Mittelgrund, Hintergrund.
3. Wir werten das Bild aus, indem wir Zusammenhänge zwischen den entdeckten Einzelheiten herstellen, wie z. B. zwischen dem Meer und der Küste, der Siedlung und den Freizeiteinrichtungen, dem Deich und den landwirtschaftlichen Nutzflächen.
4. Für die Bildauswertung können wir auch Hilfsmittel zu Rate ziehen, wie z. B. den Atlas oder Lexika. Das ist besonders wichtig, wenn wir über bestimmte Einzelheiten zu wenig wissen.

132/133 Küstenlandschaft bei Horumersiel, nördlich von Wilhelmshaven

- Schreibe alle Freizeiteinrichtungen auf, die du auf dem Bild erkennen kannst.
- Die Landschaft um Horumersiel wird unterschiedlich genutzt. Nenne drei Nutzungsarten.
- Welche Einzelheiten auf dem Luftbild fehlen in der Skizze?

Stefan und Melanie machen mit ihren Eltern Urlaub in Horumersiel. Sie wohnen in einer Ferienwohnung in der Nähe des Schwimmbads.

Eines Nachmittags bummeln die beiden Kinder durch den Ort. Plötzlich bleibt Stefan vor einem Schaukasten am Kurhaus stehen. „Schau mal, Melanie", sagt er, „da wohnen wir, man kann unser Haus ganz deutlich erkennen. Toll so ein Luftbild, was da alles zu sehen ist!" „Tatsächlich", meint Melanie, „hier der Hafen mit den vielen Segelbooten, sogar den Campingplatz sieht man. Mensch, ist das ein Gewimmel! Ich hätte nie gedacht, daß dort so viele Menschen Urlaub machen." „Auf der Insel Oldoog im Watt stehen gar keine Häuser. Wie es dort wohl aussehen mag?", grübelt Stefan. „Vater sagte mir, daß die Insel unter Naturschutz steht", erwidert Melanie. „Wenn ich da einmal mitfliegen könnte", murmelt Stefan.

133.1 Skizze des Luftbildes
(Abb. 132/133)

● Horumersiel liegt ungefähr 20 Kilometer nördlich von Wilhelmshaven an der Jade-Mündung. Suche für eine Familie aus Leipzig, die in Horumersiel Urlaub machen möchte, die günstigste Reiseroute (Auto, Eisenbahn). Stelle die Entfernung fest (Atlas).
● Erkundige dich, ob es auch von deinem Heimatort ein Luftbild gibt.

Was ist ein Nationalpark?

Ein Nationalpark ist ein großräumiges Gebiet, in dem die besondere Eigenart der Natur erhalten bleiben soll. Die hier lebenden Pflanzen- und Tierarten sind streng geschützt. Nur auf besonders gekennzeichneten Wegen dürfen sich Besucher bewegen. Teile eines Nationalparks können als Erholungsgebiete genutzt werden. Allerdings gelten auch hier strenge Schutzbestimmungen für die Natur. Es gibt Vorschriften für bauliche Veränderungen und für die Nutzung durch den Fremdenverkehr.

4 Nationalpark Wattenmeer

„Heute 14 Uhr Wattwanderung mit Jens Knudsen" lesen Melanie und Stefan auf einem Plakat der Kurverwaltung. „Das ist sicher interessant", meint Melanie, „laß uns mitgehen, baden können wir morgen."

Wenn die Ebbe beginnt, taucht zwischen den Nordseeinseln und dem Festland allmählich eine weite, grau schimmernde Fläche aus dem Wasser auf. Schlick bedeckt weithin den Boden, manchmal unterbrochen von Sandbänken. Wassergefüllte Priele (= Rinnen) von unterschiedlicher Breite, Länge und Tiefe durchziehen die weiten Wattflächen.

Ab und zu bleibt Jens Knudsen stehen und erklärt: „Die Pflanzen- und Tierwelt im Watt ist einzigartig auf der Welt. Zum Beispiel rasten hier im Frühjahr und Herbst Tausende von Zugvögeln. Sie finden im Watt reichlich Nahrung." Er zeigt uns Säbelschnäbler, eine sel-

134.1 Nutzungskonflikte im Wattenmeer

tene Vogelart. Außerdem sehen wir Pierwürmer, Muscheln und andere Kleintiere.

Wir stapfen weiter durch den Schlick. Dabei erläutert uns der Wattführer die große Gefährdung des **Wattenmeeres**: „Manche Gemeinden und Industriebetriebe leiten ihre nicht ausreichend geklärten Abwässer direkt oder über die Flüsse ins Wattenmeer. Katastrophale Folgen für das Watt können große Öllachen haben, die von Tankerunfällen oder von Unglücken auf Bohrinseln stammen. Eine solche Ölpest kann dann kilometerlang Strände verschmutzen. Viele Seevögel sterben, weil ihr Gefieder mit Öl verschmiert ist. Auch der zunehmende Fremdenverkehr schädigt den Lebensraum Wattenmeer.

135.1 Ringelgänse rasten und äsen in den Salzwiesen

135.2 Wattenmeer mit Prielen zwischen Baltrum (links) und Langeoog (rechts)

135.3 Müll in den Dünen

135.4 Fischsterben

Abfälle werden einfach weggeworfen. Rücksichtslose Wanderer und Bootfahrer stören viele Tiere bei der Aufzucht ihrer Jungen.

Die Niedersächsische Landesregierung hat deshalb große Teile des Wattenmeeres unter Schutz gestellt. Dieser Bereich heißt Nationalpark Niedersächsisches Wattenmeer", erklärt Jens Knudsen.

„Der Nationalpark wurde in drei unterschiedliche Zonen eingeteilt. In der Ruhezone gelten die strengsten Bestimmungen, weil hier die empfindlichsten Tiere und Pflanzen geschützt werden sollen. Hierzu gehören Dünen und Salzwiesen, wo sich die großen Brutgebiete der Vögel befinden. Die Ruhezone darf nur auf den ausgewiesenen Wegen betreten werden!

Ebenfalls zur Ruhezone zählen die großen Sandbänke im Wattenmeer, die von den Seehunden bei Ebbe als Ruheplätze benutzt werden. Sie bringen dort ihre Jungen zur Welt und säugen sie. Boote oder Wanderer dürfen nicht zu nahe herankommen, um die Tiere während der kurzen Ruhe- und Säugezeit nicht zu stören.

Die Zwischenzone ist gegenüber der Ruhezone weniger streng geschützt. Sie darf frei betreten werden, allerdings ohne die Natur zu beeinträchtigen oder zu zerstören. Von April bis Juli müssen auch in den Salzwiesen der Zwischenzone feste Wanderwege eingehalten werden, um die Vögel während der Brutzeit nicht zu stören.

In der Erholungszone liegen Badestrände, Kur- und Freizeiteinrichtungen. Sie darf frei betreten werden. Es ist allerdings verboten, Motorfahrzeuge zu benutzen. Viele Urlauber, die vor allem im Sommer an die Nordseeküste kommen, können so in Ruhe die Natur genießen."

4.1 Nenne fünf Ursachen für die Verschmutzung des Wattenmeeres.
4.2 Welche Folgen hat die Verschmutzung *(Abb. 135.4)*?
4.3 Erkläre mit Hilfe der *Abb. 134.1* einige der angesprochenen Konflikte bei der Nutzung.
4.4 Große Teile des Wattenmeeres wurden zum Nationalpark erklärt. Begründe!
4.5 Entwickele ein Merkblatt, wie man sich im Nationalpark verhalten soll.

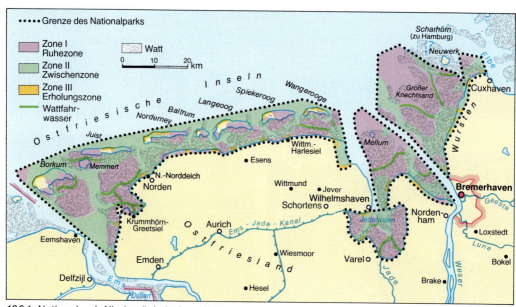

136.1 Nationalpark Niedersächsisches Wattenmeer

Nordseeküste – früher und heute

Wir fassen zusammen

Die Gezeiten
Die ständige Bewegung des Meeresspiegels (Ebbe und Flut) bringt für die Küstenbewohner keine Gefahr. Hohe Deiche schützen die gesamte Nordseeküste. Wenn zu einer Flut aber zusätzlich ein Orkan kommt und eine Sturmflut entsteht, können Deiche brechen. Viele Menschen sind dann bedroht.
Bei einem Badeurlaub an der Nordsee muß man die Gezeiten genau beachten. So darf nur bei Flut im Meer gebadet werden.

Küstenschutz früher und heute
Der Mensch nutzt aber auch die Gezeiten. Seit Menschen an der Nordseeküste siedeln, haben sie wegen der häufigen Überflutungen ihre Häuser auf Wurten gebaut, die später von Deichen umschlossen wurden. Diese boten einen besseren Schutz.
Früher kontrollierte der Deichgraf die Deiche. Ausbesserungen und Anlage neuer Deiche wurden von allen Küstenbewohnern durchgeführt. Heute übernimmt das zuständige Bundesland diese Aufgaben und trägt auch die anfallenden Kosten.
Das aus dem Meer neugewonnene Land wird heute weit weniger als Weide- und Ackerland genutzt, sondern dient dem Küstenschutz. Es ist auch der Lebensraum für seltene Tiere und Pflanzen.

Nationalpark Wattenmeer
Das Wattenmeer mit seiner einzigartigen Tier- und Pflanzenwelt ist in Gefahr. Viele nutzen diesen Lebensraum, insbesondere der Fremdenverkehr, dessen Flächenbedarf für neue Wohngebiete und Freizeiteinrichtungen zu Nutzungskonflikten führt. Die Einleitung von Schadstoffen durch Schiffahrt, Industrie und Landwirtschaft stellt eine weitere Bedrohung des Wattenmeeres dar.
Strenge Bestimmungen sollen zukünftig Tiere und Pflanzen besser schützen. Deshalb wurde das niedersächsische Wattenmeer zum Nationalpark erklärt.

Grundbegriffe

Ebbe
Flut
Sturmflut
Hochwasser
Niedrigwasser
Gezeiten (Tiden)
Watt
Wurt
Deich
Deichbau
Entwässerung
Sieltor
Marsch
Küstenschutz
Wattenmeer
Nationalpark

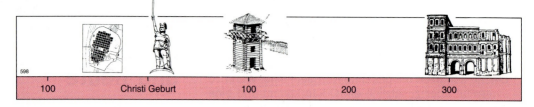

| 100 | Christi Geburt | 100 | 200 | 300 |

Römer und Germanen am Limes

Römer und Germanen lebten lange Zeit am Limes friedlich miteinander. Sie tauschten gegenseitig Waren aus, und jeder akzeptierte die Lebensweise des anderen. Ein Blick auf die *Abb. 138.1* zeigt die Ausdehnung des Römerreiches. Dieses gewaltige Reich entstand im Verlauf vieler Jahrhunderte. Noch ungefähr 600 Jahre vor Christi Geburt war Rom eine kleine und wenig bedeutende Stadt. Hier wohnten vor allem Bauern. Als ihnen das Land knapp wurde, überfielen sie ihre Nachbarstämme. Nach und nach eroberten sie ganz Italien. In den folgenden Jahrhunderten unterwarfen sie weite Gebiete Nordafrikas, Vorderasiens und Europas.

● Schlage deinen Atlas auf und stelle fest, welche Staaten der Europäischen Gemeinschaft zum römischen Weltreich *(Abb. 138.1)* gehören würden.

● Nenne die Gebiete, die von den Römern bis 238 v. Chr. und danach bis 133 v. Chr. sowie bis 14 n. Chr. erobert wurden *(Abb. 138.1)*.

In dieses mächtige Reich fielen immer wieder einzelne germanische Stämme ein, wenn sie auf der Suche nach neuem Siedlungsland den Rhein und die Donau überquerten. Auf den folgenden Seiten bekommst du Antwort auf die Fragen:
- wer die Germanen waren,
- wo und wie sie lebten,
- wie sich ihre Lebensweise von den Gewohnheiten und Lebensformen der Römer unterschied.

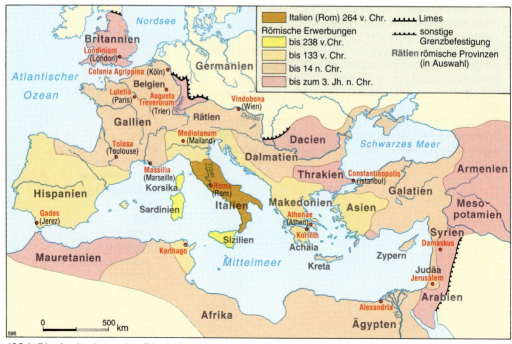

138.1 Die Ausbreitung des Römischen Reiches

Römer und Germanen an einem Wachturm des Limes 139.1 ▷ (Zinnfigurendiorama im Limesmuseum Aalen)

140.1 Das Hermannsdenkmal im Teutoburger Wald

1.1 Nenne die Namen der germanischen Stämme auf dem Gebiet des heutigen Niedersachsens? Benutze den Atlas.

1.2 Erkundige dich, wie die Stadt heißt, in deren Nähe das Hermannsdenkmal steht.

1 Caesar entdeckt die Germanen

In den Gebieten östlich des Rheins lebten verschiedene **Volksstämme** wie Sachsen, Chatten, Cherusker oder Langobarden. Sie erhielten von den Kelten, die westlich des Rheins im gallischen Gebiet wohnten, den Sammelnamen **Germanen**. Der einzelne fühlte sich jedoch weniger als Germane, sondern nur als Angehöriger seines Stammes.

Der eigentliche Entdecker der Germanen war der römische Feldherr *Julius Caesar*, der etwa 50 Jahre vor Christi Geburt Gallien mit einem großen Heer eroberte. Dabei stieß er oft mit germanischen Volksstämmen zusammen und stellte fest, daß sie ganz anders waren als die Römer und Kelten. Sie sahen anders aus und hatten andere Lebensformen. Auch ihre Sprache unterschied sich sehr von der römischen und keltischen. Mit diesen Feststellungen widersprach Caesar allen bisherigen Annahmen seiner Landsleute, die die germanischen Stämme nur als Teilstämme der Kelten angesehen hatten.

Andere römische Geschichtsschreiber berichteten später auch von den Germanen, die immer wieder die Grenze der Römer bedrohten und auf der Suche nach neuem Siedlungsland den Rhein und die Donau überquerten. Das war ein Grund dafür, weshalb die Römer Germanien bis zur Elbe und Nordsee erobern und unterwerfen wollten. Sie drangen mit ihren Soldaten bis in unsere Heimat vor. Im Jahre 9 nach Christus gelang es dem Cheruskerfürsten *Armin*, die germanischen Stämme zu einem gemeinsamen Kampf gegen die Römer zu vereinen und ein großes römisches Heer am Teutoburger Wald zu vernichten. Diese Niederlage war für die Römer so erschreckend, daß sie ihre Eroberungspläne östlich des Rheins aufgaben. Sie befestigten ihre Grenze an Rhein und Donau und bauten einen Grenzwall.

140.2 Die Germanenstämme im mitteleuropäischen Raum um Christi Geburt

2 Was wissen wir von den Germanen?

Die Heimat der Germanen waren ursprünglich die Steppen nördlich des Schwarzen- und des Kaspischen Meeres, später das Gebiet um Nord- und Ostsee. Zur Zeit der Römer sah dieses Land ganz anders aus als heute. Dichte Wälder bedeckten weite Gebiete. Dazwischen breiteten sich Sumpf- und Moorflächen aus. Erst allmählich machten unsere Vorfahren das Land in harter Arbeit urbar, so daß auf ihren Feldern Getreidearten wachsen konnten, die wir heute noch anbauen: Hafer, Roggen, Hirse und Gerste. Ochsen zogen einen Hakenpflug. Einige dieser Pflüge sind in Mooren gefunden worden. Überhaupt verdanken wir den Archäologen vieles: Sie fanden in Gräbern nicht nur Menschenknochen, Kleidungs- und Nahrungsreste, sondern auch Waffen, Schmuck, Geräte und Gefäße aus Holz, Metall und Keramik.

In Feddersen-Wierde bei Bremerhaven konnten Archäologen eine Siedlung des Germanenstammes der Chauken ausgraben. Dabei entdeckten sie den Grundriß eines germanischen Hauses und Knochenreste von Rindern, Schafen, Schweinen und Pferden. Auch fanden sie Beweise dafür, daß es bereits Handwerker gegeben hatte, die Holzschalen drechselten und Eisen und Bronze verarbeiteten.

Da die Germanen keine schriftlichen Aufzeichnungen kannten, ist es für die Archäologen schwierig, genaue Aussagen über ihre Lebensweise zu machen. Doch gibt es auch schriftliche Quellen. Römische Schriftsteller berichten uns vieles über die Germanen, vor allem *Tacitus* (um 100 n. Chr.). Er befragte Kaufleute und Soldaten, die Umgang mit Germanen hatten. In Rom begegnete er auch germanischen Gefangenen, Sklaven und Söldnern. Darüber berichtet er in seiner *Germania* (siehe *Seite 142)*:

141.1 Germanischer Fürst

141.2 Germanische Kleidung, die man in Mooren fand

2.1 In norddeutschen und dänischen Mooren haben sich Kleidungsreste der Germanen erhalten *(Abb. 141.2)*. Versuche, die Stücke nach Machart und Trageweise zu beschreiben. Die Hosen und der Kittel des Mannes sind leicht zu erkennen.
2.2 Bei Bremerhaven konnten die Archäologen eine ganze Siedlung ausgraben. Beschreibe das germanische Bauernhaus und seinen Grundriß mit Wohn-, Wirtschafts- und Stallteil *(Abb. 142.1)*.
2.3 Nenne die Materialien, die die Germanen beim Hausbau benutzten, und beschreibe die wichtigsten Arbeiten, die beim Errichten eines Hauses zu leisten waren. Versuche, ein solches Haus als Modell nachzubauen!
2.4 Vergleiche die Aussagen des Tacitus mit denen der Archäologen.
2.5 Erkundige dich, ob in einem Museum deines Heimatortes oder -kreises Funde aus der Germanen- und Römerzeit ausgestellt sind. Berichte über einzelne Stücke!

„Die äußere Erscheinung ist bei allen dieselbe: wild blickende blaue Augen, rötliches Haar und große Gestalten, die allerdings nur zum Angriff taugen ... In jedem Haus wachsen die Kinder nackt und schmutzig zu diesem Körperbau, zu dieser erstaunlichen Größe heran. Herr und Knecht werden unterschiedslos ohne Zärtelei aufgezogen; unter demselben Vieh, auf demselben Erdboden verbringen sie ihre Zeit, bis sie das wehrhafte Alter erreichen ...
Sie leben nicht in geschlossenen Siedlungen, Städte sind ihnen unbekannt. Sie wohnen in Einzelhöfen und siedeln dort, wo es ihnen günstig erscheint: an einem Bach, einer Lichtung oder einem Wäldchen ... Jedes Gehöft ist von viel freiem Raum umgeben ...
Ackerland nehmen sie, daß es der Anzahl der Bebauer entspricht, gemeinsam in Besitz. Dann teilen sie es nach ihrem Rang unter sich auf ..."

Mit Hilfe der Bodenfunde bei Bremerhaven können wir heute die Aussagen des Tacitus ergänzen und feststellen, wie die Germanen ihre Häuser bauten: Aus behauenen Baumstämmen errichteten sie ein stabiles Gerüst, das ein Dach aus Grassoden, Schilf oder Stroh trug. Für die Wände verflochten sie Zweige miteinander und verschmierten sie mit Lehm. Der Fußboden bestand aus gestampftem Lehm. Eine offene Feuerstelle befand sich mitten im Wohnteil. Ihre Vorräte lagerten in Nebengebäuden, den Speichern, die auf Pfählen ruhten.

Tacitus berichtet weiter, daß die Germanen sehr gastfreundlich seien. Sie würden sogar diejenigen bestrafen, die fremde Menschen an der Haustür abwiesen. Ihren Gästen würden sie sich aufmerksam widmen und sie großzügig bewirten. Die Speisen seien zwar einfach, aber liebevoll zubereitet.

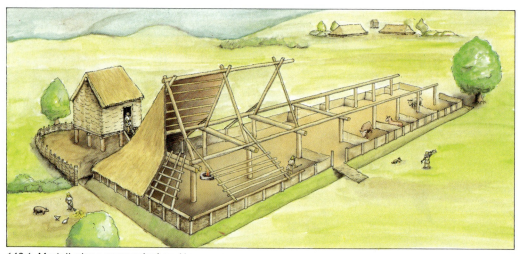

142.1 Modell eines germanischen Hauses

3 In einem germanischen Dorf

Ein römischer Händler aus Trier erzählt, was er in einem germanischen Dorf erlebt hat:

„Als ich auf ausgefahrenen und ungepflegten Wegen ins Dorf komme, liegt es wie ausgestorben da. Alle Männer, Frauen und Kinder sind draußen auf der Feldflur, denn heute ist der Tag der Götterweihe. Sie folgen einem Wagen mit schweren Scheibenrädern. Der Häuptling führt den Zug an. Auf dem Wagen stehen aus Holz geschnitzte Bilder. Es sind die heiligen Tiere, die den Göttern geweiht sind: Schlange und Wolf des Göttervaters *Wotan*, Bär und Bock des Donnergottes *Donar*, der Widder des tapferen Kriegsgottes *Ziu* und der Eber von Wotans Gemahlin *Freia*, die als die Beschützerin der Ehe gilt. Hinter dem Götterwagen schreitet in langem Leinengewand ein Priester. Ihm und dem **Häuptling** gelten die ehrfürchtigen Blicke der zahlreichen Kinder. Der Häuptling ist ein „Adeling", sein Geschlecht soll von den Göttern abstammen. Deshalb ist er der oberste Richter des Volkes und Anführer im Kampf. Aber nur der Priester darf die Strafen ausführen, wie die Todesstrafe vollstrecken, Verurteilte fesseln oder schlagen.

Nach einem langen Umgang um die Felder wendet sich der Weihezug wieder dem Dorf zu. Im Hause des Häuptlings findet die alljährliche Verlosung der Äcker statt. Es werden ‚Runenstäbe' geschnitten und vom Priester so geworfen, daß die Felder festgelegt werden können. Jeder der germanischen Bauern besitzt Haus, Hof und einen umzäunten Garten, Pferde, Rinder, Schafe und Geflügel. Der Boden des Tales aber ist Gemeindeeigentum. Äcker, Wiesen, Wälder und Berge haben die Götter dem ganzen Volke, nicht dem einzelnen verliehen. Der einzelne darf es nur nutzen. Die Gemeindefelder sind in Großfelder eingeteilt: für Getreideanbau und Brache. Zu jedem geworfenen Los gehören jeweils Äcker auf allen Großfeldern. Da es nur wenige Wege gibt, müssen alle Bauern zur selben Zeit säen und ernten. Wiesen, Weide, Teich, Fluß und Wald werden gemeinsam genutzt. Deshalb wird die Stückzahl des Viehs jedem Bauern vorgeschrieben.

Am Abend dieses Weihetages sitze ich noch lange an der Feuerstelle mit den Dorfgenossen zusammen. Die Frauen bringen Speisen und Trank herbei. Alle berichten mir über die von den Göttern gewollte Ordnung, die für jeden heilig ist. Diese Ordnung bestimmt auch, daß nur der freie Bauer mit seinen Waffen am **Thing** teilnehmen darf. Die Thingversammlung findet gewöhnlich an bestimmten Tagen vor Neumond oder Vollmond statt. Dort beraten die Männer über Krieg und Frieden und über andere wichtige Angelegenheiten. Wenn sie einem Vorschlag zustimmen, schlagen sie die Waffen aufeinander. Sie dürfen auch Anklage erheben, wenn sich einer eines Verbrechens schuldig gemacht hat."

3.1 Suche Zwischenüberschriften für die drei Abschnitte des Textes „In einem germanischen Dorf".
3.2 Schreibe die wichtigsten Aussagen des Textes stichwortartig auf.
3.3 Versuche ein Rollenspiel zum Thema: Germanen sitzen mit einem römischen Gast an der Feuerstelle und erzählen.

143.1 Dieses germanische Horn aus Bronze wurde zu heiligen Festen geblasen

4.1 Suche auf der *Abb. 144.2* die Römerstädte und schreibe ihre heutigen Namen in dein Heft.
4.2 Versucht, als Klasse Reiseprospekte von diesen Städten zu erhalten, und stellt mit dem Material eine Bildtafel zusammen.
4.3 Betrachte auf einer Atlaskarte den genauen Verlauf des Limes, und erkläre, warum die Römer gerade hier die Grenze so stark befestigt haben. Achte dabei auf den Lauf der großen Flüsse!
4.4 Zeichne den Grundriß eines römischen Kastells und beschrifte die einzelnen Teile.

4 Die befestigte Grenze

Zwischen Rhein und Donau bauten die Römer einen Grenzwall, den **Limes**. Sie wollten das Gebiet, das sie zuvor von den Germanen erobert hatten, vor der Rückeroberung schützen. Anfänglich war er nur ein Grenzweg, auf dem die Soldaten schnell von einem Ort zum anderen kommen konnten. Im Laufe der Zeit wurde diese 548 km lange Straße zu einem befestigten Grenzwall ausgebaut. Noch heute kannst du seine Spuren entdecken.

Einige Meter hinter dem Wall befand sich in Abständen von 500 bis 1000 Metern eine Kette von über 1000 Wachtürmen. Sie standen immer so weit voneinander entfernt, daß von jedem Turm die beiden benachbarten Türme gesehen werden konnten. Das war für die Weitergabe von Signalen wichtig. Hinter dem Grenzwall lagen über 100 **Kastelle**. Dies waren die befestigten Kasernen der Soldaten, der **Legionäre**. Nicht weit von ihnen entfernt bauten die Römer Städte für die Familien der römischen Offiziere und Beamten, in denen auch Kaufleute und Handwerker wohnten.

Dienstantritt an der Grenze

Eines Tages kommt in eine solche Stadt der junge Offizier Marcus. Er staunt über das, was er hier an der „Barbarengrenze" sieht: Kaufläden, Mietshäuser, Verwaltungsgebäude und Tempel. Viele Menschen bevölkern die Straßen. Aber nicht lange hält er sich in der Stadt auf. Er muß sich bei seinem Befehlshaber im Kastell melden. Die Brückenwachen am Rhein grüßen und befehlen den ger-

144.1 Spuren des Limes im Taunus

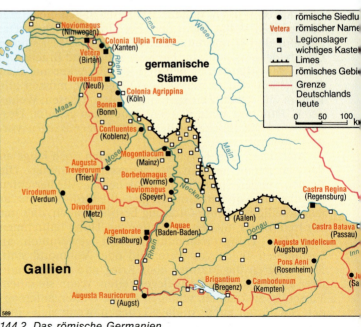

144.2 Das römische Germanien

145.1 Limes mit Erdwall und Pfahlreihe

145.2 Limes mit Steinmauer

manischen Bauern, die mit ihren Ochsenkarren zum Markt wollen, die Brücke für den Offizier freizumachen.

Marcus nähert sich den Befestigungswerken des Truppenlagers. Vor dem Haupttor ist eine Brücke. Sie führt über einen mit Wasser gefüllten Wallgraben. Tiefe Kanäle mit steilen Böschungen sind zu sehen. Drüben erhebt sich die Mauer mit Zinnen und Zacken. Feste Gebäude flankieren die doppelte Einfahrt. Hinter den Steinzacken stehen Posten in voller Rüstung auf ihre Lanzen gelehnt.

Marcus wirft die Zügel einem heraneilenden Soldaten zu und durchschreitet die große Vorhalle, hinter der sich ein rechteckiger Hof öffnet. Hier stehen die Baracken der Soldaten. Marcus läßt sich beim Kommandanten melden. Dieser begrüßt ihn mit einem Becher italienischen Weines und weist ihn in seine Aufgaben ein. Nun beginnt der Dienst an der Grenze. Es ist ein eintöniger Dienst.

145.3 Rekonstruktion des römischen Kastells Aalen (Modell aus dem Limesmuseum Aalen)

5 Kontrolle an der Grenze

146.1 Römischer Legionär

Es ist früh am Morgen. Ein rauher Wind fegt über den kahlgeschlagenen Grenzstreifen. Die Wachsoldaten stehen müde und mürrisch auf ihrem Posten. Sie gehören zu den germanischen Hilfstruppen, die für die Römer hier die Wache übernommen haben. Als nachgeborene Söhne, die bei der Erbfolge von ihrer Sippe kein Land zugeteilt bekommen haben, fanden sie in der römischen Armee einen Arbeitsplatz. Sie bekommen einen guten Lohn, und am Ende der Dienstzeit nach 16 oder 20 Jahren erhalten sie sogar Ackerland.

Da kommt der römische Händler Gaius und fragt nach dem Kommandanten, dem er seine Warenliste vorlegt: „Die Säcke auf dem Wagen enthalten nur Glasperlen, Schnallen, Fibeln, Ringe, Arm- und Halsketten und anderen billigen Tand. Alles nur Zeugs, das ich in den Städten nicht mehr loswerden kann."

Der Kommandant blickt ihn ungläubig an: „Dolche und Schwerter sind nicht dabei?"

Gaius wehrt ab und beteuert: „Ich werde doch den Germanen keine Waffen liefern, mit denen sie uns umbringen könnten!"

Müde und umständlich durchstöbern die Soldaten die Säcke nach Waffen. Fast zufällig zeigt Gaius dem Kommandanten drei schöne feingeschliffene Gläser aus Köln und flüstert: „Die habe ich als Trinkbecher für den Kommandanten mitgebracht."

Schon bald erhalten die Soldaten den Befehl, die Kontrolle zu beenden. Kurze Zeit danach kommt von der anderen Seite ein Ochsenkarren angefahren. Ein germanischer Bauer geht nebenher und treibt mit Stockhieben die Ochsen an.

„Was habt ihr geladen?" rufen die Soldaten.

„Schinken und Würste aus dem Rauchfang, Honig, Pelze, blondes Frauenhaar und einen kleinen Beutel Bernstein. Ich will nach Köln und dort auf dem Markt alles verkaufen oder gegen Kupfer, Messing, Glas- und Tonwaren eintauschen. Vielleicht bekomme ich auch ein Fäßchen Wein."

„Habt ihr keine Waffen? – Ihr wißt, Waffen dürfen hier nur die Soldaten des Kaisers tragen."

Alle Kisten, Säcke und Krüge werden sorgfältig durchsucht, aber es werden keine Waffen gefunden. Während die Soldaten suchen, erzählt der Bauer einem der Soldaten, daß er hoffe, bald Pächter im **Zehntland** werden zu können.

„Dann müßt ihr den Zehntteil eurer Ernte abgeben", gibt der Soldat zu bedenken.

„Das will ich gerne tun, denn das Leben bei euch ist leichter und sicherer als bei uns im freien Germanien. In letzter Zeit überfallen oft fremde Stämme aus dem Osten unsere Dörfer. Sie sind auf der Suche nach neuem Ackerland."

5.1 Nenne Gründe, warum ein Germane bei den Römern als Soldat diente.
5.2 Welche Aufgaben hatten die Soldaten am Limes wahrzunehmen? Vergleiche Abb. 139.1.
5.3 Stelle die Waren, die die Germanen an die Römer und die Römer an die Germanen verkauften, in einer Tabelle gegenüber.
5.4 Warum wollte ein germanischer Bauer Pächter im Zehntland werden?

6 Als Gast in Trier

Helmo, ein junger Germane, ist von dem römischen Händler Gaius, der schon jahrelang mit Waren in sein Dorf kommt, nach Trier eingeladen. Es geht auf staubigen Wegen westwärts zur Mosel. Am Limes werden sie von römischen Legionären auf Waffen untersucht. Alle Waren, die in einer *cista*, einem *saccus* oder *corbis* verpackt sind, werden vom *carrus* abgeladen und überprüft. Danach geht die Reise schnell voran, denn die Militärstrata ist in ausgezeichnetem Zustand. Wie staunt Helmo, als er in die **Villa** kommt. Sein Gastgeber erklärt:

„Wir Römer bauen ein *domus*, eine *villa*, ein *palatium*. Dazu errichten wir eine *murus* aus Steinen, die wir brennen und *tegula* nennen. Wir verbinden die Steine mit *calx* und *caementum*. Unter der Villa haben wir ein *cellarium* und in der Villa einzelne *camera*. In die Mauer setzen wir eine *porta* und mehrere *fenestra* mit durchsichtigen Glasscheiben. Das Dach decken wir mit *tegula* oder *scindula* ab. In die camera bauen wir eine Heizung ein, die im Keller liegt und *camina* heißt."

Der Römer bietet Helmo *vinum* aus einem *bicarium* an, denn er ist für ihn ein *cameradus* und *collega*. Sie essen *radix*, rote *beta* und als Nachtisch eine *fructus*, *cerasus*, die man an die Ohren hängen könnte.

Von der Frau seines Gastgebers erfährt er, daß die römischen Frauen keine schweren Arbeiten verrichten dürfen. Sie besitzen keine Bürgerrechte, werden aber von ihren Männern hoch geachtet. Gemeinsam teilen sie sich die Herrschaft über die Hausklaven und besprechen alle wichtigen Angelegenheiten. Wer auf der Straße eine römische Frau kränkt, wird mit dem Tode bestraft.

6.1 Welche fremden Wörter mußte Helmo lernen? Schreibe sie auf!

6.2 Viele dieser Wörter sind im Laufe der Zeit zu deutschen Wörtern geworden. Weil sie aus einer fremden Sprache genommen, also geliehen oder „entlehnt" sind, nennen wir sie „Lehnwörter".
Stelle eine Liste zusammen:

Römisches Wort	Lehnwort
fenestra	Fenster

147.1 Das Mittagessen der Römer bestand zumeist aus Käse, Obst und in Wein getunktem Brot.

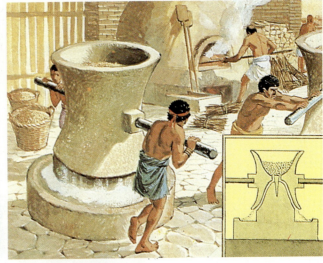

147.2 Römische Backstube.
Im Vordergrund die klobige Steinmühle, die von Sklaven betrieben wird.

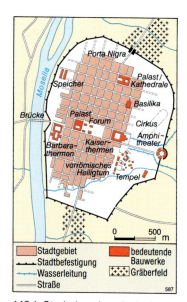

148.1 Stadtplan des römischen Trier

148.2 Die Porta Nigra

In der Stadt und auf dem Marktplatz

Am nächsten Morgen schlendern Gaius und Helmo durch die **Stadt**, entlang der prächtigen *strata*, über Bürgersteige und *plastrum*. Viele Menschen bevölkern die Straßen: Germanen, Römer, Händler, Handwerker und Soldaten, Frauen und Männer in langwallenden, faltigen Gewändern. Helmo interessieren besonders die vielen Handwerker: Fleischer, Schuster, Schneider, Frisöre, Töpfer, Silber-, Gold-, Kupfer- und Eisenschmiede, Tischler, Zimmerleute, Sattler, Uhrmacher. Aber es gibt

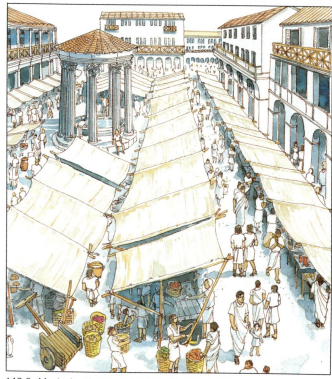

148.3 Markt in einer römischen Stadt wie Trier

6.3 Vergleiche die Stadtpläne von Trier und deiner Heimatstadt.

auch Ärzte und Medikamentenhändler. Sehr erstaunt ist Helmo über eine Bäckerei, die schon eine Getreidemühle und eine Knetmaschine besitzt. Hier werden sogar Kuchen gebacken.

Eine dichtbelebte Geschäftsstraße führt auf den Marktplatz. Hier begegnet Helmo nicht nur Römern und Germanen, sondern auch Syrern aus Vorderasien und Kelten aus Spanien und Britannien. Sie alle treiben Handel mit Waren aus nah und fern. Helmo entdeckt aber auch viele Waren, die aus seiner Heimat kommen und hier verkauft werden. Als Luxus gelten bei den Römern Pelze, Bernstein und blondes Frauenhaar.

Thermen und Schulen
Und wieder kommt Helmo ins Staunen, als er neben der großen Steinbrücke die Badeanlagen der Stadt sieht, die **Thermen**. Sie erstrecken sich über eine Fläche von 170 Meter Breite und 240 Meter Länge bei einer Höhe von mehr als 30 Meter. Im Innern befinden sich zwischen Marmorflächen Kalt- und Warmwasserbecken sowie Dampfbäder. Sklavinnen und Sklaven stehen bereit, die römischen Badegäste mit wohlriechenden Ölen einzureiben und zu massieren.

Danach sieht Helmo sich eine Schule an. Im Unterschied zu den Germanen schicken vornehme Römer ihre Kinder ab dem 7. Lebensjahr in eine Schule. In diesen Privatschulen lernen die Kinder bei einem gebildeten griechischen Sklaven Rechnen, Lesen, Schreiben und Grammatik. Sie hören auch von griechischen und römischen Dichtern und lesen aus ihren Werken. Außerdem lernen sie die Grundregeln des Denkens und Fragens (Philosophie) und die Kunst des Redens (Rhetorik).

Bis zum 7. Lebensjahr werden die Kinder von ihren Eltern erzogen. Es wird besonders auf Gehorsam und Zuverlässigkeit geachtet. Frömmigkeit und Ehrfurcht gegenüber den Ahnen gelten als selbstverständlich. Die Jungen werden im Laufen, Schwimmen sowie im Schwertkampf und Reiten ausgebildet. Die Mädchen lernen von ihren Müttern, wie ein Haushalt geführt wird.

149.1 Römischer Becher aus Silber

6.4 Schreibe deinen Geburtstag in römischen Zahlen.
6.5 Haben die römischen Schüler bereits Bücher? Erzähle *(Abb. 149.2)*.

I	= 1	XX	= 20
II	= 2	XXX	= 30
III	= 3	XL	= 40
IV	= 4	L	= 50
V	= 5	LX	= 60
VI	= 6	LXX	= 70
VII	= 7	LXXX	= 80
VIII	= 8	XC	= 90
IX	= 9	XCIX	= 99
X	= 10	C	= 100
CC	= 200	DCC	= 700
CCC	= 300	DCCC	= 800
CD	= 400	CM	= 900
D	= 500	CMXC	= 990
DC	= 600	M	= 1000

149.2 In einer römischen Schule

149.3 Römische Zahlen

6.6 Beschreibe mit Hilfe von Bild und Text das Amphitheater in Trier *(Abb. 150.2)*.

6.7 Überlege, warum Helmo über die Vorführungen im Theater so empört war. Was hättest du dem Römer gesagt?

6.8 Schreibe an Helmos Stelle einen kurzen Bericht über das, was er in Trier sah und lernte. Hier nur einige Stichworte: die römische Stadt – verschiedene Berufe – eine römische Bäckerei – die Stellung der römischen Frau – in einer Schule – eine römische Badeanlage.

Im Amphitheater

Am nächsten Tag geht Helmo ins **Amphitheater**. Wie staunt Helmo, als er das gewaltige Oval von 75 Meter Länge und 50 Meter Breite sieht mit seinen aufsteigenden, steinernen Sitzreihen. Auf ihnen können mindestens 20 000 Menschen Platz nehmen. Eine 3,5 Meter hohe Mauer trennt die Zuschauersitze vom Schauplatz der Arena. Die viele Menschen auf den Rängen drängen sich in bunter Fülle und warten auf den Beginn der Spiele. Die Vorführungen beginnen mit Musik und Reigen. Aber dann werden „Kampfspiele" angekündigt. Käfige öffnen sich und heraus kommen ausgehungerte Leoparden. Und da sind Menschen in der Arena: Krieger mit Speeren in den Händen. Sie sind als Fraß für die wilden Tiere und als Spaß für die Schaulustigen gedacht. Die Gefangenen kämpfen einen Todeskampf.

Aber es kommt noch schlimmer: Zwei Haufen gefangener Germanen werden aufeinander gehetzt. Die Sieger können so ihre Freiheit erkämpfen. Helmo geht wie benommen zu seinem römischen Freund zurück und ist empört über die Rechtlosigkeit der Sklaven und Unfreien.

150.1 „Kampfspiel" mit Leoparden

150.2 Reste des Trierer Amphitheaters

151.1 Modell eines römischen Landgutes (Zinnfigurendiorama im Limesmuseum Aalen)

7 Auf einem römischen Landgut

Eines Tages fährt Helmo mit Gaius auf einem Moselkahn zu einem der vielen Landgüter, um Wein einzukaufen. Von dort soll die Fahrt nach Köln weitergehen. Unterwegs erzählt Gaius stolz von den Römerhöfen, die zwischen den Weinbergen liegen: „Diese Landgüter gehören reichen Römern, die ihr Land mit Hilfe von Germanen und Sklaven bewirtschaften. Sie beliefern mit ihren Erzeugnissen die Städte und Militärlager und sichern so die Verpflegung der vielen Menschen."

Auf dem Hof des Landgutes werden sie von einem Sklaven empfangen und sofort zum Haupthaus geführt. Über eine breite Treppe gehen sie hinauf und kommen in die Säulenhalle, wo sie der Hausherr begrüßt. Er führt sie in einen hohen Saal. Dieser gleicht dem saalartigen Wohnraum des Gaius in der Stadtvilla mit einem prächtigen Mosaikfußboden, vielen Glasfenstern, Wänden mit buntfarbigen Malereien sowie einer Fußboden- und Wandheizung.

Nach dem Willkommenstrunk gehen sie in den geräumigen Keller, wo bei kühlen Temperaturen der Wein in Tongefäßen lagert. Nach der Weinprobe und dem Weinkauf werden die Weinfässer auf den Kahn verladen. Währenddessen bewundert Helmo die prachtvolle Säule auf dem Hof. Sie ist zu Ehren des Gottes *Jupiter*, dem Schutzpatron von Haus und Hof, errichtet.

7.1 Erzähle, was Helmo auf dem Gutshof und im Haupthaus sieht und was er von Gaius über die römischen Gutshöfe erfährt.
7.2 Welche Unterschiede zu seinem väterlichen Hof in Germanien stellt Helmo fest?

Wir besuchen ein Museum

Wenn ihr ein Museum besuchen wollt, ist es notwendig, daß ihr euch gründlich vorbereitet. So könnt ihr anhand eines Museumskatalogs schon vorher festlegen, welche Räume, Schaukästen oder Ausstellungsstücke ihr euch besonders ansehen wollt. Arbeitsgruppen können dann unterschiedliche Beobachtungsaufgaben übernehmen. Folgender Fragenkatalog hilft euch, ein Museum zu erkunden:

1. Welche Gegenstände seht ihr im Ausstellungsraum?
2. Was könnt ihr bei genauem Anschauen erkennen (Form, Größe, Material)?
3. Wie würdet ihr die Gegenstände bei genauem Beobachten beschreiben oder zeichnen?
4. Welche Vermutungen über die Herkunft und den Verwendungszweck der Gegenstände sind möglich?
5. Was erzählen euch die Ausstellungsstücke über das Leben und Arbeiten der Menschen?

Auf der Suche nach Überresten aus frühgeschichtlicher Zeit bieten viele Museen unserer Städte interessante Ausstellungsstücke, die von Heimat- und Geschichtsforschern als archäologische Funde ausgegraben, gesammelt und ausgestellt wurden. Mit ihrer Hilfe können wir uns eine anschauliche Vorstellung darüber machen, wie die Menschen früher in Norddeutschland gelebt haben.

Im Niedersächsischen Landesmuseum Hannover befindet sich zum Beispiel eine der größten archäologischen Abteilungen Europas mit über einer Million Fundstücken. Auch römische Gegenstände und Münzen sind dort ausgestellt (Raum 6 „Römischer Import"). Besonders interessant sind Metallgefäße, die als Urnen benutzt wurden. In einem Messinggefäß fand man als Grabbeigaben weiße und schwarze gläserne Steine und kleine Würfel aus Knochen mit Augen von eins bis sechs. Die Germanen benutzten diese Steine bei einem Spiel, das die Römer „Soldatenspiel" nannten. Da die Germanen den Eimer aus Messing und die gläsernen Spielsteine nicht selber herstellen konnten, müssen wir uns fragen, wie dieser Fund nach Hemmoor-Westersode im Landkreis Cuxhaven gekommen ist.

- Informiere deine Mitschüler über alles, was sie bei der Vorbereitung eines Museumsbesuchs bedenken müssen.
- Es gibt auch andere Museen, die keine archäologische Abteilung besitzen. Kannst du mit dem Fragenkatalog auch in anderen Museen arbeiten?
- Stelle fest, von welchem Museum in deinem Heimatkreis du einen Ausstellungskatalog und Bastelbögen erhalten kannst.
- Frage nach, welche Museen Ferienkurse für Schulkinder durchführen.

Wenn du mehr über das römische „Soldatenspiel" erfahren willst, mußt du vom Niedersächsischen Landesmuseum Hannover den Bastelbogen vier anfordern. Es gibt dort auch noch andere Bastelbögen, die du bestellen kannst.

152.1 Eimer, Spielsteine und Würfel aus einem Grab von Hemmoor-Westersode, Landkreis Cuxhaven

Römer und Germanen am Limes

Römer und Germanen

Seit etwa 50 vor Christus drangen die Römer nach Germanien vor. Sie eroberten ein Gebiet, das bis an den Rhein und die Donau reichte. Sie kamen auch mit ihren Heeren bis in unsere Heimat und kämpften an Weser, Ems und Elbe gegen germanische Volksstämme. Nach der Schlacht im Teutoburger Wald im Jahre 9 nach Christus befestigten die Römer die Grenze an Rhein und Donau und bauten zum Schutz gegen die Germanen den Limes. Es entstanden Kastelle für die Legionäre.

Die enge Nachbarschaft zwang Römer und Germanen zum Zusammenleben und führte zu einem lebhaften Handel miteinander. Die Germanen übernahmen manche Gewohnheiten der Römer.

Vom Leben der Germanen wissen wir nur sehr wenig, da sie selbst uns keine schriftlichen Nachrichten überlassen haben. Die Funde der Archäologen und die Berichte der römischen Schriftsteller sind daher die einzigen Quellen.

Die Germanen zerfielen in zahlreiche Stämme und lebten verstreut in kleinen Siedlungen. Sie waren freie Bauern, doch gab es bei ihnen auch Sklaven und freigelassene Kriegsgefangene.

Die einzelnen Stämme führte ein Häuptling an. Alle Rechts- und Kriegsangelegenheiten berieten sie im Thing, einer Versammlung der freien, waffentragenden Bauern.

Die Germanen, die im Zehntland wohnten oder siedeln wollten, mußten dafür den zehnten Teil ihrer Ernte abgeben.

Römische Städte in Germanien

Im römischen Germanien entstanden zahlreiche Städte, wie Trier, Köln, Mainz, Augsburg und andere. Durch Ausgrabungen wissen wir, wie eine römische Stadt aussah. Sie war planmäßig angelegt und hatte einen schachbrettartigen Grundriß. Es gab in einer römischen Stadt einen Marktplatz und eine Geschäftsstraße, auf der reger Handel getrieben wurde, sowie Badeanlagen, die Thermen, Schulen und ein Amphitheater, das in größeren Städten sogar zigtausend Menschen Platz bot.

In der Umgebung der Städte und der großen Militärlager am Limes lagen zahlreiche römische Villen, die die Menschen mit Nahrungsmitteln versorgten.

Wir fassen zusammen

Grundbegriffe

Volksstamm
Germanen
Häuptling
Thing
Limes
Kastell
Legionär
Zehntland
Villa
Stadt
Therme
Amphitheater

Wir leben mit Menschen anderer Länder zusammen

In Deutschland leben viele ausländische Mitbürger. Sie sprechen eine andere Sprache, haben eine andere Kultur und oftmals auch eine andere Religion. Es ist nicht einfach für diese Menschen, sich in unserem Land zurechtzufinden. Eine Menge Vorurteile – auf beiden Seiten – erschweren das Zusammenleben zwischen Ausländern und Deutschen.

Viele Gastarbeiter leben schon seit mehr als 30 Jahren bei uns. Sie wurden damals von der Industrie angeworben, als es bei uns nicht genügend Arbeitskräfte gab. Später holten viele von ihnen auch ihre Familien nach Deutschland.

In diesem Kapitel wirst du eine türkische Familie kennenlernen und erfahren, wie Türken in ihrem Heimatland und in Deutschland leben und arbeiten.

Weiterhin berichtet ein kurdisches Mädchen, weshalb seine Eltern aus politischen Gründen die Türkei verlassen haben und als Asylbewerber in unserem Land aufgenommen wurden.

Schließlich erfährst du, warum die Aussiedlerfamilie aus Polen jahrelang versucht hat, eine Genehmigung für die Ausreise nach Deutschland zu bekommen.

Vielerlei Gründe haben also diese Menschen bewogen, ihre Heimat zu verlassen. Sie wollen sich bei uns eine neue Existenz aufbauen oder Geld verdienen, um ihre Familie in der Heimat ernähren zu können.

Wenn du mehr über die Herkunftsländer deiner ausländischen Mitschüler, mehr über deren Lebensgewohnheiten und Religion weißt, wirst du sie besser verstehen können.

Bevölkerung Niedersachsens
insgesamt 1990... 7 387 000
davon Ausländer ... 339 000
darunter nach Ländern:
Türkei 110 000
ehem. Jugoslawien .. 28 000
Italien.............. 25 000
Griechenland........ 16 000

Aussiedler in Niedersachsen nach Herkunftsländern (Stand 1992)
GUS................ 21 000
Polen 4 000
Rumänien u. a......... 1 000

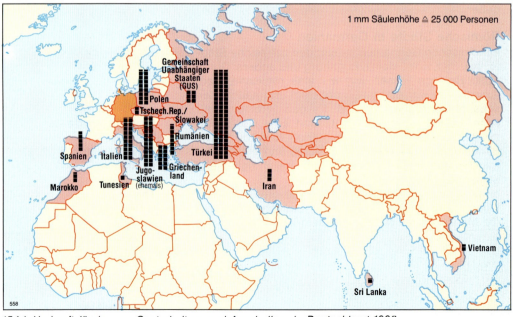

154.1 Herkunftsländer von Gastarbeitern und Aussiedlern in Deutschland 1990

155.1 Im Ausländeramt in Bonn   155.2 Montageplatz im Maschinenbau ▷

Wir leben mit Menschen anderer Länder zusammen

Yamin Pakistan
Abdelhakim Marokko
Ilias Griechenland
Angie Togo
Aylin Türkei
Zeynep Türkei
Nesrin Saudi-Arabien

156.1 Klassenfoto der 5c einer hannoverschen Orientierungsstufe

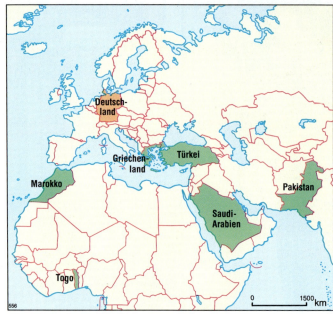

156.2 Herkunftsländer der Schüler der Klasse 5c

1 Im Heimatdorf von Ayşe und Murat

Vielleicht ist es für dich schon ganz selbstverständlich, daß es in deiner Schule ausländische Mitschüler gibt. Hast du dir schon einmal überlegt, warum sie hier mit ihren Familien leben?

Stell dir vor: du ziehst mit deinen Eltern für mehrere Jahre in die Türkei, weil dein Vater von seiner Firma dorthin versetzt worden ist. Du mußt in der Türkei in die Schule gehen, du verstehst die Landessprache nicht und hast noch keine Freunde. Alles ist anders, deine Kleidung und dein Verhalten finden die türkischen Kinder komisch. Sehr wohl würdest du dich in dieser Situation nicht fühlen, oder?

So ähnlich geht es sicher auch den ausländischen Kindern. Sie kennen unsere Sprache nicht und müssen eine deutsche Schule besuchen. Du solltest ihnen helfen, sich hier zurechtzufinden. Am besten verstehen kannst du sie, wenn du etwas über ihr Heimatland weißt.

Wir besuchen Ayşe (sprich: Aische) und Murat in ihrem Heimatdorf in der Nähe der Hauptstadt Ankara: Die meisten Familien in diesem Dorf haben, wie Ayşe, Murat und ihre Eltern, nur zwei Zimmer, in denen sie wohnen und schlafen. Fließendes Wasser gibt es nur im Flur. Dort wäscht sich nicht nur die Familie, auch die Wäsche und das Geschirr werden in diesem Becken gewaschen.

Nun aber schnell zum Frühstück. Es gibt Fladenbrot, Ziegenkäse, Oliven, Butter und Milch. Mit einem feuchten Tuch wischen sie sich Mund und Hände ab. Hastig ziehen sie sich ihre Schulkleidung über ihre normale

1.1 Suche auf der Karte die Stadt Ankara, und stelle fest, in welchem Teil des Landes die Hauptstadt liegt.

157.1 Physische Karte der Türkei

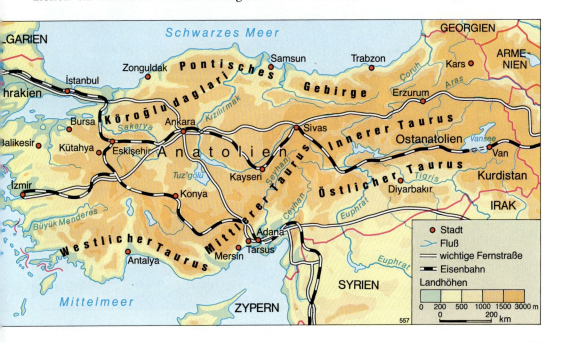

Kleidung. Der langärmelige schwarze Kittel reicht Murat bis zur Mitte der Oberschenkel und Ayşe bis fast an die Knie. Begleiten wir die beiden in die Schule.

„Hallo Ayşe, hallo Murat!" Die Nachbarskinder Demet und Orhan stehen schon wartend vor der Haustür. Orhan kickt Murat einen Stein zu und versucht, ihm diesen gleich wieder abzujagen. Die beiden rennen mit ihren Schultaschen in der Hand die Dorfstraße hinauf. Die „Straße" ist ein breiter Weg mit tiefen ausgefahrenen Fahrspuren.

Keine Zeit für die Schule

„Demet, wo bleibt Gazel? Hat sie heute verschlafen?" „Die und verschlafen, wo denkst du hin? Sie ist schon seit fast zwei Stunden fleißig", lacht Demet. „Bevor die bestellten Teppiche nicht fertig gewebt sind, wird sie wohl nicht zur Schule kommen." „Schade für Gazel!" Gazel muß ihrer Mutter beim Teppichweben helfen, auf die vier jüngeren Geschwister aufpassen und Arbeiten im Haus verrichten. Wenn ein Mädchen lesen und schreiben kann, macht das noch keinen satt. Ayşe weiß das. Schon oft hat die Großmutter gesagt: „Ayşe, das Wichtigste für ein Mädchen ist, daß es fleißig ist und alle Arbeiten im Haus tun kann. Dafür muß man nicht in die Schule gehen. Schule ist für Mädchen Zeitverschwendung."

1.2 Schreibe auf, was du zum Frühstück ißt, vergleiche es mit dem Frühstück von Ayşe und Murat.

1.3 Vergleiche deine Wohnung mit der von Ayşe und Murat.

158.1 Ein Dorf in Ostanatolien, Türkei

159.1 Auf dem Weg zur Schule
159.2 Morgens vor dem Unterricht

Ayşe antwortet dann darauf: „Großmutter, ich möchte nicht mehr so wie du leben, und deshalb ist es wichtig, daß auch Mädchen schreiben, lesen und rechnen können und dazu die wichtigsten Hausarbeiten von der Mutter lernen."

Aus allen Himmelsrichtungen treffen die Schulkinder auf dem freien Platz vor dem Schulgebäude ein. Einige von ihnen sind mehr als zwei Stunden zu Fuß gegangen. In den Wintermonaten kommen diese Kinder oft gar nicht zur Schule.

Schulalltag in der Türkei
Es ist neun Uhr. Die Lehrer kommen aus dem Schulgebäude. Das ist das Zeichen zum Aufstellen. Die Schüler nehmen ihre Taschen und stellen sich zu zweit in Klassenriegen vor der Schultreppe auf. Eine Klasse nach der anderen wird vom Lehrer in das Schulgebäude geführt. Im Schulflur gehen die Kinder an der türkischen Fahne und dem Standbild des Staatsgründers Kemal Atatürk vorbei. Die Schüler stellen sich im Klassenraum neben ihren Platz, begrüßen ihren Lehrer und setzen sich auf die Holzbänke. Dann wird fleißig mitgeschrieben, was der Lehrer an die Tafel schreibt. Wer aufgerufen wird, steht von seinem Platz auf und darf dann sprechen. Von 12–13 Uhr ist Mittagspause, dann findet bis 15 Uhr wieder Unterricht statt.

Ayşe und Murat gehen nur fünf Jahre zur Schule. Wenn sie Glück haben, können sie die Mittelschule besuchen. Hierfür stehen jedoch nicht überall Lehrer und Räume zur Verfügung.

1.4 Stelle in einer Tabelle den Zeitablauf deines Schulvormittags und den Zeitablauf in der türkischen Schule gegenüber.
1.5 Wie denkst du über das Aufstellen auf dem Schulhof?
1.6 Warum kann Gazel nicht zur Schule kommen?
1.7 Ayşe und ihre Großmutter haben unterschiedliche Meinungen. Sprecht darüber.

2 Der islamische Glaube bestimmt das Leben

Der **Islam** ist die Religion der meisten Türken. Er schreibt den Frauen vor, sich nicht unverhüllt den Blicken der Männer auszusetzen. Sie dürfen nicht in ärmellosen Blusen oder in kurzen Röcken oder Hosen herumlaufen. Vom 12. Lebensjahr an bedecken die Mädchen ihre Haare mit einem Kopftuch. In vielen Gegenden der Türkei, besonders aber in den großen Städten, kleiden sich Frauen und Mädchen wie im westlichen Europa.

Nur im Familienkreis sitzen Frauen und Männer zusammen an einem Tisch. Wenn Freunde der Männer zu Besuch kommen, essen die Männer allein, die Frauen betreten dann den Raum nicht.

Während die Männer fünfmal am Tag beten und wenigstens einmal in der Woche – am Freitag zum Abendgebet – die **Moschee** betreten, gehen die Frauen nur an Festtagen ins Gotteshaus. Sie beten dann von den Männern getrennt in einem Nebenraum. Der Hauptraum ist ihnen verboten. Vor dem Betreten der Moschee müssen die Männer und die Jungen – die vom 10. Lebensjahr an den Gottesdienst besuchen – sich Schuhe und Strümpfe ausziehen und die Füße waschen. Auch das Gesicht und die Hände werden unter fließendem Wasser gereinigt. Dann gehen sie auf Strümpfen in das Gottes-

160.1 *Die Hagia Sophia in Istanbul*

161.1 Auf dem Markt

Ramadan (türkisch Ramazan) ist der Fastenmonat, der neunte Monat im islamischen Kalender. Da sich die islamische Zeitrechnung nach dem Mondjahr richtet, verschiebt sich der Fastenmonat und dessen festlicher Abschluß jedes Jahr. Das liegt daran, daß das Mondjahr elf Tage kürzer ist als das Sonnenjahr. So wird der Fastenmonat meistens im Sommer und manchmal auch im Winter gefeiert.
1991 vom 17. März bis 18. April
1992 vom 6. März bis 6. April
1993 vom 23. Feb. bis 26. März
1994 vom 12. Feb. bis 15. März

Auch beim **Schlachtopferfest** verändern sich die jährlichen Daten nach dem Mondjahr:
1991 vom 23.–26. Juni
1992 vom 11.–14. Juni
1993 vom 1.– 4. Juni
1994 vom 21.–24. Mai

haus und knien auf dem mit Teppichen bedeckten Fußboden nieder.

Nicht alle Gläubigen, die **Muslime,** halten sich an diese Vorschriften, die im **Koran,** dem heiligen Buch des Islam, verzeichnet sind. Der Koran enthält alle Offenbarungen ihres einzigen Gottes **Allah** an *Mohammed*, den großen Propheten der Religion. Hier steht auch geschrieben, welche Gebote die Gläubigen befolgen müssen. Außerdem schreibt der Koran genaue Regeln für das Leben miteinander vor.

Die wichtigsten religiösen Feste im Islam sind das Zuckerfest am Ende des Fastenmonats **Ramadan** und das Schlachtopferfest. Der Ramadan beginnt am Vorabend mit einem Besuch in der Moschee, an dem alle Männer teilnehmen. In der Fastenzeit dürfen mit Ausnahme der Kranken alle Gläubigen, die älter als sieben Jahre sind, zwischen Sonnenaufgang und Sonnenuntergang weder essen noch trinken. Den Abschluß des Fastenmonats bildet das Zuckerfest, das mit der Verwandtschaft gefeiert wird. Die Mädchen und Frauen bedienen die Männer und Jungen mit köstlichen Speisen. Nach dem Essen wünschen sich alle ein gesegnetes Fest. Die Kinder ziehen danach mit guten Wünschen von Haus zu Haus.

Ein weiterer Höhepunkt im islamischen Jahr ist das Schlachtopferfest. Der Islam verbietet es den Gläubigen, zehn Tage vor dem Fest ein Tier zu schlachten. Das Fest selber wird über mehrere Tage gefeiert. Den Höhepunkt bildet das Schlachten eines Schafes. Dann wird das Fleisch gebraten und zusammen mit weiteren festlichen Speisen gegessen. Ein Teil dieses Festbratens wird an die Armen verteilt.

2.1 Vergleiche das Aussehen der Moschee *(Abb. 160.1)* mit der Kirche in deiner Gemeinde. Nenne die Unterschiede.
2.2 Vor der Moschee in *Abb. 161.1* findet der Markt statt. Berichte, ob du das auch bei uns findest.
2.3 Nenne die wichtigsten Feste im Christentum.
2.4 Findest du Gemeinsamkeiten und Unterschiede zwischen christlichen und islamischen Festen? Liste sie auf.

3 Eine Reise zu den Großeltern nach Anatolien

Begleiten wir Ayşe und Murat auf einer Reise mit ihren Eltern zu den Großeltern in ein ostanatolisches Dorf nahe der Stadt Erzurum.

Anfang September ist es am Tag noch sehr heiß und trocken. Wie verbrannt sieht das Land aus, und auf der Schotterstraße wirbelt jedes Auto Staubwolken auf. Die Sonne brennt auf das fast baumlose Hochland.

Vater scheint das wenig auszumachen. „Meine Zunge klebt schon fest", stöhnt Ayşe nach fünfstündiger Fahrt. „Ich habe keine Spucke mehr im Mund." Das einzige, was sich in der Hitze bewegt, scheinen die Hirten zu sein, die mit ihren Schaf- oder Ziegenherden und ein paar Hunden über die Höhen ziehen. Ab und zu sieht man auch ein Zelt, in dem ganze Hirtenfamilien wohnen, immer auf der Suche nach neuen Weideplätzen.

„Sag mal, Papa", erkundigt sich Murat, „wo kann man denn hier Wasser finden? Die Hirten bleiben doch mit den Herden monatelang weit weg von den Dörfern."
„Das ist sehr schwierig. Die Hirten müssen Tümpel suchen, in denen sich Regenwasser gesammelt hat."

Endlich biegen sie von der Autostraße auf schmale unbefestigte Wege ab. Sie werden kräftig durchgerüttelt, obgleich der Vater den größten Schlaglöchern geschickt ausweicht. Nach einer weiteren, endlos erscheinenden Fahrt nähern sie sich dem Ziel. Das Auto rumpelt über den Hauptweg, vorbei an einer kleinen Moschee, der Viehtränke und am Dorfbrunnen. Dann endlich halten sie vor dem Haus des Großvaters.

3.1 Suche auf der Karte die Stadt Erzurum und schreibe auf, was du über die Landschaft erfährst.
3.2 Zeichne zur *Tab. 1* ein Klimadiagramm.

162.1 Kinderarbeit

162.2 Schafherde bei Erzurum

163.1 Bei der Feldarbeit in Ostanatolien, nahe der Stadt Erzurum

Tab. 1 Erzurum und Soltau – Klimawerte im Vergleich

Mittlere Temperaturen (°C)

	Höhe m ü. NN	J	F	M	A	M	J	J	A	S	O	N	D
Erzurum	1951	-9	-7	-2	5	11	14	19	19	15	11	3	-5
Soltau	77	0	0	3	8	12	16	17	17	13	9	5	2

Mittlere Niederschläge (mm)

	Höhe m ü. NN	J	F	M	A	M	J	J	A	S	O	N	D
Erzurum	1951	36	41	51	64	79	53	33	23	28	58	46	28
Soltau	77	63	53	41	52	59	63	87	81	57	61	64	60

3.3 Vergleiche die Temperaturen und Niederschläge miteinander. Zeichne ein Klimadiagramm.

3.4 Du hast im Text einiges über das Leben auf dem Land erfahren. Auch die Fotos informieren dich. Schreibe auf, was im Vergleich zum Leben in einem deutschen Dorf anders ist.

3.5 Suche im Atlas eine Wirtschaftskarte der Türkei und stelle fest, welche Gründe es für das Entwicklungsgefälle gibt *(Abb. 164.1)*.

Im Dorf der Großeltern

Die Großeltern wohnen in einem Bauernhaus alter Bauart: Der Fußboden, die Wände und auch das flache Dach sind mit einer Lehmschicht überzogen. Hinter der Haustür ist ein Eingangsraum. Hier zieht man die Straßenschuhe aus, denn in den beiden Wohnräumen ist der Boden mit mehreren Teppichen ausgelegt. Nun folgt eine herzliche Begrüßung, denn alle haben sich lange nicht gesehen.

Am nächsten Tag will Ayşe beim Brotbacken helfen. Im Sommer wird alle zwei bis drei Wochen das dünne Fladenbrot auf Vorrat gebacken. Dazu schüttet man Mehl auf ein großes Brett und verknetet es mit Wasser zu einem Teig. Mit einem Stock wird der Teig so lange geschlagen, bis er geschmeidig ist. Daraus werden kleine Teigkugeln geformt, über dem Stock ausgerollt und auf einem Blech von beiden Seiten geröstet. Die Großmutter bewahrt die Brote – sauber in ein Tuch eingeschlagen – in einem Holzschrank auf. Vor jeder Mahlzeit wird die erforderliche Menge mit Wasser angefeuchtet, um Gemüse oder Salat darin einzuwickeln.

In den kälteren Monaten wird das Brot aus Sauerteig gebacken, der zu Festtagen noch Käsestreusel enthält. Nach dem Backen wird es mit Milch oder Joghurt bestrichen.

Onkel Eren arbeitet in Deutschland

Während Ayşe im Haus hilft, unterhält sich Murat mit dem Großvater und fragt: „Großvater, warum ist Onkel Eren nach Deutschland gegangen? Kannst du die Arbeit auf dem Feld ohne ihn schaffen?" Der Großvater antwortet: „Murat, dein Onkel wäre gern hier geblieben, aber unser Feld ist zu klein, um uns alle zu ernähren. Wie du weißt, hat dein Onkel auch eine Familie. Im Nachbardorf gibt es einen großen landwirtschaftlichen Betrieb. Dort hatte er für ein paar Jahre Arbeit. Aber der Landbesitzer schaffte immer mehr Traktoren und andere Maschinen an. Nach und nach wurden die Landarbeiter entlassen. Auch deinen Onkel traf es eines Tages." „Was hat er dann

3.6 Die Kinder müssen häufig mitarbeiten. Welche Aufgaben können sie erfüllen?

3.7 Murats Onkel wäre gerne in der Türkei geblieben. Beschreibe, warum es nicht möglich war.

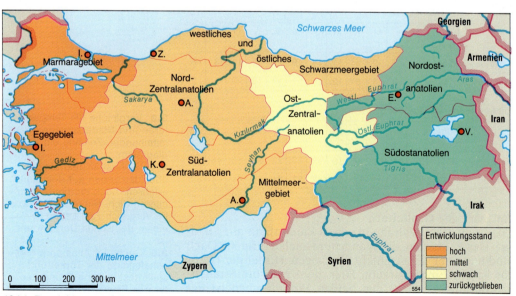

164.1 Entwicklungsgefälle in der Türkei

165.1 Der Gecekondus von Ankara

gemacht?" erkundigt sich Murat. „Ein Freund erzählte ihm, daß in einer Fabrik in Ankara Leute gebraucht würden.

Er half ihm, in dieser Fabrik eine Arbeit zu bekommen und nahm ihn in seiner Wohnung auf. Das ging jedoch nicht für immer. Deshalb versuchte Onkel Eren, eine Wohnung zu finden. So schwer hatte er sich die Suche nicht vorgestellt. Aber wie er waren viele gekommen, um in den Fabriken zu arbeiten. Er sah, wie am Rande der Stadt primitive Hütten gebaut wurden, ohne Wasser, ohne Abwasserkanäle und ohne Strom. So wollte er nicht leben."

Als Murat sich diese **Elendsviertel**, „Gecekondus", nicht vorstellen kann, zeigt ihm der Großvater einen Zeitungsausschnitt von der Stadt Ankara, in der es diese Viertel auch gibt. Dann erzählt er weiter: „In dieser Fabrik hatte er von einem Arbeitskollegen gehört, daß in Deutschland Bauarbeiter gebraucht werden. Mit ihm wagte er die Reise dorthin. Gemeinsam fanden sie Arbeit in Hannover. Erst nach einem Jahr hatte er dort eine Wohnung gefunden und konnte seine Familie nachholen." Als der Großvater schweigt, sagt Murat aus tiefstem Herzen: „Wie gut, daß mein Vater hier seine Werkstatt hat."

Tab. 1: Bevölkerungs-
wachstum in der Türkei:

1950 ca. 21 Mill. Einwohner
1970 ca. 35 Mill. Einwohner
1990 ca. 56 Mill. Einwohner
2010 ca. 110 Mill. Einwohner
(Schätzung)

Stellst du diese Zahlen in einem Säulendiagramm dar, werden die Veränderungen ganz offensichtlich.

4 Zerrin erzählt vom Leben in Deutschland

Murat hat sich Landkarten geholt. Während er Hannover sucht, liest der Großvater in der Zeitung. Es macht ihn nachdenklich, als er in einem Artikel folgende Zahlen findet (siehe Tab. 1).

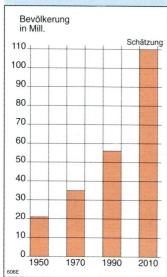

166.1 Säulendiagramm: Bevölkerungswachstum in der Türkei

Für die Darstellung von Säulendiagrammen ist zu beachten:
1. Du zeichnest ein Achsenkreuz, das aus einer senkrechten und einer waagerechten Linie besteht. Beide Linien treffen sich im Nullpunkt.
2. Auf der Senkrechten legst du die Maßeinheit so fest, daß die größte und kleinste Zahl in deiner Zeichnung gut ablesbar sind. Dabei darfst du die Zahlen auch runden.
3. Auf der Waagerechten ordnest du die Zahlen den entsprechenden Jahren zu.
4. Du kannst dir das Zeichnen erleichtern, wenn du kariertes Papier verwendest.

166.2 Deutsche und Ausländer in einer Hausgemeinschaft

Großvater weiß, daß die Arbeitslosigkeit schon jetzt sehr hoch ist. Zum Weiterlesen kommt er nicht, weil ihn ein lautes Autohupen unterbricht.

Murat läuft vor das Haus, um zu sehen, wer gekommen ist. Es sind Onkel Eren, Tante Aylin und Kusine Zerrin. „Gerade haben Großvater und ich von euch gesprochen", ruft Murat den Verwandten zu. Auch die übrige Familie begrüßt die Urlauber. Ayşe zieht ihre Kusine zur Seite. Sie haben sich lange nicht gesehen. Neugierig wartet Ayşe, daß Zerrin ihr vom Leben in Hannover erzählt.

Als die beiden Mädchen abends im Bett liegen, kann Zerrin endlich beginnen:

Zerrin: „Drei Jahre leben wir nun schon in Hannover. Jetzt finde ich mich schon ganz gut zurecht. Am Anfang war es schrecklich. Mutter und ich sprachen kein Wort Deutsch. Wir wohnten in einem Haus mit sechs anderen türkischen Familien. Auch in der Nachbarschaft lebten viele Türken. So hatte ich schnell türkische Freunde. Meine Mutter lernte Frauen kennen, die auch kaum Deutsch konnten. In unserer Straße gibt es ein türkisches Lebensmittelgeschäft. Alles übrige kaufen wir in der Innenstadt. So warteten wir am Anfang immer, bis Vater Zeit hatte und mit uns einkaufen ging."

Ayşe: „Das klingt aber gar nicht so schrecklich. Du kannst doch leben wie in deiner Heimat!"

Zerrin: „Nachmittags und abends ja, aber morgens gehe ich in die Schule."

Ayşe: „Ist das wie bei uns?"

Zerrin: „Nein, Ayşe. Jetzt muß ich in die Orientierungsstufe. Du kannst dir nicht vorstellen, was ich für eine Angst vor dem ersten Schultag hatte!"

Ayşe: „War es sehr schlimm?"

Zerrin: „Als ich in die Klasse kam und drei Mädchen aus der Nachbarschaft sah, war mir wohler. Ohne ihre Hilfe hätte ich nur wenig verstanden."

4.1 Erläutere, wie sich die Bevölkerungszahl in der Türkei zwischen 1950 und 1990 verändert hat und zwischen 1990 und 2010 verändern wird.
4.2 Wie oft ist die Bevölkerung von 1950 in der für 2010 geschätzten Zahl enthalten?
4.3 Das Gespräch zwischen Zerrin und Ayşe kann mit verteilten Rollen gelesen werden, man kann es auch spielen. Viel Spaß dabei!
4.4 Welche Schwierigkeiten hatte Zerrin im ersten Jahr in Deutschland?
4.5 Was fällt dir auf, wenn du die *Abb. 166.2* betrachtest? Die *Abb. 167.1* hilft dir, eine Erklärung zu finden.

167.1 Türkische Familie in ihrer Wohnung

4.5 Frage ausländische Mitschüler, die noch nicht lange hier sind, ob sie ähnliche Probleme haben.
4.6 Berichte über die Wohnverhältnisse der Familie.
4.7 Kennst du Wohnviertel in deiner Heimatstadt, in denen besonders viele Türken leben?

Ayşe: „Die konnten deine Angst sicher gut verstehen! Aber wie hast du Deutsch gelernt?"
Zerrin: „Auch meine Lehrerin und die deutschen Kinder unterstützten mich. Anfangs bekam ich mit zwei anderen Mädchen zusätzlich Unterricht in deutscher Sprache."
Ayşe: „Hast du auch zu Hause Deutsch gelernt?"
Zerrin: „Wenn ich mittags nach Hause kam, mußte ich meiner Mutter erklären, was ich gelernt hatte. Sie lernte mit mir. Abends erzählten wir es stolz dem Vater."
Ayşe: „Hast du auch deutsche Freundinnen?"
Zerrin: „Ja, sie heißen Gabi und Karin. Aber es ist nicht so wie mit den türkischen Freundinnen."
Ayşe: „Warum nicht, was ist denn anders?"
Zerrin: „Deutsche Mädchen dürfen ins Kino, in die Disco oder in ein Café gehen. Türkischen Mädchen wird das oft von ihren Eltern verboten. Meine beiden Freundinnen verstehen nicht, daß der Koran uns das verbietet."
Ayşe: „Hast du versucht, ihnen das zu erklären?"
Zerrin: „Ich sagte ihnen, daß meine Eltern die Vorschriften des Korans einhalten. Es gibt natürlich auch Familien, die nicht so streng nach den religiösen Gesetzen leben, so wie wir das zu Hause in der Türkei gewohnt sind."
Ayşe: „Hast du manchmal Heimweh, Zerrin?"
Zerrin: „Ja, die Großeltern fehlen mir sehr und die warmen Sonnentage. Es geht meinen türkischen Freundinnen ebenso. Wir trösten uns dann gegenseitig. Aber wenn ich hier bin, habe ich auch Heimweh nach Hannover."

168.1 Gastarbeiter in einem Berliner Park

Endlich eine größere Wohnung

Ayşe möchte dann auch noch etwas über die Wohnung in Hannover erfahren, und Zerrin erzählt weiter: „Im letzten Jahr sind wir zwei Häuser weiter in eine größere Wohnung gezogen. Ein Arbeitskollege meines Vaters wollte in die Türkei zurückkehren. Mein Vater hatte ihm einmal erzählt, daß wir in zwei kleinen Zimmern lebten. Die Fenster waren nicht dicht. Im Winter zog es. Aus der Wasserleitung kam das Wasser oft nur tropfenweise, denn unsere Wohnung lag in der vierten Etage. Wenn in mehreren Wohnungen zur gleichen Zeit Wasser gebraucht wurde, lief es bei uns gar nicht mehr. Gelegentlich fiel der Strom aus, weil zu viele technische Geräte auf einmal benutzt wurden."

Zerrins ausländische Mitschüler

Auch über Zerrins Schule möchte Ayşe mehr wissen, und Zerrin berichtet ihr, daß auch italienische, jugoslawische, spanische, marokkanische und andere ausländische Schüler die Schule besuchen. Meistens sind diese Kinder in Deutschland geboren. Ihre Großeltern oder Eltern kamen zwischen 1956 und 1973 als **Gastarbeiter** in die Bundesrepublik Deutschland. Die deutsche Wirtschaft brauchte mehr Arbeitskräfte, als es im eigenen Land gab. Viele Gastarbeiter gingen nach 1973 wieder in ihre Heimatländer zurück. Ein Teil von ihnen blieb aber in Deutschland.

4.8 Die türkischen Familien versuchen auch in Deutschland nach ihren Traditionen zu leben. *Abb. 168.1* und *169.1* zeigen dir zwei Beispiele. Erläutere!
4.9 Beschreibe den Begriff „Gastarbeiter".

169.1 *Türken beim Volkstanz*

170.1 Das Siedlungsgebiet der Kurden

Tab. 1: Bevölkerungszahlen der Kurden

Türkei	8,0*	Mill.
Irak	2,5	Mill.
Iran	4,5	Mill.
Syrien	0,7	Mill.
GUS	0,3	Mill.

* Schätzung

5.1 In welchen Staaten leben die Kurden *(Abb. 170.1)*?
5.2 Versuche nach den Zahlen in Tab. 1 ein Säulendiagramm zu zeichnen. Beachte dabei die Anleitungen auf Seite 166.

5 Zerrin lernt ein kurdisches Mädchen kennen

Die Sommerferien sind vorüber, und Zerrin geht nun wieder in ihre Orientierungsstufe. Als sie eines Mittags nach Hause kommt, steht ein fremdes Mädchen vor dem Nachbarhaus, das sich verlaufen hat. Zerrin spricht sie auf Türkisch an und erfährt, daß sie Kurdin ist. Sie wohnt drei Straßen weiter in einem Heim für **Asylbewerber**.

Hier werden Menschen aufgenommen, die aus politischen oder religiösen Gründen ihre Heimat verlassen haben. Esra lebt dort mit ihren Eltern und zwei Geschwistern in einem Zimmer. Sie freut sich, daß Zerrin sie nach Hause bringt. Esras Freude ist noch größer, als sie erfährt, daß Zerrin aus der Nähe von Erzurum stammt. Esras Heimatdorf liegt am Ostufer des Van-Sees. Die Mädchen verabreden sich für den nächsten Tag. Auf dem Nachhauseweg staunt Zerrin über diese Begegnung: Eine Türkin und eine Kurdin wollen sich treffen! Das wäre in Erzurum nicht möglich gewesen. Sie will am Abend ihren Vater bitten, ihr etwas über die Kurden zu erzählen.

Zerrins Vater berichtet über die Kurden

„Die Kurden sind ein Volk, zu dem etwa 16 bis 20 Millionen Menschen gehören. Sie leben nicht nur in der Türkei. Ihre Sprache ist mit dem Persischen verwandt. Kurden bewohnten das Land, lange bevor die Türken einwanderten. 1924 wurde die kurdische Sprache von Kemal Atatürk verboten. Türkisch wurde zur Pflichtsprache für alle. Es kam zu Aufständen der Kurden, die ihre Rechte verteidigen wollten. Sie wünschen sich einen Staat, in dem alle Kurden, die jetzt noch verstreut auf dem Staatsgebiet von insgesamt fünf Staaten leben, zusammengeschlossen sind. In der Türkei und im Irak kommt es immer wieder zu bewaffneten Auseinandersetzungen zwischen Kurden und Soldaten."

Nachdem Zerrin diese Informationen von ihrem Vater bekommen hat, ist sie besonders gespannt auf das Treffen mit Esra.

Zerrin und Esra treffen sich

Am nächsten Tag freut sich Esra, aus der Enge des Asylantenheimes, dem Krach und den ständigen Streitereien herauszukommen. Sie kann es kaum erwarten, Zerrin ihre Geschichte zu erzählen:

„Meine Eltern sind Kurden. Wir lebten lange bei den Großeltern am Van-See, bis mein Vater sich entschloß, in Diyarbakir Medizin zu studieren. Er hatte dort viele Freunde. Mit ihnen saßen meine Mutter und er oft bis in die Nacht zusammen. Sie sprachen über Politik und überlegten, was sie für die Freiheit ihres Volkes tun könnten. Da wir Kinder lange aufbleiben durften, bekamen wir auch viel von den Gesprächen mit. Wir spürten, daß es gefährlich war, über diese Themen zu reden. Wie gern wäre ich wieder in dem Dorf meiner Großeltern!

171.1 Nomaden am Van-See

Im Frühling 1986 mußte sich mein Vater das erste Mal verstecken, um nicht verhaftet zu werden. Auch in der Schule sprachen wir Kinder untereinander von unserer Angst und den Verhaftungen. Im Sommer 1986 ließen uns die Eltern allein bei unseren Großeltern. Wir haben lange auf eine Nachricht von unseren Eltern gewartet. Erst nach einiger Zeit erfuhren wir, daß Mutter und Vater in Deutschland lebten und sich in Sicherheit befanden.

In unserem Dorf wimmelte es nun überall von türkischen Soldaten. Die Menschen auf der Straße sprachen kein Wort miteinander. Nach 18.00 Uhr durfte man sich nicht mehr draußen aufhalten. Wir hörten auch von Folterungen.

Erst vier Jahre später brachte uns eine Tante zum Flughafen in Istanbul. Von dort flogen wir nach Hannover, wo wir unsere Eltern trafen. Wir sind uns alle ein wenig fremd geworden. Ein kleiner Bruder ist auch noch dazugekommen.

Trotzdem bin ich froh, daß wir wieder zusammen sind. Oft denke ich darüber nach, ob ich jemals wieder nach Hause komme. Ob ich mich mit meinen Freunden und Verwandten dann noch verstehe?"

Diese Geschichte hat Zerrin sehr betroffen gemacht. Gerne möchte sie Esra trösten, weiß aber nicht so recht, wie. Daher bietet Zerrin Esra ihre Freundschaft an und verspricht ihr, sich auch am nächsten Tag nach der Schule wieder mit ihr zu treffen.

5.3 Warum mußten Esras Eltern die Türkei verlassen?
5.4 Welche Eindrücke stürmen in Hannover auf Esra ein? Denke dabei
– an die Trennung von den Eltern,
– die Wohnung im Heim,
– die Geschwister.

6 Ein neuer Mitschüler in Zerrins Klasse

Nach den Herbstferien bringt die Lehrerin Stefan mit in die Klasse. Zerrin staunt, daß dieser Junge so wenig Deutsch spricht. Die Klassenlehrerin stellt ihren Schülern den neuen Mitschüler vor und erklärt:

„Seit sechs Wochen lebt Stefan mit seinen Eltern und seiner kleinen Schwester in Hannover. Die Familie stammt aus Polen, genauer aus Oppeln in Oberschlesien. Bis 1945 gehörte dieses Gebiet zu Deutschland. Die Menschen dort, die nach dem Zweiten Weltkrieg nicht in den Westen flüchteten, fühlten sich weiterhin als Deutsche. Deutsch zu sprechen war ihnen aber verboten, nur die polnische Sprache war erlaubt. Sie versuchten trotzdem, ihre deutsche Kultur und Lebensart zu erhalten.

Schon als Schulkind hatte Stefans Vater Schwierigkeiten, weil er Deutscher war. Später stellte er zahlreiche Anträge, um als **Aussiedler** in die Bundesrepublik Deutschland zu kommen. Erst der zehnte Antrag wurde genehmigt. Seit einem halben Jahr lebt er mit seiner Familie nun hier. In Sprachkursen lernen sie die deutsche Sprache. Stefans Vater fand in Hannover eine Stellung. Verwandte halfen bei der Wohnungssuche."

Stefan findet schnell einen Platz. Viele wollen neben ihm sitzen. Zerrin denkt an ihre Freundin Esra, der sie am Nachmittag von dem neuen Mitschüler berichten wird.

6.1 Suche auf einer Atlaskarte die Stadt Oppeln.
6.2 Warum kam Stefans Familie in die Bundesrepublik Deutschland?
6.3 Mit welchen Schwierigkeiten mußte die Familie fertigwerden?
6.4 Stefans Familie war zuerst im Lager Friedland untergebracht, wie viele Aussiedler. Suche Friedland auf der Atlaskarte. In welchem Bundesland liegt der Ort?
6.5 Viele Aussiedler kommen auch aus der GUS, der „Gemeinschaft Unabhängiger Staaten" *(Abb. 173.1)*. Suche auf der *Abb. 172.1* die Stadt Lemberg. In welchem Staat der GUS liegt diese Stadt?

172.1 Veränderungen der Grenzen Polens

173.1 Demonstration in Moskau

173.2 Ankunft der Aussiedler im Grenzdurchgangslager Friedland

7.1 Schreibe auf, wie der einzelne helfen kann *(Abb. 174.1 und 174.2).*
7.2 Überlege, wie du helfen kannst.

7 Gemeinsam leben und voneinander lernen

Was können wir tun, damit wir unsere ausländischen Mitbürger besser verstehen lernen? Vielleicht hattest du schon einmal Streit mit ausländischen Mitschülern und das nur deshalb, weil ihr euch nicht richtig verstanden habt. Denke einmal darüber nach, ob es nicht Möglichkeiten zum besseren Miteinander gibt. Du könntest zum Beispiel eine Arbeitsgemeinschaft anregen, in der die Heimatländer ausländischer Kinder gemeinsam erarbeitet und in einer Ausstellung allen Schülern der Schule gezeigt werden. Eine Wandkarte eignet sich dafür, die Herkunftsländer der ausländischen Kinder zu veranschaulichen. Aber du hast sicher auch eigene Ideen! Sprich mit den anderen darüber.

Was tun die Erwachsenen? Es gibt viele kirchliche und auch staatliche Hilfen. Aber wichtiger ist die Nachbarschaftshilfe, zum Beispiel beim Ausfüllen notwendiger Anträge oder beim privaten Sprachkurs.

In vielen Städten sind Gruppen entstanden, in denen Ausländer und Deutsche ihre Freizeit gemeinsam verbringen: im Sport, im Kleingartenverein und auch in kulturellen Veranstaltungen. In der Nordstadt Hannovers kocht eine Frauengruppe internationale Gerichte.

Weil Ausländer noch kein Wahlrecht haben, gibt es zum Beispiel beim Rat der Stadt Hannover einen Ausländerbeirat. Aufgabe dieses Beirates ist es, die Interessen der Ausländer bei den Entscheidungen der Stadt zu vertreten.

Seit mehreren Jahren gibt es innerhalb der Landesregierung eine Ausländerbeauftragte. Sie bemüht sich unter anderem darum, die Chancen ausländischer Jugendlicher in der Schule und im Beruf zu verbessern.

174.1 Ein Antrag wird gestellt

174.2 Beim Deutschunterricht

Wir leben mit Menschen anderer Länder zusammen

Wir fassen zusammen

Wir leben in der Bundesrepublik Deutschland mit Menschen unterschiedlicher Nationalitäten, Rassen, Religionen und Hautfarben zusammen. Die ausländischen Mitbürger kommen aus verschiedenen Gründen zu uns:

Gastarbeiter

Eine große Gruppe bilden frühere Gastarbeiter mit ihren Familien. Zwischen 1956 und 1973 wurden rund 14 Millionen Gastarbeiter im Ausland angeworben, weil unsere Wirtschaft damals mehr Arbeitskräfte benötigte, als hier vorhanden waren. 11 Millionen der Gastarbeiter kehrten in ihre Heimatländer zurück. Ungefähr 3 Millionen blieben; ihre Kinder und Enkel wurden größtenteils hier geboren.
In Deutschland leben etwa 1,6 Millionen Türken. Ein Teil davon gehört zu den Gastarbeitern. Der weitaus größere Teil der türkischen Mitbewohner kam jedoch erst nach 1973 zu uns. Sie stammen aus den Gebieten der Türkei, in denen es keine Arbeit gibt, oder aus den Elendsvierteln, die am Rande der Großstädte entstanden sind.
Türken sind keine Christen sondern Muslime, ihre Religion ist der Islam. Sie glauben an Allah. In ihrem Heimatland beten sie in Moscheen. In Deutschland steht ihnen häufig nur ein Gebetsraum zur Verfügung. Der Koran schreibt den Muslimen die tägliche Lebensweise und das Verhalten an den Feiertagen und Festen, wie dem Ramadan, vor.

Asylbewerber

Viele der hier lebenden Ausländer sind Asylbewerber, die in ihren Heimatländern politisch verfolgt wurden. Sie suchen hier Schutz. In den letzten Jahren kamen immer mehr Asylbewerber.

Aussiedler

Neben den Ausländern sind in den letzten 40 Jahren fast 2,5 Millionen Aussiedler zugezogen. Es sind Deutsche, deren Vorfahren vor mehr als 100 Jahren überwiegend in osteuropäische Länder ausgewandert waren.

Grundbegriffe

Gastarbeiter
Elendsviertel
Muslim
Islam
Allah
Moschee
Koran
Ramadan
Asylbewerber
Aussiedler

Indianer in Nordamerika

- Was weißt du über Indianer? Was denkst du über sie?
- Bestimme ungefähr die Ausdehnung Europas vom Nordkap nach Griechenland und von Portugal zum Ural. Übertrage diese Kilometerangaben auf eine Amerikakarte gleichen Maßstabs *(Atlas)*.
- Schreibe die Temperaturen für die Städte Philadelphia, Kansas City, Seattle und Miami im Januar und Juli auf *(Atlas)*. Vergleiche mit den Temperaturen von Hannover.
- Ordne die Indianerstämme in *Abb. 176.1* ihren Lebensräumen zu:

Lebensraum	Stamm
Prärie	Sioux, Dakota …

Aus Filmen und Büchern kennen wir meist nur solche nordamerikanischen Indianerstämme, die in Kriegsbemalung und mit Federschmuck weiße Siedler überfallen. Über deren Kultur und über die zahlreichen anderen Indianerstämme erfahren wir wenig.

In dem waldreichen Gebiet entlang der Atlantikküste wohnten zahlreiche Indianerstämme, die als Ackerbauern in dörflichen Gemeinschaften lebten. Die Vorratshaltung bestimmte ihr Leben, um in den langen kalten und schneereichen Wintern nicht zu verhungern. Etwa seit 1600 wurden diese Indianer in Kämpfe mit den ersten Einwanderern aus Europa verwickelt und immer weiter abgedrängt.

In den trockenen Dürregebieten des Südwestens siedelten ebenfalls Stämme, die seßhafte Bauern waren. Sie legten kunstvolle Grabensysteme zur Bewässerung ihrer Felder an. Gegen die ständige Bedrohung räuberischer Nachbarn suchten sie Schutz in ihren befestigten Siedlungen.

In den ausgedehnten Waldregionen der Westküste mit ihren zahlreichen Buchten, Inseln und immergrünen Wäldern entwickelte sich eine andere einmalige Kultur: Hier jagten die Indianer in kunstvoll gefertigten Booten Wale, Robben, Lachse und Heilbutt. In den Wäldern gingen sie auf Bären-, Wolfs- und Biberjagd. So hatte die Gemeinschaft immer ausreichend Nahrung.

Im 19. Jahrhundert wurde die indianische Kultur durch die Einflüsse des „weißen Mannes" fast vollständig zerstört. Über die Lebensweise einiger Stämme wird auf den folgenden Seiten berichtet.

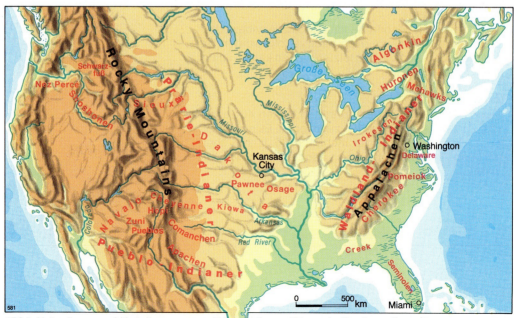

176.1 Naturräume und Verteilung ausgewählter Indianerstämme in Nordamerika

OSAGE WARRIOR. IROQUOIS. PAWNEE WOMAN.

Indianer in Nordamerika

1 Die Pueblo-Indianer

Nach der Entdeckung Amerikas brachen spanische Soldaten 1540 von Mexiko nach Norden auf, um die sagenumwobenen „Sieben Städte von Cibolo" und ihre Reichtümer zu suchen. Doch ihre Hoffnung auf die Schätze an Gold und Silber erfüllte sich nicht, als sie im Südwesten der heutigen USA auf die friedlichen Stämme der Hopi und Zuni trafen. Bei ihnen lernten sie nur einige neue Nutzpflanzen kennen.

Die Indianer lebten in dörflichen Wohnsiedlungen, die die Spanier **Pueblos** nannten. Geschützt gegen Überfälle wohnten viele Familien, ein **Clan**, in mehrstöckigen Wohnhäusern. Jedes Stockwerk war gegen das untere zurückversetzt.

Bei einem Überraschungsangriff erscholl der Warnruf „apachu" (Feind). Eilig kletterten die Bewohner über Leitern auf die Dächer ihrer etagenförmigen Häuser. Die Frauen stiegen durch Luken in das Innere, während die Männer die Leitern hochzogen, um von den Dächern mit Pfeil, Bogen und Gefäßen mit heißem Wasser den Angriff abzuwehren. Die dicken Lehmziegelmauern, in der Gluthitze der Sonne des Südwestens getrocknet und gehärtet, waren für die Feinde unzerstörbar. Da es keine Außentüren gab, waren die Häuser vor Plünderung und Angriffen

1.1 Notiere die heutigen Bundesstaaten der USA, in denen die Pueblo-Indianer um 1600 lebten.
1.2 Wie hat nach deiner Meinung ein Wohnraum der Pueblo-Indianer ausgesehen? Male ein Bild.
1.3 Beschreibe die Landschaft, in der die Pueblo-Indianer lebten *(Abb. 176.1)*.

178.1 Pueblo von Taos, New Mexico (USA). Er ist heute noch bewohnt.

feindlicher Nachbarstämme, zum Beispiel der Apachen und Navajos, gut geschützt.

Das Leben im Pueblo

Zu einer Familie, der **Sippe**, gehörten bis zu 25 Menschen. Sie wurden von den weiblichen Mitgliedern angeführt, denen auch der gesamte Besitz gehörte. Die Feld- und Gartenarbeit erledigten die Frauen und Männer gemeinsam. Auf den bewässerten Feldern wurden Baumwolle, Mais, Melonen, Zwiebeln, Bohnen und Chili angebaut. Die Lagerung und Überwachung der Ernteerträge übernahmen die Frauen.

Neben der harten Feld- und Gartenarbeit gingen die Männer auf die Jagd. Die zahlreichen Beutetiere bereicherten den Speisezettel. Aus Federn, Leder und Fellen stellten die Pueblo-Indianer schmuckvolle Gewänder her. Die tägliche Kleidung webten die Frauen aus gefärbten und versponnenen Baumwollfäden auf einfachen Rahmen *(Abb. 179.1)*.

Unter der Aufsicht von Erwachsenen erlernten die Kinder die Feld- und Gartenarbeit. Die ganze Sippe nahm mit Lob und Tadel Einfluß auf deren Erziehung. Hatten die Kinder einmal etwas angestellt, wurden sie zwar nicht mit Schlägen bestraft, doch konnten Hohn und Spott manchmal noch grausamer sein.

1.4 Nenne die Tätigkeiten, die von der Ernte der Baumwolle bis zur Fertigstellung eines Teppichs *(Abb. 179.1)* verrichtet werden mußten.

1.5 Warum legten die Pueblo-Indianer Bewässerungssysteme an? Woher kam das Wasser *(Atlas)*?

179.1 Navaho-Frauen weben nach alten Mustern einen Teppich

2.1 Wie verwerten die Indianer einen getöteten Bison? Zeichne die Umrisse des Bisons in dein Heft, und ordne die hergestellten Gegenstände aus der Tabelle den Körperteilen des Bisons zu *(Abb. 180.1)*.

2 Die Prärie-Indianer

Die Grassteppen (**Prärien**) westlich des Mississippi waren der Lebensraum der Prärie-Indianer. 1541 trafen im heutigen Bundesstaat Kansas spanische Reiter auf Apachen. Die Spanier beschrieben die Indianer als arme Menschen, die sich von Mais, Bohnen, Kürbis und Wildpflanzen ernährten.

Die Jagd auf Bisons bestimmte neben dem Ackerbau ihr Leben. Die Tiere zogen in kleinen Herden durch die Prärie. Nur einmal im Jahr kamen die Bisons zur Zeit der Brunft in unübersehbarer Zahl zusammen. Dies war der Höhepunkt der Jagdsaison. Die Bisonjagd war außerordentlich gefährlich. Verborgen unter Wolfspelzen oder Bisonhäuten mischten sich die Jäger unter die grasenden Bisons. Mit Geschrei und Lärm trieben sie die Herde auseinander und erlegten einzelne Tiere. Das Pferd lernten die Indianer erst durch die Weißen kennen.

Einmal im Sommer trafen sich die Sippen der Stämme zu Versammlungen und Festlichkeiten. Dort führten sie Tänze auf und beteten zu Manitu. Junge Krieger wurden in den Kreis der Erwachsenen aufgenommen.

Das Leben der Krieger

Heldentaten zu vollbringen und größte Gefahren zu überwinden, wünschte sich jeder Prärie-Indianer. Nach erfolgreicher Jagd oder bestandenem Kampf wuchs die Achtung innerhalb der Sippe außerordentlich. War der „Coup" erfolgreich, bekam er als Auszeichnung eine Adlerfeder. Je mehr Federn einer erhielt, um so größer war sein Ruhm. Es war ehrenvoll, einen Feind zu besiegen, ohne ihn zu verletzen. Einen Gegner zu töten oder zu skalpieren, bedeutete wenig.

Es gab auch andere Möglichkeiten, Achtung zu erlangen, wie das Lager vor feindlichen Angriffen zu schützen oder die Wanderungen der Bisons zu beobachten.

Um all diesen Ansprüchen gerecht zu werden und einen höheren Rang einzunehmen, sah jeder Krieger im anderen einen Rivalen, den es zu übertreffen galt.

180.1 Der Bison (Büffel), seine Verwertung bei den Prärie-Indianern

vom Bison	Verwertung
Fleisch	Nahrung
Haut	Trinkbeutel, Mokkasins, Tasche, Tipi
Bauchdecke	Trommel
Knochen	Schaufel, Löffel, Beil
Sehnen	Fäden für Bogen
Horn	Trinkgefäß, Schmuck
Huf	Leim

181.1 Sioux-Indianer beim Kriegstanz

Das Pferd verändert das Leben der Prärie-Indianer
Schon als die Spanier auf ihrem Zug von Mexiko in den mittleren Westen vordrangen, erkannten die Indianer die Vorteile des Pferdes als Reittier und Fleischlieferant. In den ungeheuren Weiten der Prärie konnten sich entlaufene Tiere als Wildpferde (Mustangs) stark vermehren.

Dadurch änderte sich die Lebensweise der Prärie-Indianer völlig. Die Jagd auf Büffel und andere Tiere war nun leichter, und das Fleisch wurde zur Hauptnahrung. Der Tausch von Fellen und Fleisch gegen Gewehre und Werkzeuge entwickelte sich zum einträglichen Geschäft. Der Wohlstand in den Tipis wuchs.

Doch die Zahl der Büffelherden ging rasch zurück, als weiße Jäger die Büffel nur wegen ihrer Felle abschossen. In zahlreichen Kämpfen mit weißen Siedlern und benachbarten Stämmen um die knappen Jagdreviere kamen viele Indianer ums Leben. Die Reste der Indianerstämme suchten in den wildarmen Trockengebieten des Westens vergebens eine neue Heimat.

Das Leben der Squaws
Die Squaws kümmerten sich um die Zubereitung des Essens, besorgten Brennmaterial, stellten das Tipi auf und verarbeiteten die getöteten Bisons. Auch die Erziehung der Kinder gehörte zu ihren Aufgaben. Die Mutter bereitete die Mädchen auf die Aufgaben einer Squaw vor, während die Jungen nur so lange bei ihr blieben, bis sie den Anforderungen als Krieger gewachsen waren.

2.2 Einige Indianerstämme waren Halbnomaden. Was kennzeichnet diese Lebensweise?
2.3 Männer und Frauen haben bei den Pueblo-Indianern andere Aufgaben als bei den Prärie-Indianern. Vergleiche!
2.4 Beschreibe, was du am Coup der Indianer für bemerkenswert hältst.
2.5 Vergleiche die Stellung der Squaw mit der Stellung der Frau in unserer Gesellschaft.
2.6 Schreibe einen Bericht darüber, was die Kinder der Prärie-Indianer von ihren Eltern lernten.
2.7 Die Weißen bestraften Pferdediebstahl mit dem Tode. Welche Einstellung hatten die Indianer zum Pferdediebstahl?
2.8 Beschreibe, aus welchen Gründen die Indianer den Kampf gegen die Weißen verloren.

182.1 Palisadendorf der Pomeiok im heutigen Bundesstaat North Carolina

3 Die Waldland-Indianer

An den Fluß- und Seeufern der Wälder des Nordostens errichteten die Indianerstämme der Algonkin und Irokesen ihre Siedlungen für mehrere hundert Menschen. Hatten die Männer eine Fläche im dichten Wald gerodet und urbar gemacht, erbauten sie hinter Holzzäunen (Palisaden) rechteckige Langhäuser. Zu einer Familie gehörten alle Angehörigen, die von der Mutter abstammten. Meist außerhalb der geschützten Dorfsiedlung entstanden Felder für Mais, Bohnen, Kürbis, Getreide und Tabak, die von der Dorfgemeinschaft bewirtschaftet wurden. Fischfang und Jagd ergänzten die Versorgung.

Die Frauen hatten eine führende Stellung innerhalb der Familien. Ihnen gehörten die Gärten und Äcker, das Haus und die Geräte. Sie erzogen die Kinder, sorgten für Frieden und Ordnung im Haus und entschieden zusammen mit den Männern die Stammesangelegenheiten.

Bei ihren Nachbarn galten die Irokesen, am Hudson River und Ohio, als grausame Krieger. Mit Pfeil und Bogen griffen sie aus dem Hinterhalt an und verwendeten im Nahkampf den gefürchteten Tomahawk. Ein Siedler berichtete: „Sie schleichen wie Füchse, kämpfen wie Löwen und verschwinden wie Vögel."

1575 schlossen fünf Stämme den ‚Irokesenbund'. Dieser diente dem Zweck, sich besser gegen die Weißen zu verteidigen. Die Führung übernahm der Rat der Sachem, der sich um die Beziehungen zwischen den Stämmen kümmerte. Erst um 1800 zogen sie sich unter dem Druck der weißen Siedler auf kanadisches Gebiet zurück.

3.1 Vergleiche den Feldanbau der Waldland-Indianer mit dem der Pueblo-Indianer.
3.2 Schreibe die Namen der Flüsse zwischen der Ostküste und dem Mississippi auf, von deren Ufern die Waldland-Indianer nach und nach von den weißen Einsiedlern vertrieben wurden.

4 Indianer und Weiße

> Im Dezember 1620 landeten die Einwanderer im heutigen Plymouth und erbauten, ohne einen Indianer um Erlaubnis zu bitten, Häuser. Sie machten mit Massasoit, dem Sachem der Wampanoags, einen Friedensvertrag (22.3.1621). Die Indianer hielten den Vertrag 40 Jahre lang, sie zeigten den Weißen, Nahrung und Schutz für ihre Frauen und Kinder zu finden. Dafür wurden sie als Wilde beschimpft. Beide Seiten hatten sich im Vertrag verpflichtet, Vertragsbrüchige der Gegenseite auszuliefern, aber die Pilger waren die ersten, die diese Verpflichtung brachen. Als es hieß, daß Tisquantum von Indianern getötet worden sei – später stellte es sich heraus, daß es ein Weißer war – überfiel Captain Standish mit 14 Einwanderern nachts ein Indianerdorf und machte schlafende Männer, Frauen und Kinder nieder. Kann man solche Menschen als ‚gute und vertrauenswürdige' ansehen?

4.1 Beantworte die Fragen am Ende des Textes im Linienrahmen.
4.2 Beschreibe, wie die Indianer sich gegenüber den ersten weißen Siedlern verhielten.
4.3 Stelle mit Hilfe der Abb. 183.1 fest, welche Gebiete die Indianer an die Weißen verloren (Atlas).
4.4 Aus welchen Gründen haben weiße Siedler die Verträge, die sie mit den Indianern geschlossen hatten, so oft gebrochen?

Die Indianerstämme schlossen bis Ende des 19. Jahrhunderts zahlreiche Verträge wie diesen mit den wechselnden Regierungen der USA. Ihr Inhalt sicherte ausschließlich den Weißen Vorteile bei der Landverteilung. Dennoch hielten sich die Weißen fast nie an die verabredeten Regelungen.

Gold- und Silberfunde in Kalifornien lockten die Einwanderer aus den europäischen Ländern in die Lebensräume der Indianer. Der Eisenbahnbau beschleunigte die Erschließung des Landes. Die Landnahme der Rancher und Farmer ließ den Indianern immer weniger Lebensraum. In zahlreichen Kämpfen unterlagen sie schließlich den bewaffneten Siedlern und Soldaten.

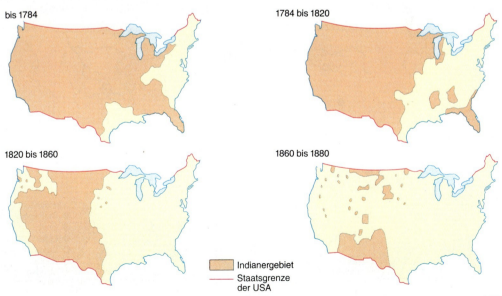

183.1 Vertreibung der Indianer aus ihren Stammesgebieten

5.1 Lege eine Zeitleiste an, in der du von 1500 bis zur Gegenwart den Ablauf der Ereignisse, die sich zwischen Indianern und Weißen abspielten, in Stichworten oder Skizzen einträgst.
5.2 An welchen Lebensformen der Indianer scheiterten die Maßnahmen des Amtes für Indianerangelegenheiten?
5.3 In welchen Landschaften der USA liegen die Reservate der Indianer *(Atlas)*?
5.4 Nenne mit Hilfe der *Abb. 184.1* Gründe, warum die Lebensräume der Indianer heute gefährdet sind.

5 Das Leben der Indianer heute

Nach der Vertreibung aus ihren ursprünglichen Gebieten wurden die Indianer in **Reservationen** (Reservaten) zusammengefaßt, „Indianer-Territorien" nannte sie die US-Regierung. Ein Amt für Indianer-Angelegenheiten regelte seit Ende des 19. Jahrhunderts die Versorgung in den Reservaten. Eine weitere Aufgabe war, die Indianer der Kultur der Weißen anzupassen. Dazu richtete man Internatsschulen weit entfernt von den Sippen ein. Weil diese Maßnahmen aber nicht mit der indianischen Lebensform übereinstimmten, erreichte die Regierung ihre Ziele nicht.

Erst 1924, als die Indianer die amerikanischen Bürgerrechte erhielten, änderte sich die bedrückende Situation. 1935 wurden sie als eigenständiges Volk anerkannt und erhielten das Recht der Selbstverwaltung. Ein weiterer Schritt, die indianische Kultur zu bewahren, wurde 1970 getan. Mit finanzieller Hilfe der US-Regierung gründeten die Cherokee in Santa Fé eine „Indian School". Dort lernen die Nachfahren der Prärie-Indianer Malerei, Bildhauerei, Stammesgeschichte, indianische Sprache, Musik und Tanz. Die Navajos können an einer Stammesuniversität indianische Verwaltung und Kultur studieren. Die Zunis und Shoshonen regeln inzwischen ihre Stammesangelegenheiten wieder selbst.

Auch außerhalb der Reservate finden die Indianer Arbeit: die schwindelfreien Mohawks als Bauarbeiter für Türme und Hängebrücken, die Kiowas in der Holzwirtschaft und die Sioux in der Land- und Viehwirtschaft.

Doch die Mehrheit der Indianer leidet unter dem Leben in den ihnen zugewiesenen Reservaten. Ein großes Problem ist der zunehmende Alkoholismus. Die Lebenserwartung liegt bei 43 Jahren. Die Kindersterblichkeit ist doppelt so hoch wie bei den übrigen Amerikanern.

184.1 Die Indianer-Reservationen

Indianer in Nordamerika

Wir fassen zusammen

Pueblo-Indianer
Auf den Hochebenen Arizonas und New Mexicos lebten die Pueblo-Indianer in Städten. Die stufenförmigen Häuser aus Lehmziegeln boten den Clans ausreichenden Schutz gegen kriegerische Nachbarn.
Mit dem Bau von Kanälen sorgten die Menschen für die ausreichende Bewässerung ihres Ackerlandes.
Die weiblichen Mitglieder der Sippen verfügten über den gesamten Besitz. Frauen und Männer arbeiteten gemeinsam im Haus und auf den Feldern.

Prärie-Indianer
Vor der Begegnung mit Weißen zogen zahlreiche Indianerstämme mit ihren Tipis durch die Prärien östlich der Rocky Mountains und bis zu den waldreichen Ufern des Missouri-Mississippigebiets.
Neben einfachem Ackerbau bestimmte die Jagd nach dem Bison das Leben der Prärie-Indianer.
Nur im Sommer trafen sich die Prärie-Indianer zu großen Stammesfesten. Den größten Teil des Jahres lebten sie in kleinen Sippenverbänden, die die Männer führten.
Als die Prärie-Indianer mit Europäern zusammentrafen, veränderten sich ihre traditionellen Lebensgewohnheiten grundlegend.

Waldland-Indianer
In den Wäldern des Nordostens lebten seßhafte Völker. Hinter hohen Palisaden errichteten die Männer Wigwams. Jagd und Fischfang sowie der Anbau von Gemüse und Früchten sicherten die Ernährung der großen Dörfer.

Indianer und Weiße
Mit der Besiedlung Nordamerikas durch Einwanderer aus Europa kam es zwischen Weißen und Indianern zu kriegerischen Auseinandersetzungen, in denen die Indianer unterlagen und in Reservationen eingewiesen wurden.
Heute versuchen einige Indianerstämme, ihre ursprüngliche Lebensform wiederzufinden.

Grundbegriffe

Pueblo
Clan
Sippe
Prärie
Reservation
(Reservat)

Kinder in vergangenen Zeiten

● Beschreibe die *Abb. 187.1* und *187.2*. Achte dabei auf die Tätigkeiten der Kinder.
● Frage deine Mutter, deinen Vater und/oder deine Großeltern nach Erinnerungen aus der Kindheit:
a) Wie sah ihr Tagesablauf aus?
b) Womit haben sie gespielt?
c) Was fanden sie gut?
d) Was fanden sie nicht so gut?
● Stelle ihre Antworten stichwortartig in einer Übersicht zusammen, und vergleiche sie. Welche Tätigkeiten und Spiele würden dir gefallen, welche nicht?
Ein Vorschlag für die Bearbeitung der Aufgabe:
a) Tagesablauf
Vater – Mutter
b) Spiele
Vater – Mutter
c) Was findest du gut?
Was findest du nicht so gut?

Vater	Mutter
+ −	+ −

Kindheit gleich Kindheit?

Du weißt sicherlich noch, wie du als Kleinkind oder bei der Einschulung ausgesehen hast. Deine Eltern haben mit einem Fotoapparat oder vielleicht mit einer Filmkamera Ereignisse aus deinem Leben festgehalten. Wenn du dir die Fotos oder Filme anschaust, werden die Erlebnisse schnell wieder lebendig.

Aber Fotografien, wie wir sie heute kennen, gibt es erst seit etwa 100 Jahren. Das Hobbyfilmen in den Familien ist noch keine 30 Jahre verbreitet. Und mit der Video-Kamera werden Familienereignisse erst seit 10–15 Jahren aufgenommen.

Aus vergangenen Jahrhunderten gibt es nur gezeichnete oder gemalte Bilder (Skizzen, Zeichnungen, Gemälde). Sie können uns lebendige Vorstellungen nur sehr schwer vermitteln. Auch aus den Geschichtsbüchern und anderen schriftlichen Überlieferungen erfahren wir wenig über das Leben der Kinder in früherer Zeit. Dabei ist es doch bestimmt interessant zu erfahren:
– Wie haben Kinder vor 300, 500 oder gar 1000 Jahren gelebt?
– Wieviel Freizeit hatten Kinder früher?
– Welche Spiele kannten sie, und mit welchem Spielzeug haben sie gespielt?
– Wurden Jungen und Mädchen unterschiedlich erzogen und ausgebildet?

Auf diese und andere Fragen gibt es bislang wenig Antworten. Dabei haben alle Erwachsenen, gleich ob König oder Bettler, eine Kindheit gehabt.

Daß wir so wenig über das Leben der Kinder früher wissen, liegt aber nicht nur daran, daß uns so wenig überliefert ist. Ein anderer Grund ist, daß sich nur wenige Geschichtsforscher mit diesem Bereich beschäftigt haben. Die Erkenntnisse müssen mühsam aus anderen Quellen zusammengetragen werden, zum Beispiel aus Schriftstücken wie Geburts- und Sterbeurkunden, Tagebüchern oder aus Familienporträts, Liedern, Spielzeug, Kleidung.

So erfahren wir, wie Kinder aufwuchsen, wie sie arbeiten mußten, wie sie gespielt haben und welchen Gefahren sie ausgesetzt waren.

Beispiele aus dem Familienleben zeigen uns, daß Mädchen und Jungen vergangener Zeiten ganz anders behandelt wurden, als wir das heute gewohnt sind. Kinder wurden wenig beachtet; sie mußten täglich ihren Eltern im Haushalt helfen. Eltern richteten sich nicht nach den Wünschen ihrer Kinder; sie hätten es auch meistens nicht gekonnt.

Es war auch üblich, daß die ganze Familie in einem Zimmer schlief. Wenn die Mutter ein Kind gebar oder wenn jemand aus der Familie starb, dann geschah das zu Hause. Für Jungen und Mädchen deines Alters gehörten Geburt und Tod schon zum täglichen Leben. Sie hatten es schon mehrere Male mit eigenen Augen gesehen.

187.1 Beim Unterricht in einer Dorfschule um 1900

187.2 Schulklasse heute

1.1 Im Text findest du Fragen über das Leben der Menschen in 100 oder 200 Jahren. Ergänze diese Fragen mit weiteren Ideen. Ein Formulierungsvorschlag: Ich könnte mir vorstellen, daß Menschen in 100 Jahren
a) mit ferngesteuerten Autos fahren
b) ...

1 Kindheit hängt immer von der Zeit ab, in die ein Mensch hineingeboren wird

Für uns sind Fernsehen, Musik hören, Sport und andere Freizeitvergnügen Teile unseres Lebens. Durch Urlaubsreisen lernen wir viele Länder kennen. Computer und Unterhaltungselektronik sind heute auch für Kinder selbstverständlich.

Würden wir uns in die Welt vor 500 Jahren zurückversetzen, dann wüßten wir nichts von diesen Dingen, nichts von Fahrrädern, Autos, Maschinen, elektrischem Licht. Noch vor 200 Jahren hätten sich unsere Vorfahren das alles nicht vorstellen können. Innerhalb unserer Familien können wir sogar schon Unterschiede feststellen. Unsere Eltern und Großeltern haben als Kinder vieles getan und für gut befunden, was uns fremd und unverständlich ist. Wenn wir unsere Familiengeschichte noch weiter zurückverfolgen können (Urgroßeltern, Ururgroßeltern), gäbe es noch größere Unterschiede.

Und wie sieht ein Blick in die Zukunft aus? Was können wir über das Leben der Menschen in 100 Jahren aussagen? Es geht uns genauso wie den Kindern und Erwachsenen vor 100 Jahren: Wir können nur vermuten, was die Menschen dann lernen müssen, wie ihre Umwelt aussehen wird, wie sie ihre Freizeit verbringen werden. Wie wird sich der Verkehr zu Lande, zu Wasser und in der Luft entwickeln? Wird es dann eine 4-Tage-Woche in der Schule und im Beruf geben? Werden Reisebüros dann Weltraumflüge anbieten? Unsere Phantasie reicht nicht, um zu beschreiben, wie sich die Menschen einer veränderten Welt anpassen werden. Von klein auf wird ihr Alltag vermutlich ganz anders ablaufen, als wir es heute gewohnt sind.

2 Kindheit früher hing auch vom sozialen Stand der Familie ab

Kinder von Fürsten und Adeligen und von reichen Bürgerfamilien wuchsen anders auf als Kinder von Handwerkern, Bauern und Arbeitern.

> 1880 verdiente ein Fabrikarbeiter im Monat durchschnittlich 45 Mark (12stündiger Arbeitstag). Davon wurden 26 Mark für Essen und Trinken ausgegeben. Von den restlichen 19 Mark mußte beispielsweise eine achtköpfige Familie Miete, Heizung und Kleidung bezahlen.

In einer Kleinstadt um 1900 wohnten Luise und Hermann, beide zwölf Jahre alt. Hermann hatte noch sechs Geschwister, sein Vater war Fabrikarbeiter. Luise war das einzige Kind eines wohlhabenden Fabrikbesitzers.

Die Tagesabläufe von beiden Kindern zeigen, wie unterschiedlich ihr Alltag aussehen konnte:

189.1 Bürgerstochter 1884

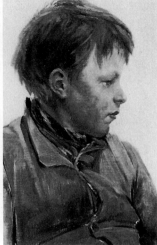

189.2 Arbeiterjunge 1884

Luise

6.40 Uhr: aufstehen; das Kindermädchen hat den Frühstückstisch gedeckt; Luise muß vorher 1 Löffel Lebertran nehmen
7.15–12.30: Unterricht in der höheren Töchterschule
13.00: Mittagessen: Suppe, Fleisch, Nachtisch
14.00: Klavierunterricht
15.00: Spaziergang mit dem Kindermädchen
16.00: Schularbeiten mit Hilfe und unter Aufsicht des Kindermädchens
17.30: Üben in Haus- und Nadelarbeiten, gutem Benehmen unter Aufsicht
19.00: Abendessen im Kreis der Familie; gedeckter Tisch mit Brot, Wurst, Käse, Gemüse; gemeinsames Tischgebet
20.00: Lesestunde mit dem Kindermädchen
21.00: Luise geht ins Bett (eigenes Zimmer) und spricht ein Nachtgebet.

Hermann

3.00 Uhr: aufstehen; Hermann macht sein Bett für den Schlafburschen Julius frei, der es von 3.00 bis 12.00 gemietet hat; Miete pro Woche 1 Mark
3.30–6.30: Brennholz für den Holzhändler Düsterbrok hacken; Lohn 12 Pfennige (dreimal die Woche)
6.40: Frühstück: 2 Scheiben trockenes Brot mit Salz, 2 Pellkartoffeln
7.15–12.30: Unterricht in der Volksschule; im Sommer barfuß gehen, weil das Geld für Schuhe fehlt
13.00: Mittagessen: Pellkartoffeln mit Salz
14.00–20.00: Laufbursche für ein Schuhgeschäft; Lohn 1 Mark pro Woche
20.30: Abendbrot: Pellkartoffeln, ein halber Hering
21.00: Schularbeiten am Eßtisch
gegen 22.00 Uhr: Hermann fällt todmüde ins Bett.

Luise, die reiche Bürgerstochter, durfte sich mit Hermann, dem Arbeitersohn, nicht abgeben. Sie wäre mit Stubenarrest oder noch härter bestraft worden, wenn sie sich mit ihm angefreundet hätte.

Ebenso durften adlige Kinder nicht mit „bürgerlichen" spielen.

Zu der Zeit wurden Kinder noch so erzogen, daß sie je nach Herkunft, nach ihrem **Stand**, unter sich bleiben mußten. Dazu wurde von ihnen unbedingter Gehorsam verlangt. Diese Trennung der Stände läßt sich über Jahrhunderte zurückverfolgen. Mit der Geburt war der weitere Lebensweg schon vorbestimmt.

2.1 Beschreibe die *Abb. 189.1* und *189.2*. Stelle Unterschiede fest.

2.2 Zum Tagesablauf:
a) Wieviel konnte die Familie durch Hermann monatlich hinzuverdienen? Runde auf die volle Mark auf oder ab!
b) Wieviel Stunden mußte Hermann täglich arbeiten? Wieviel Stunden arbeiten Erwachsene im Durchschnitt heute?
c) Vergleiche, wie bei Hermann und Luise ein Tag verlief. Erkläre an Beispielen die unterschiedlichen Lebensbedingungen der beiden.
Ein Vorschlag zur Bearbeitung:

	Hermann	Luise
Arbeit	3 Stunden Brennholz hacken, 6 Stunden Laufbursche	– – –
Nahrung		
Schule		
Freizeit		
Erziehung		

Schlafbursche

Ein (meistens noch junger) Arbeiter, der nicht genug verdiente, um ein Zimmer bezahlen zu können. Er mietete sich deshalb stundenweise ein Bett, damit er schlafen konnte.

190.1 Obdachlose Kinder fertigen in einem Arbeitshaus, das sie aufgenommen hat, Zigarrenkisten

190.2 Schularbeit beim Hüten

> **Johann, 10 Jahre, berichtet 1840:**
> „Ich arbeite in einer Fabrik, weil der Lohn meiner Eltern nicht ausreicht, um mich und meine sieben Geschwister zu ernähren. Wenn ich nicht schnell genug arbeite, bekomme ich Schläge vom Aufseher. Ich arbeite mehr als 14 Stunden am Tag. Wenn ich abends nach Hause komme, bin ich todmüde und lege mich gleich ins Bett."

3.1 Beschreibe die Abb. 190.1 und 190.2 und vergleiche!
3.2 Lies den Textabschnitt über Kinderarbeit im 19. Jahrhundert, und erinnere dich an die Aufgaben und Antworten zum Tagesablauf von Hermann und Luise *(Seite 189)*:
a) Was hat sich im Vergleich zum Mittelalter geändert?
b) Was ist so geblieben?

3 Kinderarbeit und Kinderspiele

Wenn wir heute von Kindheit sprechen, dann ist damit die Zeit gemeint, die Mädchen und Jungen im Elternhaus leben. Auch wenn man nach Vollendung des 14. Lebensjahres nicht mehr von Kindern, sondern von Jugendlichen spricht, so müssen Eltern ihnen bis zum 18. Lebensjahr Schutz und Fürsorge geben.

In früheren Zeiten war das anders. Die Kinder der unteren Stände mußten hart arbeiten. Sie hatten viele Pflichten und und mußten ihren Eltern täglich helfen oder sogar für den Lebensunterhalt mitverdienen. Viele Familien waren auf die Hilfe ihrer Kinder angewiesen, damit sie genug zu essen hatten.

Armut und Kinderarbeit hat es zu allen Zeiten gegeben. An Beispielen aus dem Mittelalter und dem 19. Jahrhundert sollst du erfahren, daß Kindsein, wie du es heute erlebst, bis vor 100 Jahren nur für wenige galt.

Im Mittelalter gab es nur wenige Städte, die meisten Menschen lebten in Dörfern und arbeiteten in der Landwirtschaft. Die Kinder mußten das Vieh hüten, sie halfen aber auch bei der Feldarbeit und bei der Ernte mit. Schulpflicht gab es noch nicht. Lesen und Schreiben lernten im allgemeinen nur die Kinder reicher Bürger- und Adelsfamilien. Sie gingen in die Klosterschule, wo sie von Mönchen unterrichtet wurden.

Dadurch wurden Kinder viel früher in die Arbeitswelt der Erwachsenen einbezogen. Schon mit vier bis fünf Jahren mußten sie den Eltern helfen, mit sieben Jahren arbeiteten sie vielfach regelmäßig, zum Beispiel als Lehrjungen bei Handwerkern. Mädchen wurden früh zur Haus- und Gartenarbeit angehalten. Sie sollten auf ihre spätere

191.1 Kinderspiele zu Beginn des 19. Jahrhunderts

Rolle als Mutter und Hausfrau vorbereitet werden. Im Alter von 14 Jahren war die Kindheit vorbei. Die Jungen hatten ausgelernt, die Mädchen arbeiteten im Haushalt.

Kindern aus wohlhabenden Bürger- oder Adelsfamilien ging es besser. Sie brauchten nicht für den Lebensunterhalt ihrer Eltern und Geschwister mitzusorgen. Reiche Familien leisteten sich Hauserzieher oder Hauslehrer, die den Kindern Lesen (in der Bibel), Schreiben und Anstand beibrachten.

An dieser festgefügten Ordnung änderte sich jahrhundertelang kaum etwas. Im 19. Jahrhundert wurde das Leben für viele Kinder noch härter: Mit Beginn der **Industrialisierung** entstanden Fabriken, in denen viele Menschen arbeiteten. Dörfer und Kleinstädte entwickelten sich zu Industriestädten. Mit ihnen stieg auch die Zahl der Lohnarbeiter und der kinderreichen, besitzlosen Arbeiterfamilien, die das **Proletariat** bildeten. Deren Kinder mußten in den Fabriken für wenig Lohn hart arbeiten.

Trotzdem reichte das Geld oft nicht, um alle satt zu bekommen. Viele Familien verdienten sich zusätzlich ihren Lebensunterhalt durch **Heimarbeit**. In ihren oft winzigen Wohnungen stellten sie Waren für Fabrikbesitzer her. Auf die Mitarbeit der Kinder konnte nicht verzichtet werden.

Wo Kinder sind, wird aber auch gespielt; das war zu allen Zeiten so. Einige Spiele sind bis heute erhalten geblieben, andere in Vergessenheit geraten. Von den von 1800 bekannten Kinderspielen kennst du bestimmt einige: Drachensteigen, Kreiselspiel mit Peitsche, Steckenpferdreiten, Stelzengehen, Bockspringen, Reifenschlagen, Blindekuh, Murmel- und Versteckspiele. Kinder aus vornehmen Familien besaßen auch lebendiges Spielzeug.

Welche körperlichen Belastungen die Kinder damals ertragen mußten, zeigen dir folgende Beispiele:
– Spielzeugfabrikanten ließen in Heimarbeit bei der Herstellung von Puppen die Kleider nähen, Augen einsetzen oder Holzspielzeug anfertigen. Eltern und Kinder arbeiteten in kleinen, feuchten und dunklen Räumen, in denen sie auch aßen und schliefen. 10–15 Stunden wurden täglich gearbeitet; Kinder erhielten einen Stundenlohn von 7–12 Pfennigen. Das 2-Pfund-Brot kostete zu der Zeit etwa 50 Pfennige. Eine Familie hatte durchschnittlich 7–10 Kinder.

3.4 Auf der *Abb. 191.1* kannst du erkennen, daß es typische Spiele für Mädchen und für Jungen gab. Nenne die Spiele, und ordne sie den Mädchen und Jungen zu:

Mädchenspiele	Jungenspiele
....	....

192.1 Familie mit acht gestorbenen Kindern, 1775

4 Vom Leben und Sterben der Kinder

Eltern hatten in früheren Zeiten mehr Kinder als heute. Bis zum Beginn des 20. Jahrhunderts war es keine Seltenheit, daß zehn Geschwister in einer Familie aufwuchsen. Dabei war die Zahl der Geburten noch höher. Die Kinder überlebten aber nicht alle, einige starben bei der Geburt oder kamen tot auf die Welt, andere starben im frühen Kindesalter. Alle Eltern mußten mit der Sorge leben, von der Zahl ihrer Kinder etwa die Hälfte schon vor dem 6. Lebensjahr zu verlieren. Kamen Seuchen und Krankheiten hinzu, war die Sterblichkeit noch größer. Erst wenn ein Kind die ersten drei Jahre überstanden hatte, konnte man hoffen, daß es am Leben blieb.

Die Gesundheit der Mutter war bei Schwangerschaften und Geburten stets in Gefahr. Viele Frauen starben im Kindbett, weil es wenige Ärzte gab. Hier liegt auch ein Grund für die große Sterblichkeit der Säuglinge. Viele Krankheiten und deren Ursachen konnte man sich nicht erklären. Heilpflanzen und ihre Wirkungen waren zwar bekannt; sie reichten aber häufig nicht aus, die Mutter vom Kindbettfieber oder einen kranken Säugling zu heilen. Hinzu kam, daß Wohnungen und Kleidung damals nicht so sauber waren, wie wir es heute gewohnt sind.

4.1 Beschreibe die Abb. 192.1 und 193.1.
4.2 Lies die Quellen und beschreibe, was du empfindest.

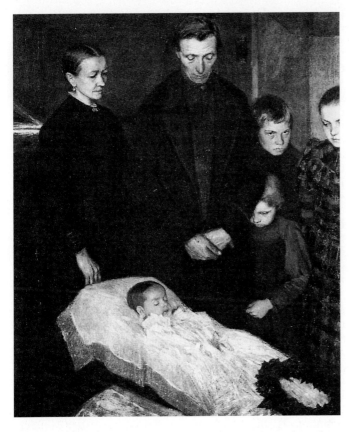

193.1 Nur jedes dritte Kind erreichte das 10. Lebensjahr

Kliniken gab es noch nicht, Mütter brachten ihre Kinder zu Hause zur Welt. Frauen ohne medizinische Vorbildung halfen bei der Geburt. Die fehlende Reinlichkeit und falsche Behandlungsmethoden führten oft dazu, daß Mutter und Kind nach der Geburt erkrankten und starben.

Welches Leid Familien erfahren mußten, darüber sagen dir die folgenden vier Quellen etwas:

① Grabsteininschrift aus Wendeburg bei Braunschweig über den Tod einer 27jährigen Frau: Sie hat mit ihren ersten Mann nur 1 Jahr, 1 Monat und 10 Tage gehabt. Das erste Kind von ihrem zweiten Mann gebar sie nach viertägigen Geburtswehen, es war ein toter Sohn. Sie starb nach der Geburt und nahm den Sohn in ihrem Sarg mit ins Grab.

② Felix Platter heiratete 1529 seine erste Frau Anna, die ihm 4 Kinder gebar, wovon nur 1 Sohn überlebte. Zwei Monate nach ihrem Tode verehelichte er sich 1572 mit Esther Groß, mit der er im hohen Alter von 73–80 Jahren noch 6 Kinder zeugte.

③ Christoph Grohmann hatte im Alter von 78 Jahren 36 eheliche Kinder.

④ Erzherzogin Marie, eine bayrische Prinzessin des 17. Jahrhunderts gebar in 18 Jahren 15 Kinder. Königin Anna von England (1665–1714) hatte 18 Schwangerschaften, doch keines ihrer Kinder wurde älter als 11 Jahre.

4.3 Werte die Quellentexte aus:
a) Wieviel Frauen heiratete Felix Platter und wieviel Kinder kamen auf die Welt?
b) Wie ist es zu erklären, daß Felix Platter schon zwei Monate nach dem Tode seiner Frau wieder heiratete?
c) Erkläre, weshalb Christoph Grohmann 36 eheliche Kinder haben konnte.
d) Was sagt die Quelle über Schwangerschaften und Kinder in Fürsten- und Königshäusern aus?
e) Nenne Gründe, weshalb so viele Säuglinge, Kleinkinder und Mütter starben. Sprecht in der Klasse darüber. Vergleicht auch die Seiten 118/119.

Wir bereiten ein Rollenspiel vor

Die folgende Geschichte berichtet, wie um das Jahr 1450 ein Tag im Leben der Familie eines Bäckermeisters aussah. Wir erfahren, welches Standesbewußtsein Handwerker vor etwa 500 Jahren hatten und wer in der Familie bestimmte. Bemerkenswert war die Rolle der Frau. Die Mutter des Meisters, die Altmeisterin, hatte mehr zu sagen als die Ehefrau. Bei Streitigkeiten mußte sie sich nach der Schwiegermutter richten. Außer Eltern und Kindern lebten Großeltern, Gesellen, Lehrlinge und anderes Hauspersonal unter einem Dach. Sie wurden auch im Alter versorgt, wenn sie nicht mehr arbeiten konnten. So zählte ein Haushalt etwa 15–20 Personen. Je nach Jahreszeit begann die Arbeit morgens zwischen 4 und 6 Uhr und endete zwischen 7 und 9 Uhr abends.

Die Personen der Handlung

Cord, Bäckermeister
Johanna, seine Frau
Jonas, sein Sohn
Gesine, Altmeisterin und Mutter von Cord
Albrecht, der Altgeselle
Johannes, der Lehrjunge
Lukas, Nachtwächter
5 Kinder des Bäckermeisters
3 Mägde
2 Knechte

Beginn der Handlung

Nachtwächter *Lukas* kündet die 5. Morgenstunde an. Er sagt im Sprechgesang seinen Weckruf: „Hört ihr Herrn und laßt euch sagen, von St. Marien hat's fünf geschlagen. Hüt' das Feuer und das Licht, daß unsere Stadt nimmt Schaden nicht. Lobet den Herrn."

In der Bäckergasse wohnen alle Bäcker. Die Großfamilie des Bäckers Cord hat sich in der Wohnküche um einen großen Tisch zum Frühstück versammelt. Auf dem Tisch steht eine Schüssel mit dampfender Milchsuppe, daneben liegt ein Brot. Cord spricht das Tischgebet, dann teilt er das Brot auf. Auf sein Zeichen nehmen alle ihren Löffel. Cord taucht seinen zuerst in die große Schüssel. Johannes, der Lehrling, darf als letzter von der Suppe nehmen. Als die Mahlzeit beendet ist, steht der Meister vom Tisch auf. Damit ist das Zeichen für alle gegeben, sofort an die Arbeit zu gehen.

In der Küche. Die Bäckermeisterfrau Johanna bereitet das Mittagessen vor, Jonas tritt herein.
Johanna: Jonas, ich denke du bist auf dem Markt?
Jonas: Habt ihr schon mit Vater gesprochen?
Johanna: Worüber?
Jonas: Ich will doch beim Stadtschreiber lesen und schreiben lernen.
Johanna: Du bist der Sohn des Bäckers. Warum willst du dich über deinen Stand erheben?
Jonas: Ich will Kaufmann werden!
Johanna: Das wird Vater nie erlauben! Wozu auch?
Jonas: Als Kaufmann kommt man in der Welt herum. Wenn ich erst lesen und schreiben kann …
Johanna (fällt ihm ins Wort): Der Stadtschreiber setzt dir Flausen in den Kopf. Es muß alles in der Ordnung bleiben: Kaufmann ist Kaufmann und Bäcker ist Bäcker.
Jonas: Bitte, Mutter, sprecht mit Vater!
Johanna: Vater wird es nicht erlauben.

In der Backstube. Johannes tritt ein. Er hat erfahren, daß seine Mutter schwer erkrankt ist. Seit mehr als zwei

194.1 In einer Backstube

Jahren war er nicht bei seinen Eltern, die 20 Kilometer entfernt wohnen.

Johannes (weinend): M ... M ... Meister ...
Meister Cord: Was ist, Johannes? Warum weinst du?
Johannes (weinend): Mutter ist krank, ich ...
Meister Cord: Wenn Gott will, wird sie wieder gesund.
Johannes: Ich ... ich will nach Haus ... Ich könnte heute mittag mit einem Fuhrknecht ...
Meister Cord (unterbricht): Dein Zuhause ist jetzt hier!
Johannes: Bitte, Meister ... nur für ein paar Tage ...
Meister Cord (streng): Schweig! Geh an die Arbeit!

Es ist Mittag. Alle haben am Eßtisch Platz genommen, nur Johannes fehlt.
Gesine: Der Lehrjunge ist nicht da. Wo ist er?
Meister Cord: Hat er es doch getan? Na warte!
Albrecht: Ich weiß, wo ich ihn finde, Meister. In der Schenke haben die Fuhrknechte ihr Quartier.
Meister Cord: Dann mach' dich auf den Weg, Albrecht. Und komm' nicht ohne den Jungen zurück!

Eine halbe Stunde später. Albrecht bringt Johannes, den er am Kragen gepackt hat, in den Speiseraum.
Albrecht: Ich hab' ihn gerade noch erwischt, Meister. Er saß schon beim Fuhrknecht auf'm Wagen.
Meister Cord: Du kennst deine Pflicht, Johannes?
Johannes (ängstlich, leise): Ja.
Meister Cord (streng): Sag es!
Johannes (stammelnd): Ich ... ich muß gehorchen.
Meister Cord: Als dein Meister bin ich verpflichtet, jeden Ungehorsam zu bestrafen. Du bekommst 10 Stockschläge und 7 Tage nur Wasser und Brot. Den Stock, Albrecht! (Johannes bekommt 10 Hiebe auf den Hintern.)

In der Backstube. Jonas hat seinem Vater die Bitte vorgetragen, lesen und schreiben lernen zu dürfen.
Meister Cord: Jonas, du willst also kein Bäcker sein?
Jonas: Ich möchte Kaufmann werden.
Meister Cord: Hätte Gott das gewollt, hätte er dich einem Kaufmann zum Sohn gegeben. Es ist deine Pflicht, das Bäckerhandwerk in Ehren weiterzuführen!
Jonas: Ich kann auch als Kaufmann in Ehren leben.
Meister Cord: Jeder gehört da hin, wo Gott ihn hingestellt hat. Dein Platz ist in der Backstube.
Jonas (verzweifelt): Vater ...
Meister Cord (streng): Keine Widerrede! Oder soll es dir wie Johannes ergehen? Ich will nie wieder solche aufsässigen Reden hören. Hast du mich verstanden?
Jonas (kleinlaut, enttäuscht): Ja, Vater.
Meister Cord: Und nun geh' an deine Arbeit.
Jonas geht in die Backstube. Johannes sitzt schluchzend in der Ecke. Albrecht gibt zu erkennen, daß er die Entscheidung von Meister Cord richtig findet.

Das Rollenspiel ist gut geeignet, Alltagsprobleme der Menschen aus früheren Zeiten lebendig darzustellen. Doch bevor eine Rolle gespielt werden kann, muß man wissen, wovon der Text handelt. Aber genauso wichtig ist es, sich in die Personen der Handlung hineinzuversetzen. Hier einige Vorschläge, wie ein Rollenspiel vorbereitet werden kann:

- Lest zunächst den Text still, und klärt, was ihr nicht verstanden habt.
- Überlegt, nachdem ihr die Geschichte noch einmal gelesen habt, was sie aussagen will.
- Beschreibt, was euch an dem Rollenspiel gefällt oder nicht gefällt. Besprecht diese Fragen in der Klasse.
- Beachtet auch die Texte und Arbeitsaufgaben, die ihr im Unterricht schon zu diesem Thema behandelt habt. Sie geben weitere Hilfen zu Einzelfragen.
- Sprecht in der Klasse über jede Rolle, vor allem über die Abschnitte des Spiels, die nicht so leicht zu spielen sind. (Wie haben Meister, Altmeisterin oder Lehrling in Sprache und Haltung aufzutreten?)
- Überlegt, wie die Rollen aufgeteilt werden können. Lest dann die Geschichte mit verteilten Rollen.
- Probt erst einzelne Szenen, dann das ganze Spiel.

Kinder in der Dritten Welt

Auf der Erde leben zur Zeit etwa 5,5 Milliarden Menschen. Diese Zahl wird sich in den nächsten 15 Jahren noch verdoppeln. Das bedeutet, daß in wenigen Jahren die große Mehrheit der Menschen Kinder und Jugendliche sein werden. Und diese Bevölkerungsexplosion findet in der „Dritten Welt" statt! Mit **Dritter Welt** werden die Länder des Hungergürtels der Erde bezeichnet, die nicht zur Ersten, der reichen Industrienationen, und nicht zur Zweiten Welt, den ehemals kommunistischen Ländern Osteuropas, gehören. Diese Länder der Dritten Welt werden auch **Entwicklungsländer** genannt, die der Entwicklungshilfe der reichen Länder bedürfen.

– Wie sollen alle diese Kinder, die in den nächsten Jahren in der Dritten Welt geboren werden, ernährt werden?
– Wer kann für ihre Bildung und Ausbildung sorgen?
– Wie kann das Geld für die Erhaltung ihrer Gesundheit beschafft werden?

Niemand weiß darauf heute eine Antwort. Im Gegenteil: Bereits heute leben viele Kinder in den armen Ländern unter Bedingungen, die unser Mitleid erregen. Aber Mitleid rettet kein Kind vor dem Verhungern. Unsere Hilfe ist gefragt, eine schnelle und wirksame Hilfe. Doch wie kann schnell und wirksam geholfen werden? Können auch Schülerinnen und Schüler helfen?

Zunächst ist es wichtig, daß du dich genau informierst. Das wollen wir in diesem Kapitel vorbereiten. Und wir wollen Hinweise geben, wie und wo weitere und ausführliche Informationen zu bekommen sind.

Ja, auch Schülerinnen und Schüler können wirksam helfen.

● Berichte, was du bereits über die Menschen in den Entwicklungsländern weist.
● Informiere dich im Atlas über die Verteilung der Weltbevölkerung. Notiere deine Beobachtungen in Stichworten, und frage deinen Lehrer.
● Beschreibe die *Abb. 197.1* und *197.2*.

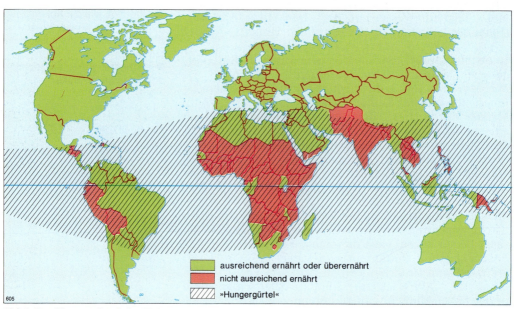

196.1 *Der Hungergürtel der Erde*

197.1 Kinder in einer Elendssiedlung in Südamerika

197.2 Schule in einem Slumviertel von Lima, Peru

Kinder in der Dritten Welt

198.1 Maria, Augusto und Josepha

1.1 Maria wohnt in einem Dorf hoch in den Anden nahe der Stadt Cuzco. Beschreibe, wie man von der Küste aus dorthin gelangt *(Atlas)*.
1.2 Vergleiche Marias Tagesablauf mit deinem.

198.2 In den Anden bei Cuzco – Marias Heimat

1 Maria, ein Indiomädchen aus Peru, erzählt:

„Ich heiße Maria Lucero und bin zehn Jahre alt. Ich wohne in Cconchacalla, einem kleinen Dorf tief in den Anden, in der Nähe von Cuzco. Ich habe noch zwei Geschwister: Augusto und Josepha; sie sind sechs und zwei Jahre alt. Mein kleiner Bruder Paolo ist voriges Jahr an Durchfall gestorben, meine andere kleine Schwester auch. Augusto und ich dürfen schon zur Schule gehen. Dort lernen wir lesen und schreiben, damit aus uns einmal etwas Besseres wird, wie Papa sagt.

Ich kann jedoch nicht an allen Tagen in die Schule gehen, weil ich auch auf unserem Bauernhof helfen muß. Dreimal in der Woche hüte ich unsere Herde: vier Schafe und zwei Lamas. Die Weiden sind manchmal so weit vom Dorf weg, daß ich nicht mehr in den Unterricht gehen kann.

Ich stehe morgens um fünf Uhr auf, um die Hühner zu füttern und die Eier einzusammeln. Dann gehe ich mit Augusto am Bach Wasser holen – das dauert eine halbe Stunde. Zum Frühstück gibt es, wie auch zu den anderen Mahlzeiten, warmen Maisbrei. Zwei- bis dreimal im Jahr essen wir Fleisch; darauf freuen wir uns dann alle sehr. Wenn ich nicht die Tiere hüten muß, gehe ich von 8.00 bis 4.00 Uhr nachmittags in die Schule. Dort lernen wir Spanisch (die wichtigste Staatssprache in unserem Land), Rechnen, Erdkunde, Gesundheitslehre, Naturkunde und Gartenbau. Die Schule gibt es erst seit kurzer Zeit. Mein Vater konnte noch nicht lesen und schreiben lernen. So kann er nicht einmal Zeitung lesen. Er versteht auch kein Spanisch, nur Quechua, unsere Stammessprache. Abends mache ich meine Aufgaben, sofern wir Petroleum für die Lampe oder eine Kerze haben. Oft sagt mein Vater, daß er nicht weiß, wie er uns mit dem kleinen Bauernhof durchbringen soll ohne eine zusätzliche Arbeit, aber es gibt hier ja keine."

2 Kinderarbeit gegen den Hunger

Viele Menschen in Deutschland denken, Kinderarbeit sei etwas grundsätzlich Schlechtes. Wo aber das Leben der Familie und das Arbeitsleben eng miteinander verknüpft sind, werden Kinder allmählich in die Lebens- und Arbeitswelt der Erwachsenen einbezogen. Jedes Familienmitglied, ob alt oder jung, hat Pflichten zu erfüllen. In Deutschland ist dies in Familienbetrieben auch nicht anders.

Wenn wir von Kinderarbeit sprechen, meinen wir allerdings die Kinder vor allem der Dritten Welt, die oft schon in frühen Jahren auf sich allein gestellt oder als einzige der Familie für den Lebensunterhalt sorgen müssen.

Reinhardt Jung berichtet in einer Reportage für „terre des hommes" aus einem lateinamerikanischen Land:

199.1 Mädchen in Peru

„In den Kohlegruben dieses Landes gibt es keine Kinderarbeit", wurde uns in der fernen Hauptstadt erklärt. „Über 400 Kinder arbeiten allein in den Schächten hier im Tal", klagt der Priester am Ort, der seine Gemeinde kennen mußte. Die ersten Kinder, die wir vor dem Eingang der kleinen Mine treffen, fordern uns auf, mitzukommen in den Berg. Die Kerzen beleuchten nur schwach die Stellen, wo die Kinder arbeiten. Kinder im Berg, von 6 Uhr früh bis nachmittags 14 Uhr täglich, ohne Sicherheitsvorkehrungen, Stützen, Entlüftung ... Sie schuften gebückt, liegend, kniend. Sie antworten uns, ohne ihre Arbeit zu unterbrechen: die Kohle muß raus, Sack für Sack, sie wollen leben, ja: eine Schule gibt es auch, aber es ist zu teuer; vor Grubengas haben sie Angst – erst kürzlich ist in einer anderen Mine ein Stollen explodiert.

2.1 Schreibe in Stichpunkten auf, welche Gründe Eltern haben könnten, ihre Kinder arbeiten zu lassen, und trage sie dann vor.
2.2 Beschreibe die *Abb. 199.2*. Welche Gefühle bewegen dich, wenn du dieses Foto betrachtest?

199.2 Ein Bergarbeiter von acht Jahren. Er arbeitet in einem sehr niedrigen Bergwerksstollen. So mußte er den Stiel der Gabel absägen, um mit ihr schaufeln zu können.

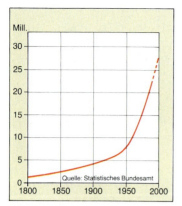

200.1 Entwicklung der Bevölkerung in Peru

3 Zu wenig Land für zu viele Menschen

Von Cuzco aus fahre ich mit dem Bus nach Cconchacalla, dem Dörfchen, in dem Maria Lucero wohnt. Ich habe mich dort mit Alexander Möller verabredet. Er ist Entwicklungshelfer und arbeitet in der Sierra als landwirtschaftlicher Berater.

„Herr Möller, was unterscheidet die Landwirtschaft hier im Entwicklungsland Peru von der bei uns in der Bundesrepublik Deutschland?"

„Die Unterschiede sind gewaltig. In Deutschland werden mehr Nahrungsmittel erzeugt als gebraucht werden. Dagegen sind hier die Erträge zu gering. Moderne Anbaumethoden kennen die Kleinbauern nicht. Sie bearbeiten ihr Land wie vor 500 Jahren mit einfachen Ackergeräten. Nehmen Sie zum Beispiel die Familie Lucero. Die Eltern und ihre drei Kinder bewirtschaften einen halben Hektar fruchtbares Land im Tal und drei Hektar karges Land an den Berghängen. Hier pflanzen sie Mais, Weizen, Kartoffeln und etwas Gemüse an. Davon muß die ganze Familie leben. Da Herr Lucero sich teuren Kunstdünger und wertvolles Saatgut nicht leisten kann, sind die Erträge auf einer so kleinen Fläche für die fünfköpfige Familie viel zu gering."

„Können sie denn nicht mehr Land bekommen?"

„Alles Land ist vergeben. Jedes verfügbare Fleckchen Erde wird bereits als Ackerfläche genutzt, weil die Bevöl-

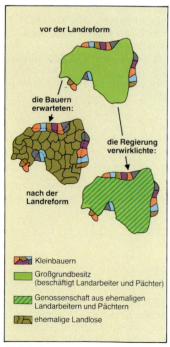

200.2 Peru: Landreform (schematische Darstellung)

200.3 Lamas und Schafe – Lieferanten für Wolle und Fleisch; Esel – Lastenträger und Fortbewegungsmittel

kerung in den letzten Jahren so stark gewachsen ist. Es gibt schon Hunderttausende Familien ohne eigenes Land."

„Aber es gibt neben den vielen kleinen Feldern doch auch große Felder! An der Küste sah ich zum Beispiel große Zuckerrohr- und Baumwollplantagen. Dort wurden auch Maschinen eingesetzt. Hier im Hochland liegen riesige Viehzuchtbetriebe, die oft über 10 000 Lamas und viele Quadratkilometer Weideland besitzen."

„Großbetriebe mit über 100 Hektar bewirtschaften sogar den größten Teil des Landes. Das ist der frühere **Großgrundbesitz**. Er gehörte bis 1969 nur wenigen Eigentümern, die über Generationen hinweg den größten Teil des fruchtbaren Landes besaßen. 1969 wurden sie durch eine **Landreform** enteignet. Damals hofften die landlosen Familien, daß die Regierung nun das enteignete Land unter ihnen aufteilen würde. Sie wurden jedoch enttäuscht: Um große, leistungsfähige Betriebe zu erhalten, zerstückelte man den Großgrundbesitz nicht in viele kleine Betriebe. Man wandelte ihn als Ganzes in große **Genossenschaften** um. Dort bewirtschaften die Genossenschaftsmitglieder das Land gemeinsam. Mitglieder durften meist nur die früher auf dem Großgrundbesitz festangestellten Arbeiter werden. Ihnen geht es heute tatsächlich besser, denn sie sind am Gewinn der Genossenschaft beteiligt. Die Tagelöhner und die Familien ohne ausreichenden Landbesitz gingen dagegen leer aus. Sie haben zum Leben zu wenig und zum Sterben zu viel."

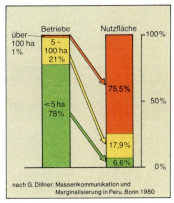

201.1 Größen der landwirtschaftlichen Betriebe nach der Landreform

201.2 Kleinbauern in der Sierra helfen sich gegenseitig, hier beim Pflanzen von Kartoffeln

3.1 Erläutere, wie die bäuerlichen Kleinbetriebe arbeiten (Abb. 200.3 und 201.2).
3.2 Wieso kommt es in vielen Bauernfamilien zu Ernährungsproblemen?
3.3 Bis zur Landreform war das Land in Peru sehr ungleich verteilt. Erkläre.
3.4 Erläutere, was sich durch die Landreform in Peru veränderte (Abb. 200.2).
3.5 Beschreibe die Landverteilung nach der Landreform (Abb. 201.1).
3.6 Vergleiche die Bevölkerungsentwicklung in Peru (Abb. 200.1) mit der in Deutschland (Atlas).

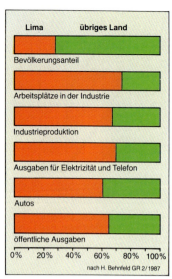

202.1 Die Bedeutung Limas innerhalb Perus

4.1 Mit welchen Problemen haben die Menschen in den ländlichen Gebieten zu kämpfen? Beachte auch die Erzählung von Maria Lucero auf der *Seite 198*.

4.2 Vergleiche die Lebensbedingungen in den ländlichen Gebieten mit denen in Lima. Fertige eine Liste an, in die du alle Informationen einträgst:

Lebensbedingungen	
ländliche Gebiete	Lima

5.1 Beschreibe
a) den Entwicklungsstand der einzelnen Regionen;
b) die Wanderungen der Menschen *(Abb. 203.2)*.
5.2 Wieso sind die Städte und insbesondere Lima „Magnete" für Wirtschaft und Menschen?

4 Entwicklungsunterschiede zwischen Stadt und Land

In den ländlichen Gebieten geraten die Menschen in eine immer schwierigere Lage: Die Kleinbauern erhalten nur wenig Geld für die Nahrungsmittel, die sie auf dem Markt verkaufen. Lebenswichtige Waren, wie Stoffe, Streichhölzer oder Kerzen, werden dagegen von Tag zu Tag teurer. Da es auf dem Land jedoch keine Industriebetriebe gibt, haben die Menschen auch keine Möglichkeit, Geld hinzuzuverdienen. Nur selten bekommt man eine Anstellung als Tagelöhner in einem landwirtschaftlichen Großbetrieb oder vielleicht als Bergarbeiter in einer Mine. Doch auch hier sind die Löhne gering.

Auf dem Lande sind die Lebensbedingungen sehr hart. Vor allem auf den Wochenmärkten hören die Menschen Erzählungen über große Städte, insbesondere über Lima. Dort gäbe es gute Verdienstmöglichkeiten, schöne Häuser und Leute, die im Überfluß leben – ein Traumziel.

Tatsächlich ist das Zentrum von Lima mit dem der Hauptstädte in Europa zu vergleichen: Es gibt ein Regierungs-, ein Universitäts- und mehrere Villenviertel, breite Prachtstraßen und ein Geschäftsviertel mit Fußgängerzone, modernen Kaufhäusern, Kinos, Luxusrestaurants und Straßencafés. Hier ballen sich die Industriebetriebe, Handelsunternehmen und Behörden.

5 Die Städte – Magnete für Wirtschaft und Menschen

Lima als Standort zu wählen, ist für große Wirtschaftsunternehmen selbstverständlich. Keine andere Stadt, keine andere Region in Peru bietet auch nur annähernd solche Vorteile: zu jeder Zeit ausreichend Elektrizität und Wasser; Arbeiter, die lesen und schreiben können; einen Hafen und einen Flughafen; Betriebe, von denen man Material beziehen oder an die man eigene Waren verkaufen kann; viele Kunden und für die höheren Angestellten angenehme Lebensbedingungen (Kinos, Theater, Sporteinrichtungen, Schulen).

So kommt es, daß sich in der Hauptstadt Lima zahlreiche Wirtschaftsunternehmen niedergelassen haben. In den übrigen Landesteilen gibt es nur wenige Industriebetriebe, und diese befinden sich in den anderen Großstädten, zum Beispiel in Arequipa, Trujillo und Ica. In den ländlichen Gebieten siedelt sich kaum ein Betrieb neu an.

Von diesem „Schlaraffenland Großstadt" werden die Menschen auf dem Land angezogen. Jährlich wandern Zehntausende Landbewohner in die Städte. Diese **Landflucht** hat zur Folge, daß die Städte immer größer werden. Die **Verstädterung** nimmt zu. Allein die Bevölkerung Limas ist seit 1950 um mehr als sechs Millionen Einwohner gewachsen.

203.1 Traumziel Lima – Auf der Plaza San Martin

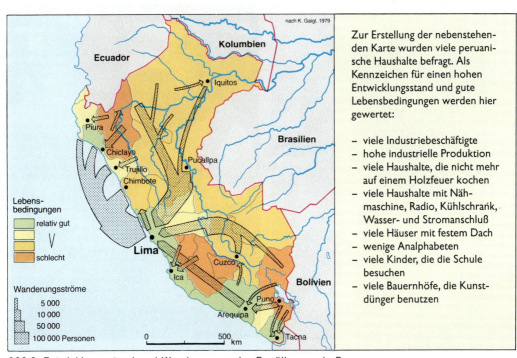

203.2 Entwicklungsstand und Wanderungen der Bevölkerung in Peru

Zur Erstellung der nebenstehenden Karte wurden viele peruanische Haushalte befragt. Als Kennzeichen für einen hohen Entwicklungsstand und gute Lebensbedingungen werden hier gewertet:

- viele Industriebeschäftigte
- hohe industrielle Produktion
- viele Haushalte, die nicht mehr auf einem Holzfeuer kochen
- viele Haushalte mit Nähmaschine, Radio, Kühlschrank, Wasser- und Stromanschluß
- viele Häuser mit festem Dach
- wenige Analphabeten
- viele Kinder, die die Schule besuchen
- viele Bauernhöfe, die Kunstdünger benutzen

5.3 Welche Folgen hat das Bevölkerungswachstum in Lima (Abb. 204.1)?
5.4 Weil die Wohnverhältnisse in den Elendssiedlungen schlecht sind, werden die Menschen häufig krank. Erkläre.
5.5 Man sagt: „Die Städte sind gespalten in arm und reich – wie das ganze Land." Begründe.
5.6 *Tab.1* zeigt Bevölkerungszahlen aus sechs Großstädten in Entwicklungsländern. Vergleiche Lima mit den anderen Großstädten.

Doch die Hoffnungen der meisten Zuwanderer erfüllen sich nicht: Selbst in Lima gibt es nicht genügend Arbeitsplätze und vor allem zu wenig Wohnraum. Die wenigen billigen Wohnungen in der Stadt sind schon mit Zuwanderern überfüllt. Deshalb bauen sich viele Menschen vor der Stadt Hütten aus Strohmatten und Wellblech. So haben sich große **Elendssiedlungen** gebildet, sowohl im Zentrum (Slums) als auch vor der Stadt (Barriadas). Dort gibt es weder eine ausreichende Wasserversorgung noch eine Kanalisation. Die Wohnungen haben kein fließendes Wasser und keine Toilette. So breiten sich leicht Krankheiten aus. Wer jedoch nicht gesund ist, kann nicht arbeiten, kein Geld verdienen ... Und die Elendssiedlungen werden von Tag zu Tag größer.

Tab. 1: Städtewachstum in Entwicklungsländern

	Einwohner in Millionen			Bevölkerungsanteil in Elendssiedlungen 1990
	1950	1990	2000 (Schätzung)	
Mexico City	3,2	20,2	27,9	55 %
Bombay	2,8	11,8	15,4	36 %
Kalkutta	5,1	11,7	14,1	40 %
Rio de Janeiro	3,1	11,4	14,2	32 %
Kairo	2,1	9,9	12,5	37 %
Lima	1,0	6,6	9,2	37 %

Quelle: Statistisches Bundesamt (teilweise Schätzungen)

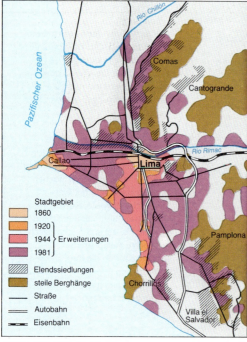

204.1 Wachstum Limas, Lage der Elendssiedlungen

204.2 In einer der Strohhütten in den Barriadas von Lima

Auch ihr könnt helfen!

Die Heinemann-Orientierungsstufe sammelt Bettücher für Ruanda. Die Klasse 6.2 der Schölerbergschule hat über eine Auslandsschule Kontakt nach Lima geknüpft und informiert sich aus erster Hand. Überall in Deutschland versuchen Schulklassen, Vereine und einzelne Bürger, den Menschen in der Dritten Welt zu helfen.

Möglichkeiten dazu gibt es genug: Die großen Hilfsorganisationen bieten zum Beispiel für Schulklassen *Projekt-Patenschaften* an. Man bekommt dann genaue Informationen über das Projekt, das man unterstützt. So erfährt man, wohin das gespendete Geld fließt und was damit gemacht wird.

Oft ist es aber auch erst einmal wichtig, daß man die Menschen hier über die Probleme der Dritten Welt informiert, zum Beispiel durch eine Ausstellung oder einen Info-Stand am Ende einer Projektwoche.

205.1 *Es gibt viele Möglichkeiten zu helfen*
(aus: Misereor: Projekt-Partnerschaft)

An diesen Entwicklungsprojekten könnt ihr euch zum Beispiel beteiligen. Schreibt an die jeweilige Hilfsorganisation.

Misereor Peru: Unterstützung beim Bau eines kleinen Staudammes zur Bewässerung im Andenhochland
Indien: Bildungsprogramm für Moslem-Frauen

Brot für die Welt Zimbabwe: Aktion sauberes Trinkwasser (Bau von Brunnen)
Bolivien: Ausbildung von Kleinbauern

Deutsche Welthungerhilfe Ghana: Ausbildung von Handwerkern auf dem Lande
Ecuador: Kauf von Arbeitsgeräten für Kleinbauern

terre des hommes Thailand: Aktionen gegen Kinderarbeit
Philippinen: Einrichtung von Schulen für die Kinder in den Slums von Manila

UNICEF Brasilien: Berufsausbildung von Mädchen in Rio de Janeiro
Bangladesch: Ausbildung von Hebammen auf dem Lande

Hilfsorganisationen:

Misereor
Mozartstraße 9
5100 Aachen

Brot für die Welt
Staffelbergerstraße 76
7000 Stuttgart 10

Deutsche Welthungerhilfe
Die Hilfe zur Selbsthilfe
Adenauerallee 134
5300 Bonn 1

terre des hommes
Hilfe für Kinder in Not
Postfach 41 26
4500 Osnabrück

UNICEF
Kinderhilfswerk der Vereinten Nationen
Steinfelder Gasse 9
5000 Köln 1

Es gibt auch örtliche Beauftragte der Hilfsorganisationen, die euch weiterhelfen.

205.2 *Gesundheitserziehung in einem Armenviertel von Lima, Peru*

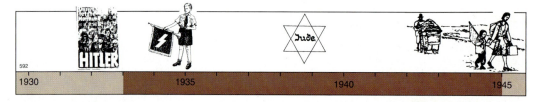

Kinder und Jugendliche zur Zeit des Nationalsozialismus

In diesem Kapitel erfährst du, wie das Leben der Kinder und Jugendlichen in den Jahren 1933 bis 1945 in Deutschland verlief. In dieser Zeit herrschten hier die Nationalsozialisten.

Damals waren deine Großeltern noch Schulkinder. Es wäre gut, wenn du dir beim Lesen dieses Kapitels immer wieder die Frage stellen würdest, wie deine Kindheit verlaufen wäre, wenn du bereits damals als Schulkind gelebt hättest.

Die Herrschaft der Nationalsozialisten begann am 30. Januar 1933. An diesem Tag wurde *Adolf Hitler,* der Führer der **Nationalsozialistischen Deutschen Arbeiterpartei** (**NSDAP**), Reichskanzler und übernahm die Regierung. Er verbot alle anderen Parteien und die Gewerkschaften.

Seine Gegner ließ er in Konzentrationslager (KZ) sperren. Dort mußten sie unter unmenschlichen Bedingungen hart arbeiten und wurden von den KZ-Aufsehern gequält. Viele starben.

Es gab aber auch Millionen Deutsche, die Hitler durch Versprechungen und Lügen für sich begeistern konnte. Viele Menschen gehorchten den nationalsozialistischen Machthabern, manche aufgrund ihrer Erziehung, andere aus Überzeugung oder auch aus Angst. Sie verschlossen die Augen vor dem Unrecht und den Verbrechen der Hitlerdiktatur.

Heute leben noch ältere Menschen, die dir als „Zeitzeugen" erzählen könnten, was sie während der Zeit des **Nationalsozialismus** erlebt haben.

Es gibt aber auch schriftliche Zeugnisse, Urkunden und Bilder über die damalige Zeit, die du befragen kannst.

Auf folgende Fragen sollst du mit Hilfe von Texten und Bildern eine Antwort suchen:
– Mußten alle Mädchen und Jungen in der Hitlerjugend sein?
– Wie war der Dienst im Deutschen Jungvolk oder bei den Jungmädeln?
– Wie beeinflußten die Hitlerjugend, der Bund Deutscher Mädel und die Schule die jungen Menschen?
– Was geschah mit den Kindern, die keine „Nazis" sein wollten?
– Wie wurden die jüdischen Kinder und Schüler behandelt?
– Was erlebten die Kinder und Jugendlichen während des Krieges?

206.1 Werbeplakat für den „Jungmädelbund"

207.1 So wurde 1935 für die Hitlerjugend geworben ▷

Kinder und Jugendliche zur Zeit des Nationalsozialismus

1 Auf einem Schulhof in Hannover

Es gibt viele Gründe, warum Hitler und seine Anhänger am 30. Januar 1933 die Macht übernehmen konnten. Die nachfolgende Szene könnte dir helfen, die Zeit damals besser zu verstehen.

– im Dezember 1932

Die Schüler Emil und Friedrich stehen zusammen. Sie sind 13 Jahre alt und gute Freunde. Emil springt frierend von einem Fuß auf den anderen und schimpft:
Emil: Verdammt kalt ist es heute wieder. Zu Hause haben wir auch nicht heizen können, und hier hole ich mir in meiner dünnen Jacke fast den Tod. Warum läßt uns der Pauker nicht in die Klasse?
Friedrich: Komm, wir verziehen uns in eine Flurecke! Da ist es warm, und da findet uns niemand.
Emil: Kohldampf habe ich auch! Gibst du mir wieder die Hälfte deiner Stulle ab? Da ist wenigstens Wurst drauf! Ich habe schon lange keine mehr gesehen. Bei den acht Mark Stempelgeld in der Woche ist Wurst nur noch selten drin!
Friedrich: Ist dein Vater immer noch arbeitslos?
Emil: Leider! Vater ist verzweifelt. Er weiß nicht, wie es weitergehen soll.
Friedrich: Auch bei uns wird das Geld immer knapper. Die Aufträge für unsere Tischlerei gehen immer mehr zurück. Vater schimpft auf die Regierung. Da müßte endlich der Hitler ran!
Emil: Du mit deinem Hitler! Der wird es auch nicht besser machen. Und außerdem will Hitler Krieg! Mein Vater sagt, Hitler will ein Diktator werden. Dann darf niemand mehr eine andere Meinung haben. Wer gegen Hitler ist, der wird dann eingesperrt.
Friedrich: Dein Vater spinnt! Hitler will Deutschland nur groß und mächtig machen. Wenn Hitler regieren würde, hätten wir keine sechs Millionen Arbeitslose. Alle Menschen sollen wieder Arbeit haben. Auch den Bauern und Handwerkern soll geholfen werden, sagt mein Vater!
Emil: Hör auf mit Hitler! Mein Vater ist gestern vor dem Arbeitsamt von SA-Männern zusammengeschlagen worden, nur weil er einen Juden in Schutz nahm, der angepöbelt wurde.
Friedrich: Das ist nicht gut. Aber mein Vater mag die Juden auch nicht. Er sagt: „Die Juden sind an allem schuld – auch am verlorenen Krieg!" Und außerdem – die Kommunisten prügeln auch!
Emil: Mein Vater ist kein Kommunist. Die sind auch gegen unsere Demokratie. Er ist in einem demokratischen Kampfbund und will gemeinsam mit den Sozialdemokraten die Republik gegen alle Feinde schützen.
(Es klingelt zur nächsten Stunde. Friedrich und Emil können nicht weiter streiten. Sie müssen zurück ins Klassenzimmer.)

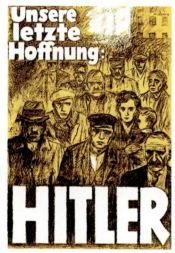
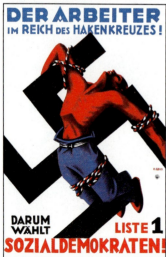

208.1 Wahlplakate 1932

– im Sommer 1933

Auf der Schultreppe gehen Friedrich und Emil zusammen auf den Schulhof.

Friedrich: Hast du heute das Radio gehört? Seit Hitler an der Macht ist, wird alles besser in Deutschland. Er hat die Kommunisten besiegt und Deutschland gerettet. Er wird Deutschland noch mehr zu Größe, Glück und Wohlstand verhelfen.

Emil: Aber warum sperrt er dann Menschen ein? Mein Vater ist auch verhaftet worden.

Friedrich: Warum hat man ihn eigentlich abgeholt, er ist doch kein Kommunist?

Emil: Ich weiß es nicht, und die Polizei schweigt auch. Man hört von **Konzentrationslagern** in Oranienburg und Börgermoor.

Friedrich: Ich frage meinen Vater, er ist bei der SA. Vielleicht weiß er etwas. Aber du solltest zum Jungvolk kommen, das wäre auch für deinen Vater gut!

Emil: Ach, laß mich!

Friedrich: Komm doch einfach mit! Wir gehen oft auf Fahrt, und in unseren Heimabenden reden wir viel von Vaterland und Volksgemeinschaft. Die Kameradschaft bei uns ist ganz prima.

Emil: Bei uns auch, außerdem wandern und zelten wir Pfadfinder mehr als ihr.

Friedrich: Kann sein, aber jeder deutsche Junge müßte ins „Deutsche Jungvolk", wenn er ein Soldat des Führers sein will.

● Überlege einmal, wie das Streitgespräch weitergegangen sein mag. Sind die beiden in Zukunft wohl Freunde geblieben?

1.1 Lest diese Geschichte mit verteilten Rollen.
1.2 Stellt die Gründe heraus, warum Friedrich für Hitler ist.
1.3 Vergleiche und erkläre die beiden Plakate *(Abb. 208.1)*.
1.4 Für welches Plakat würde Emil werben? Begründe.
1.5 Überlege, weshalb Emils Vater verhaftet wurde.
1.6 Erzähle, was du bereits über ein Konzentrationslager gehört hast.
1.7 Erkundige dich, ob es ein Konzentrationslager (oder ein Außenlager) in der Nähe deines Heimatortes gab.

SA Sturmabteilung. Militärisch organisierter Kampfverband der Nationalsozialisten. Sie war bei Saalschlachten und Straßenkämpfen als Schlägertruppe gefürchtet.

SS Schutzstaffel. Terrororganisation der Nationalsozialisten, die aus der SA hervorging. Sie war berüchtigt für ihre Brutalität, und die meisten nationalsozialistischen Verbrechen wurden von ihr ausgeführt (Leitung der Konzentrationslager, Mordaktionen, Judenverfolgung).

209.1 Einweisung von Verhafteten in das Konzentrationslager Oranienburg Anfang 1933

2 Alle müssen in die Hitlerjugend

Vor 1933 gab es neben der **Hitlerjugend (HJ)** zahlreiche Jugendgruppen, wie z.B. die Pfadfinder, kirchliche Jugendgruppen oder die Vereine der Arbeiterjugend. Viele Kinder und Jugendliche erlebten hier in froher Gemeinschaft Sport und Spiel, Wandern und Zelten.

Nach 1933 wurden diese Gruppen verboten. Hitler wollte, daß die Jugend nur ihm mit „Haut und Haaren" gehörte. Er erließ 1936 ein Gesetz. Danach mußte jeder Junge und jedes Mädchen ab 10 Jahren in die HJ oder in den **Bund Deutscher Mädel (BDM)** eintreten. Schon die Kinder sollten lernen, „hart wie Stahl und zäh wie Leder" zu werden und alles „Schwache und Zärtliche" zu verachten.

Für die Jungen von 10 bis 14 Jahren gab es das **Deutsche Jungvolk (DJ)**. Das war die Kindergruppe der HJ. Sie war bereits militärisch organisiert und hatte eine strenge Ordnung, ähnlich wie bei den Soldaten. Alle Jungen trugen Uniform mit Fahrtenmesser und Schulterriemen, mit Winkeln, Sternen und Schnüren als Rangabzeichen. Jeder **Pimpf** – so nannte man die Jungen – mußte seinem vorgesetzten Führer gehorchen, der die Befehle von dem nächst höheren Führer erhielt. Befehl und Gehorsam – nur darauf kam es an. Es gab „Fähnleinführer", die bereits mit 15 Jahren über ungefähr 150 Jungen zu bestimmen hatten. Sie gerieten nicht selten in Gefahr, ihre Führerstellung zu mißbrauchen.

Mit 14 Jahren kamen alle Jungen vom Jungvolk in die HJ und mußten nach weiteren 4 Jahren in den Arbeitsdienst und in die Wehrmacht. Danach gab es die Organisationen der Partei, wie z.B. die „Sturmabteilungen" (**SA**) oder die „Schutzstaffeln" (**SS**). Alle Deutschen sollten ihr Leben lang gehorsame Gefolgsleute Hitlers bleiben und nicht mehr frei sein. So wollte es Hitler. Es gab nur noch wenige, die sich gegen diesen Zwang empörten. Martin Koller, Jahrgang 1923, berichtet:

210.1 „Pimpf" bei der Befehlsausgabe

2.1 Schreibe auf, in welchen Organisationen ein Jugendlicher Dienst tun mußte, bis er 21 Jahre alt wurde *(Abb. 211.1)*.
2.2 Nenne die wichtigsten Bestimmungen des Gesetzes über die Hitlerjugend.
2.3 Welchen Zweck hatten die „Ordnungsübungen" in der Hitlerjugend?
2.4 Betrachte jetzt noch einmal das Plakat *(Abb. 207.1)*, und erkläre es.
Siehst du einen Zusammenhang mit dem Gesetz über die Hitlerjugend?
2.5 Erkläre anhand der *Abb. 211.1* den Satz Hitlers: „Und sie werden nicht frei, ihr ganzes Leben!"

> „Wir Jungen waren damals in einer Jugendgruppe. Das war noch der Ausklang der Wandervogelzeit und der Jugendbewegung. Ich glaube, keiner in unserer Gymnasialklasse war nicht in irgendeiner solchen Verbindung... Wir hatten blaue Hemden und trugen am Ärmel ein Eichenkreuz, das unser Symbol der christlichen Pfadfinder war; die HJ erkannte man natürlich an ihren Braunhemden usw. ...
>
> 1934 allerdings wurde damit Schluß gemacht. Durch einen ‚Führerbefehl' wurden alle Jugendbünde aufgelöst,... Wir waren auf einmal ein Fähnlein der Hitlerjugend ... Wir waren jetzt Hitlerjugend, aber wir waren eigentlich die alten Pfadfinder geblieben. Wir machten auch noch Bibelstunden, alles was dazugehörte ..."

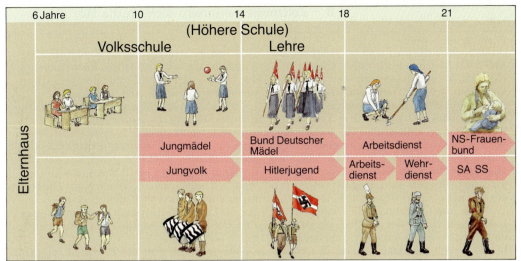

211.1 Die „Erfassung" aller Deutschen durch die Nationalsozialisten

Gesetz über die Hitlerjugend. Vom 1. Dezember 1936.

Von der Jugend hängt die Zukunft des Deutschen Volkes ab. Die gesamte deutsche Jugend muß deshalb auf ihre künftigen Pflichten vorbereitet werden. Die Reichsregierung hat daher das folgende Gesetz beschlossen, das hiermit verkündet wird:

§ 1: Die gesamte deutsche Jugend innerhalb des Reichsgebietes ist in der Hitlerjugend zusammengefaßt.

§ 2: Die gesamte deutsche Jugend ist außer in Elternhaus und Schule in der Hitlerjugend körperlich, geistig und sittlich im Geiste des Nationalsozialismus zum Dienst am Volk und zur Volksgemeinschaft zu erziehen.

Ordnungsübungen

Zweck: Die Ordnungsübungen dienen zum Formen der Haltung des einzelnen Hitlerjungen, zum Führen geschlossener Abteilungen auf Kommandos und zur Erziehung der Hitler-Jugend zur Manneszucht, zum Gehorsam und zur Unterordnung.
Die Grundlage für die Ordnungsübungen bildet die Einzelausbildung. Hieran schließt sich die Ausbildung in Kameradschaft, Schar und Gefolgschaft.
Die Ausführung der Ordnungsübungen erfolgt durch Kommandos, Befehle oder Zeichen.
Jeder Hitlerjunge muß geübt sein, Kommandos selbst abzugeben.

1. Einzelausbildung.
Grundstellung.
Kommando: »Stillgestanden!«
Der Hitlerjunge steht in der Grundstellung still. Die Füße stehen mit den Hakken nahe aneinander.
Die Fußspitzen sind soweit auswärts gestellt, daß die Füße nicht ganz einen rechten Winkel bilden.
Das Körpergewicht ruht gleichmäßig auf Hacken und Ballen beider Füße.
Die Knie sind leicht durchgedrückt.
Der Oberkörper ist aufgerichtet, die Brust leicht vorgewölbt. Die Schultern stehen in gleicher Höhe. Sie sind nicht hochgezogen ...
Der Kopf wird hoch getragen, das Kinn ein wenig an den Hals herangezogen. Der Blick ist geradeaus gerichtet ...

3 Zeitzeugen erinnern sich an die HJ

„Ja, ich war auch als Pimpf im Jungvolk und zuerst mit Leib und Seele dabei. Ich war 1933 12 Jahre alt und begeistert, wenn viel vom Vaterland, von der **Volksgemeinschaft** und Kameradschaft gesprochen wurde. Ich liebte meine Heimat und glaubte dem Spruch: ‚Du bist nichts, dein Volk ist alles!' Es machte auch Spaß, wenn wir Jungen auf Fahrt und ins Lager gingen und abends vor unseren Zelten am Lagerfeuer die alten Soldatenlieder aus vergangenen Kriegen sangen. Oft sangen wir auch: ‚Unsere Fahne flattert uns voran ...'

Viele meiner Freunde, die damals dieses Lied sangen, sind später dem Tod begegnet und im Krieg gefallen. Es imponierte mir, wenn wir hinter unserer schwarzen Fahne, den großen Landsknechtstrommeln und schmetternden Fanfaren durch die Straßen unserer Stadt marschierten und viele Bürger uns bestaunten. So war ich auch stolz, als ich mit 14 Jahren Führer eines Zuges von rund 30 Jungen wurde. Ich mußte als Pimpfenführer nicht in die HJ und bin bis zum Abitur im Jungvolk geblieben ...

Mit meinem Vater hatte ich oft Krach. Er hatte bis 1933 immer SPD gewählt und warnte mich davor, alles kritiklos hinzunehmen. Er machte mich auf die verlogenen Sprüche und Friedensparolen der Nationalsozialisten aufmerksam. So kam es oft zu heftigem Streit zwischen uns. Darüber wagte ich nie, mit anderen Jungen zu sprechen ..." *(Zeitzeuge, Jg. 1920)*

„Wir waren Hitler-Jungen, Kindersoldaten, längst ehe wir mit zehn Jahren für wert befunden wurden, das Braunhemd zu tragen. Schon vorher waren wir dauernd ‚im Einsatz'.

Wir sammelten Altpapier und Altmetalle, suchten Heilkräuter, schwangen fürs Winterhilfswerk die Sammelbüchse, bastelten Spielzeug für Babies, führten zur Erheiterung der Soldatenfrauen politische Spielchen auf (‚In England wohnt ein alter Mann, der nie die Wahrheit sagen kann'), waren aufs ‚Dienen' vorbereitet, ehe wir als Pimpfe zwei- oder dreimal die Woche und oft auch noch am Sonntag zum ‚Dienen' befohlen wurden: ‚Du bist nichts, dein Volk ist alles!'

Wenn andere von der Pimpfzeit schwärmen (als sei das Ganze nur ein Pfadfinderklub mit anderem Vorzeichen gewesen), so kann ich diese Begeisterung nicht teilen. Ich habe beklemmende Erinnerungen. In unserem Fähnlein bestanden die Jungvolk-Stunden fast nur aus ‚Ordnungsdienst', das heißt, aus sturem militärischem Drill.

Auch wenn Sport oder Schießen oder Singen auf dem Plan stand, gab es erst immer ‚Ordnungsdienst': endloses Exerzieren mit ‚Stillgestanden', ‚Rührt euch', ‚Links um', ‚Rechts um', ‚Ganze Abteilung – kehrt'-Kommandos, die ich noch heute im Schlaf beherrsche ..."

(Karl-Heinz Janßen, Zeitzeuge, Jahrgang 1931)

3.1 Vergleiche die beiden Texte. Stelle Unterschiede fest.
3.2 Versuche zu erklären, warum der eine Zeitzeuge vom Pimpfendienst begeistert war.
3.3 Erzähle, was du auf diesen Seiten über den Dienst in der HJ erfahren hast.
3.4 Stelle eine Liste auf, was dir beim Dienst in der HJ gefallen würde und was nicht.
3.5 Überlege, warum es gefährlich war, über politische Meinungsverschiedenheiten mit den Eltern zu anderen Jungen zu sprechen.

212.1 „Pimpfe" musizieren auf dem Tempelhofer Feld in Berlin

Arbeit mit Quellentexten

In deinem Buch findest du Texte, die mit einem Linienrahmen gekennzeichnet sind. Sie sind Zeitdokumente, weil sie unmittelbar aus der Zeit berichten, über die im Unterricht gesprochen werden soll. Es gibt eine Fülle solcher Zeitdokumente wie Tagebuchaufzeichnungen, Flugblätter, Plakate, Gesetzestexte oder Vorschriften. Einige Texte sind auch Erinnerungstexte oder das Ergebnis von Gesprächen mit Zeitzeugen. Diese Gespräche wurden auf Tonbändern aufgenommen und danach aufgeschrieben. Auch sie sind wichtige Zeitdokumente.

Wenn du Quellen richtig auswerten willst, mußt du **Leitfragen** an den Quellentext stellen:
1. Um was für einen Text handelt es sich (Zeitungstext, Gesetzestext usw.)?
2. Gibt es Ausdrücke oder Begriffe im Text, die du nicht verstehst und klären mußt?
3. Zu welchem Zweck ist der Text geschrieben worden?
4. Was ist die wichtigste Aussage des Textes?
5. In welchem geschichtlichen Zusammenhang steht diese Aussage?
6. Gibt es Widersprüche innerhalb des Textes?
7. Werden die Aussagen durch andere Texte widerlegt, bestätigt oder ergänzt?
8. Wo wirft der Text neue Fragen auf, denen du selbständig oder mit Hilfe des Lehrers nachgehen müßtest?

Der folgende Text stammt von dem bekannten Showmaster Hans Rosenthal. Er hat ihn in seinem Buch „*Zwei Leben in Deutschland*" aufgeschrieben, weil er berichten wollte, „was da gewesen ist, wie es gewesen ist und warum es so gewesen ist. Gerade junge Menschen sind häufig verwirrt von allem Für und Wider bei der Erörterung des Vergangenen, das sie nicht miterlebten."

„1934 erkrankte mein Bruder Gert an spinaler Kinderlähmung. Er kam in ein Berliner Krankenhaus. Eines Tages wurde er entlassen. Er galt als fast vollkommen geheilt. Damals hatte man eine neue Heilmethode gefunden: Aus dem Blut Geheilter stellte man ein Serum her, das frisch Erkrankten eingespritzt wurde. Und so mußte meine Mutter öfter mit dem kleinen Gert ins Krankenhaus, wo ihm etwas Blut entnommen wurde.

Von einem Tag auf den anderen endeten diese Besuche. Die Nazis hatten die ‚Nürnberger Gesetze', die Rassen-Gesetze, erlassen; von nun an gab es ‚reines arisches Blut'. Dem Arzt war das Ganze sehr peinlich, denn er mußte meine Mutter mit Gert wieder nach Hause schicken – sein Blut war nicht mehr erwünscht. Ich war damals zehn Jahre alt und empfand den Vorgang als schmerzliches, demütigendes Erlebnis, verstand aber nicht seinen Sinn. Wir wollten doch, daß anderen Menschen geholfen wurde! Warum stieß man uns zurück?"

● Kläre mit Hilfe eines Lexikons die Begriffe: „spinale Kinderlähmung", Serum, „Nürnberger Gesetze", „arisches Blut".
● Lies noch einmal die Abschnitte über die HJ, und vergleiche die Art der Zeitdokumente.
● Suche Überschriften für die beiden Abschnitte des Textes.
● Schreibe die Antworten zu den acht Leitfragen stichwortartig auf, damit du der Klasse berichten kannst.

4 Auch Mädchen müssen marschieren

214.1 Mädchen marschieren

Großmutter (Jahrgang 1919) erzählt:

„Meinen BDM-Dienst habe ich wie alle anderen mitgemacht. Ich mußte sehr oft zum Dienst. An jedem Mittwoch war Heimabend. Da hörten wir über Hitlers Leben und seine Erfolge, über die großen Helden der deutschen Geschichte und über die ‚Untaten‘ der Franzosen, Polen und Russen. Am Samstag hatten wir den ganzen Vormittag Dienst. Da wurde marschiert wie bei den Jungen und Sport getrieben. Auch Hauswirtschaft und Kochen lernten wir. Oft mußten wir am Sonntag und während der Woche nachmittags noch Sonderdienst machen."

4.1 Erzähle, was du über den Dienst bei den Jungmädeln erfahren hast.
4.2 Stelle Unterschiede im Dienst von Jungen und Mädeln fest, und schreibe sie auf.
4.3 Nenne Themen, mit denen die Jugendlichen politisch beeinflußt wurden.

214.2 Flaggenhissen im Lager

5 Als Führerin einer Jungmädelgruppe

„Ich war nun endlich Führerin!
Als ich zum ersten Mal die fünfzehn zehnjährigen Mädels um mich versammelt hatte, fühlte ich mich mit meiner ganzen Person zur Verantwortung gerufen. Über diesem Glück vergaß ich alles um mich herum.

Die fünfzehn zehnjährigen Kinder, die ich in meiner Schaft führen durfte, waren gerade drei Jahre jünger als ich. Aber in diesem Alter ist das ein ausreichender Abstand, um als Respektsperson angesehen zu werden.

Dienst hatte man am Donnerstag und Samstag nachmittags, und er war für alle Pflicht. Wir hatten die Befugnis, ein Mädel, das dreimal unentschuldigt fernblieb, von der Polizei holen zu lassen. Doch diese Macht wurde in meinem Umkreis nie ausgeübt, denn wir hätten es als Schande empfunden, wenn jemand so hätte zum Dienst gezwungen werden müssen. Die Kinder, die uns anvertraut waren, sollten doch selbst wollen!

Daß dies in meiner Schaft so wurde, dafür setzte ich mich von Anfang an ein, mit Herz und Phantasie, bei Tag und immer öfter auch bei Nacht.

Ich wollte führen, das hieß: Sie sollten antreten und marschieren, Lieder lernen, basteln, politisch geschult, sportlich trainiert, im Stegreifspiel geübt und für kriegswichtige Arbeiten engagiert werden. Dies war meine Aufgabe... Doch werde ich wohl nie erfahren, wie viele nicht gerne gekommen sind; wie viele unter dieser Verpflichtung zum Dienst gelitten haben, ... besonders aber unter der Langeweile, die sie befallen haben mag, wenn sie meine Predigten anhören mußten. Denn dies erschien mir bei der Gestaltung des Dienstes als meine vornehmste Aufgabe: Feierliche Stunden zu bereiten, in denen ich über Treue, Opfermut, Volksgemeinschaft, über den Ernst der Pflichterfüllung sprach."

215.1 „Führerwort". So sollten die Deutschen Adolf Hitler folgen.

So berichtet Renate Finckh (Jahrgang 1921) in ihrem Buch „Mit uns zieht die neue Zeit". Sie erzählt, wie sie mit 13 Jahren Führerin wurde und mit welcher Begeisterung und starkem Glauben sie auch noch als Achtzehnjährige die Aufgaben erfüllte, die der „Führer Adolf Hitler" von ihr erwartete. Hier wird deutlich, wie gewissenlos Hitler und seine Gefolgsleute die Begeisterungsfähigkeit der Jugend mißbrauchten. Die Jungen sollten gehorsame und tapfere Soldaten für geplante Kriege, die Mädchen fleißige und tapfere Mütter vieler Kinder werden!

Dafür war eine gründliche Schulbildung nicht notwendig.

5.1 Beschreibe die Möglichkeiten, die eine Jungmädelführerin im Umgang mit ihrer Gruppe hatte.
5.2 Sieh dir noch einmal die Abb. 206.1 an, und erkläre das „Führerwort" auf der Abb. 215.1. Beschreibe nun das Erziehungsziel der HJ und des BDM.

6.1 Beschreibe, wie bereits Grundschüler politisch beeinflußt wurden.
6.2 Nenne Unterschiede im Schulalltag während der NS-Zeit und heute *(Abb. 216.1)*.
6.3 Was sollten die Schüler im Geschichtsunterricht und in „Rassenlehre" lernen? Nenne das Ziel dieser Fächer.

6 In der Schule

Auch das Leben in der Schule hatte sich verändert. Die Lehrer waren verpflichtet, ihre Schüler zu gläubigen Anhängern Hitlers zu erziehen und keine Diskussionen zu dulden. Oft fanden Schulfeiern statt, bei denen Hitler verherrlicht wurde. Zu Beginn der Schulzeit und zum Schulschluß vor den Ferien wurde vor der gesamten Schüler- und Lehrerschaft die Hakenkreuzfahne gehißt oder niedergeholt. In jedem Klassenzimmer mußte ein Hitlerbild hängen. Zu Beginn jeder Unterrichtsstunde trat der Lehrer vor die stehende Klasse, grüßte als erster durch Erheben des rechten Armes und die Worte „Heil Hitler". Die Klasse erwiderte den Gruß ebenfalls durch Erheben des rechten Armes und die Worte „Heil Hitler". Die Stunde wurde in gleicher Weise beendet.

Von allen Fächern erhielt der Geschichtsunterricht in Verbindung mit der **Rassenlehre** der Nazis die größte Bedeutung. Hier sollten die Schüler lernen, daß nur die Germanen Helden und große Vorbilder der Deutschen seien. Nur die germanische Rasse war angeblich wertvoll und alle anderen Rassen, besonders die Juden und „Zigeuner", sollten minderwertig sein.

Es gab neue Geschichtsbücher, die zeigen sollten, wie gefährlich es für ein Volk sei, sich mit „artfremden" Völkern wie den Juden zu vermischen. Auch wurden die Juden als die gefährlichsten Feinde des deutschen Volkes dargestellt. Manche Schüler übernahmen kritiklos diese unsinnigen Behauptungen ihrer Lehrer. So ist es zu erklären, daß sie die Judenhetze der Nazis und die späteren Greueltaten mitmachten.

216.1 Vor Schulbeginn wird die Hakenkreuzfahne gehißt. Lehrer und Schüler grüßen die Fahne.

7   In einer Grundschulklasse im Juni 1935

Morgens betritt die Lehrerin, Fräulein Krause, den Klassenraum. Paul, der Klassensprecher, ruft: „Achtung!" Vierzig Jungen und Mädchen springen auf. Paul meldet: „Klasse 3 a vollzählig!" Die Lehrerin hebt den Arm zum Hitlergruß und ruft: „Heil Hitler, Jungen und Mädel!" „Heil Hitler!" rufen alle im Chor.

Danach sprechen alle gemeinsam: *„Hände falten, Köpfchen senken und an Adolf Hitler denken, der uns gibt das täglich Brot und erlöst aus aller Not."* „Setzt euch! – Diktathefte verteilen!"

Eine Minute später geht die Lehrerin auf und ab und diktiert. „Hitler hat Deutschland gerettet. Darum lieben wir ihn alle. Darum sagt auch jedes deutsche Mädel und jeder deutsche Junge: Ich gehe in die Hitlerjugend." „Hefte zu! – Einsammeln!" Peter sammelt die Hefte ein. „Bücher auf den Tisch! – Schlagt die Seite 69 auf! – Fritz, fang' an zu lesen!"

Fritz beginnt, danach liest die Klasse im Chor: „Unsre Fahne flattert uns voran! ..."

Unsre Fahne flattert uns voran!

Unsre Fahne flattert uns voran,
In die Zukunft ziehn wir Mann für Mann,
Wir marschieren für Hitler durch Nacht und durch Not
Mit der Fahne der Jugend für Freiheit und Brot.
Unsre Fahne flattert uns voran,
Unsre Fahne ist die neue Zeit,
Unsre Fahne führt uns in die Ewigkeit,
Ja, die Fahne ist mehr als der Tod.

217.1 Aus der Fibel: „Von Drinnen und von Draußen!", Frankfurt/Main 1935

8.1 Was würdest du sagen, wenn ein Lehrer dich so behandeln würde, wie den jüdischen Jungen auf der Abb. 218.1? Versuche, dir vorzustellen, wie ihm zumute ist!

8.2 Beschreibe die Auswirkungen der NS-Bestimmungen auf die jüdischen Menschen.

8.3 Kennst du Jugendbücher, die über die Judenverfolgung berichten? Stelle sie der Klasse vor.

8 Leidvolle Erfahrungen jüdischer Mitschüler

Juden sind in Europa immer wieder verfolgt worden. Auch in Deutschland gab es Haß und Vorurteile gegen Juden. Aber mit Beginn des 19. Jahrhunderts konnten die meisten Juden hier weitgehend unbehelligt leben und arbeiten. Als die Nationalsozialisten an die Macht gekommen waren, wurde die Verfolgung der Juden besonders stark. Hitler haßte die Juden. Bereits in der Grundschule begann im Unterricht die Hetze gegen die jüdischen Mitschüler. Wie brutal bereits jüdische Kinder von ihren Mitmenschen in Deutschland gequält wurden, zeigen dir die folgenden Berichte:

> „Ich ging in die normale Grundschule, und dann kam Hitler an die Macht, und plötzlich ging alles zack zack. Der Turnlehrer kam nur noch in Nazi-Uniform.
> Ich war ein guter Turner, und mich stellte er raus, zusammen mit meinem Klassenkameraden, der allerdings unsportlich war, und sagte: ‚Judenbengels, geht raus!' Und in der großen Pause war immer Fahnenappell. Wir hatten alle anzutreten und das Horst-Wessel-Lied zu singen. Klassenweise standen wir da und ich immer dabei, Hand an der Hosennaht. Dann wurde die Fahne gehißt, und dann wir alle mit der rechten Hand hoch, und in so einem Augenblick erwischte mich der Turnlehrer. Alle standen noch da, und dann zog er mich vor die versammelte Schule und verdrosch mich mörderisch und schrie dabei: ‚Du Judenjunge, du hast doch nicht den deutschen Gruß zu gebrauchen!'"

(Klaus Scheurenberg, Jahrgang 1925)

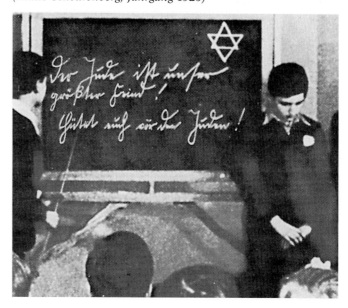

218.1 Jüdischer Schüler in seiner Klasse
Auf der Tafel ist geschrieben:
Der Jude ist unser größter Feind!
Hütet euch vor dem Juden!

„Ich stamme aus einem sehr bewußt-jüdischen Elternhaus. Ich war Jüdin, habe mich aber deshalb nicht als andersartig angesehen ... Ich war auch in der christlichen Schule, und für mich gab es da überhaupt keinen Unterschied. Das erste Mal, daß mir die neue Situation so richtig knallhart bewußt gemacht wurde, war, als ich 1933 ins Oberlyzeum kam. Eines Tages, gleich am Eingang, wurde mir gesagt: ‚Geh' wieder nach Hause, du darfst hier nicht mehr rein, weil du Jüdin bist.' Da bin ich dann nach Hause gegangen ... und kam wieder in eine jüdische Volksschule. Ich wußte von diesem Moment an, daß mein Leben verpfuscht ist."

(Inge Schilzer, Jahrgang 1921)

219.1 Schild am Deutschen Museum in München

In der Nacht vom 9. auf den 10. November 1938 erreichten die Verfolgungen der jüdischen Mitbürger einen ersten Höhepunkt. SA- und SS-Männer zertrümmerten die Scheiben jüdischer Geschäfte, plünderten und verwüsteten jüdische Wohnungen und Läden und steckten die Gebetshäuser der Juden, die **Synagogen**, in Brand. Außerdem wurden zahlreiche Juden mißhandelt und verhaftet.

Nach dieser „**Pogrom**nacht" flohen viele Juden ins Ausland. Für diejenigen, die nicht mehr fliehen konnten oder wollten, wurde das Leben immer unerträglicher. Die Regierung erließ zahlreiche Bestimmungen, die den Juden das Weiterleben zur Hölle machten. Jüdische Kinder durften nur noch jüdische Schulen besuchen. Alle Juden mußten um 20 Uhr zu Hause sein, sie mußten ihre Rundfunkgeräte abliefern. Jeder Jude mußte auf der linken Brustseite einen gelben Stern (**Davidsstern**) mit der Aufschrift „Jude" tragen. Juden durften nur noch zu ganz bestimmten Zeiten in bestimmten Läden einkaufen, sie durften keine Haustiere mehr halten.

8.4 Erkundige dich, ob es in deinem Heimatort eine Erinnerungstafel oder ein Mahnmal zum Gedenken an die Judenverfolgung gibt.
8.5 Stelle fest, ob in deinem Heimatort oder deinem Heimatkreis eine Synagoge gestanden hat. Gibt es dort heute wieder eine Synagoge?

„Am 9. November 1938 ereignete sich dann die große, von oben veranlaßte anti-jüdische Aktion, ‚Reichskristallnacht' genannt. Das habe ich noch im Gedächtnis. Ich bin in unsere Synagoge gegangen, die man nicht abgebrannt hatte. Denn sie war in einem Haus, in dem noch andere Mieter waren. Aber ich habe die Synagoge von innen gesehen. Man hat alles klein geschlagen. Und das Heiligste, was die Juden haben, die Thorarolle, lag ausgerollt da, und sie haben die Notdurft darauf verrichtet ... 1940 bin ich von der Schule abgegangen, ein Jahr vor dem Abitur, mit 16 Jahren ... Jüdische Kinder hatten keine Möglichkeit mehr, in die Schule zu gehen. Sechs-, acht-, zehnjährige Kinder hatten keinen Unterricht mehr ..."

(Gaston Ruskin, Jahrgang 1924)

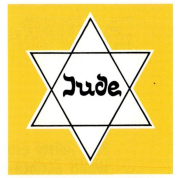

219.2 Ab 1941 mußten alle jüdischen Mitbürger öffentlich den sogenannten „Judenstern" (Davidsstern) tragen

220.1 „Der Diktator und die Opposition" (Karikatur von 1933)

9.1 Überlege, warum Kinder und Jugendliche die HJ ablehnten und sich heimlich in verbotenen Jugendgruppen trafen.

9.2 Erzähle, wie die Polizei Kinder behandelte, wenn ihre heimlichen Zusammenkünfte entdeckt wurden.

9.3 Versuche dir vorzustellen, in welche Not und in welche Konflikte Familienangehörige in der NS-Zeit kommen konnten.

220.2 Klebezettel des Widerstands

220.3 Bekanntmachung 1942

9 Widerstand gegen die Nationalsozialisten

Millionen Deutsche jubelten Hitler zu und glaubten an die Lügen der Nationalsozialisten. Es gab aber auch Tausende von Männern und Frauen aus den verbotenen Gewerkschaften und Parteien sowie den christlichen Kirchen, die sich nicht durch Hitlers Parolen verführen ließen. Sie leisteten auf die unterschiedlichste Art und Weise Widerstand. Sie halfen Juden und anderen Verfolgten, druckten Flugblätter oder versuchten auf anderen Wegen, gegen die Gewaltherrschaft Hitlers zu kämpfen. Auch Jugendliche gehorchten den Nationalsozialisten nicht und leisteten Widerstand.

Als die Gruppen der Arbeiterjugend, der Pfadfinder und der kirchlichen Jugendgruppen verboten wurden, entrüsteten sich viele Kinder, Jugendliche und Eltern. Weiterhin trafen sich eine ganze Reihe von Kindern und Jugendlichen heimlich. Obwohl sie in der Hitlerjugend waren, gingen sie sogar mit ihren Gruppen auf Fahrt und riskierten so, verhaftet und von der Schule verwiesen zu werden. Zahlreiche Berichte schildern, wie brutal die Hitlerjugend mit Unterstützung der Polizei diese Gruppen bekämpfte. So hatte sich zum Beispiel eine christliche Gruppe eines Kölner Gymnasiums am 1. Mai 1934 zu einer Feierstunde getroffen. Auf dem Heimweg wurden die Jungen von der Polizei festgenommen und zum Parteibüro der NSDAP gebracht. Ein Junge berichtet:

> „Ich wurde [...] in einen besonderen Raum gebracht, wo ein Mann in Hemdsärmeln über mich herfallen wollte. Als ich mich zur Wehr setzte, brüllte er mich an und holte Verstärkung. Vier oder fünf Männer fielen mit Fäusten über mich her, einer schlug mich mit einem Gummiknüppel. Einer brüllte mich an: Die Hände runter oder ich schieß' dich über den Haufen."

Hans Scholl war im Krieg Mitglied der Widerstandsgruppe „Weiße Rose". Bereits 1937 gehörte er als Junge einer verbotenen Jugendgruppe an. Das ermittelte die „Geheime Staatspolizei" (**Gestapo**), die die Bürger politisch überwachte. Daraufhin mußten auch seine Geschwister ins Gefängnis. Er selbst wurde 1943 im Alter von 25 Jahren hingerichtet. Seine Schwester erinnert sich:

> „Eines Tages klingelte es frühmorgens an der Wohnungstür. Zwei Männer forderten Einlaß. Sie wiesen sich als Gestapo-Beamte aus und erklärten, sie müßten die Wohnung durchsuchen und anschließend die Kinder mitnehmen. Meine Eltern waren schockiert. Sie konnten sich nicht vorstellen, daß etwas Ernsthaftes gegen uns vorlag. Als die Gestapo-Beamten mit ihrer Durchsuchung fertig waren, wollten sie uns Kinder mitnehmen. Aber da hat meine Mutter aufgetrumpft. Mein Gott, konnte sie plötzlich reden. Aber ihr Zorn half nichts. Wir Kinder mußten mit. Wir wurden in das Ortsgefängnis eingesperrt. Am Abend wurden wir in einem offenen Lastwagen von Ulm nach Stuttgart gebracht. Es war eine schreckliche Fahrt. Wir fuhren zusammen mit den anderen, ebenfalls festgenommenen Jungen ohne warme Kleider bei Schneegestöber über die recht windige Schwäbische Alb. In Stuttgart wurde jeder in eine Zelle gesperrt. Keiner wußte, was noch passieren würde. Acht Tage blieben wir eingesperrt ... Nach der Vernehmung ließ man uns schließlich gehen."

Besonders bekannt geworden ist die Gruppe der verbotenen „Edelweißpiraten", die als Erkennungszeichen ein Edelweiß am Rockaufschlag trugen. Barthel Schink gehörte seit seinem 9. Lebensjahr dieser Gruppe an. Seine Schwester berichtet:

> „Seit Hitler an die Macht gekommen war, gab es Widerstand gegen die Nazis. Aber wir dachten damals nicht, daß alles so hart und gefährlich werden sollte. Einige Ältere warnten zwar von Anfang an. Aber die Jüngeren glaubten nicht daran. Es hieß immer nur: einig sein, zusammenhalten, sich nicht unterkriegen lassen. An Folter und Tod dachten wir zu der Zeit natürlich noch nicht. Man hörte so einiges, aber Genaueres wußte man nicht."

Als Barthel älter geworden war, verteilte er mit seinen Freunden Flugblätter gegen die Nazis und versteckte Menschen, die von der Gestapo gesucht wurden. Mit 16 Jahren wurde er selbst von der Gestapo gefaßt und 1944 erhängt. Auch Helmuth Hübener aus Hamburg wurde zum Tode verurteilt, weil er Flugblätter gedruckt und verteilt hatte *(Abb. 220.3)*.

221.1 Bartholomäus Schink von den „Edelweißpiraten"

9.4 Was erfährst du aus der „Bekanntmachung" vom 27. Okt. 1942 *(Abb. 220.3)*?
9.5 Warum bedrohten die Nazis seit Kriegsbeginn auch Kinder und Jugendliche mit der Todesstrafe?

Lied der Edelweißpiraten
Hei, wo die Burschen singen
und die Klampfen klingen
Und die Mädel fallen ein.
Was kann das Leben Hitlers uns geben,
Wir wollen frei von Hitler sein ...

10.1 Betrachte die *Abb. 222.1* bis *223.2*, und erzähle, was du siehst.
10.2 Wie alt war Hubert Grähm, als er 1945 fiel? Kannst du nachempfinden, welchen Schmerz die Mutter am Grabe ihres Sohnes hatte *(Abb. 223.1)*?
10.3 Welche Erfahrungen machten die Kinder im Krieg?
10.4 Welche Erlebnisse und Eindrücke prägten die Kinder?
10.5 Berechne, wieviel Brot, Fett, Fleisch oder Wurst du an einem Tag ißt. Wiege zu Hause nach, wieviel Brot du 1945 auf Lebensmittelkarten bekommen hättest. Stelle eine Tagesration zusammen *(Tab. 1)*.

10 Kinder im Krieg

Am 1. September 1939 befahl Hitler den deutschen Soldaten den Angriff auf das Nachbarland Polen. Damit begann ein grauenvoller Krieg, der bis zum 8. Mai 1945 dauerte. Nicht nur für die Soldaten war dieser Krieg furchtbar. Jugendliche, Frauen und ältere Menschen mußten als Kriegsdienstverpflichtete hart arbeiten. Kinder wurden zum Sammeln von Altmaterial und Heilkräutern eingesetzt. Die Lebensmittel wurden immer knapper. Seit 1943 bombardierten englische und amerikanische Flieger immer häufiger deutsche Städte.

Eine Zeitzeugin berichtet über einen Fliegerangriff:

> „Alarm. Noch ehe wir alle Fenster offen und die Koffer im Keller haben, fängt unsere 10,5-Flak zu dröhnen an. Flugzeuggebrumm. ‚Ab, runter!' ruft Mutter. Ich werfe mein zusammengeknotetes Bettzeug über die Schultern. Als ich an unserem Beobachtungsposten vorbeilaufe, durchfährt mich ein Schreck: Rundherum am Himmel haben die Tommys Christbäume gesetzt, die Markierungszeichen für Bombenabwürfe. Ich rase die Treppe runter, durch die Diele und die Kellertreppe hinab. ‚Alles voller Christbäume!' Die Nachbarn sind schon da. Wir stülpen die Stahlhelme über. Und da geht es auch schon los: in das Dröhnen der Flak hinein Heulen, Krachen, Rumms, Rumms, und noch einmal Rumms. Heulen und wieder Heulen, Krachen, das Haus bebt, Glas klirrt. Heulen – lauter, noch lauter. Solange man sie hört, wird's kein Volltreffer, fährt es mir durch den Kopf. Krachen, Rumms, Heulen, Rumms, näherkommend. Wir werfen uns auf den Boden ..."

222.1 *Der Krieg ist vorbei. Flüchtlinge kehren in die zerstörte Stadt zurück.*

Als durch die Fliegerangriffe immer mehr Menschen in den Städten starben, begann man mit der Kinderlandverschickung (KLV).

> „Als nach den ersten größeren Luftangriffen 1941 für Kölner Schulen KLV-Lager eingerichtet wurden, kam ich von Juni bis Dezember mit etwa 80 Mitschülern der 1. bis 4. Klasse einer Oberschule als Elfjähriger nach Sachsen. Als Lager diente ein Kinderheim in einem schloßartigen Gebäude ...
> Vom Wecken durch Hornsignale bis zum ‚Zapfenstreich' waren die Schulkinder immer ‚im Dienst'. Nur mit besonderer Genehmigung durfte man das Lagergelände verlassen. Post nach Hause mußte geöffnet vorgelegt werden."

(Bericht eines Zeitzeugen, Jahrgang 1931)

In den letzten Monaten des Krieges wurden selbst „Pimpfe" als Kindersoldaten an die Front geschickt. Millionen Menschen mußten ihre Heimat verlassen. Das Unrecht der Nationalsozialisten schlug hart auf alle Deutschen zurück.

223.1 Mutter am Grab ihres gefallenen Sohnes

223.2 Beim Fronteinsatz verwundete Hitlerjungen

Tab. 1: Wochenration für Jugendliche über 10 Jahre (in Gramm)

Jahr	Brot	Fleisch/Wurst	Fette
1939	2400	500	270
1940	2600	500	270
1941	2600	400	300
1943	2675	300	281
1944	2775	300	218
1945	2000	250	208

11 Grausame Verfolgung

Mit dem Beginn des Eroberungskrieges 1939 gegen Polen nahm die Verfolgung jüdischer Kinder und Erwachsener immer schrecklichere Ausmaße an. Nur wenige konnten gerettet werden, und dies nur deshalb, weil sie bei ihren Mitbürgern ein sicheres Versteck fanden.

Die meisten jüdischen Menschen in Deutschland und in den eroberten Gebieten wurden verhaftet, in riesige **Vernichtungslager** gesteckt und dort umgebracht. Das gleiche Schicksal wie die Juden erlitten auch die Sinti und Roma.

In Osteuropa wurden ebenfalls Tausende von Kindern, Jugendlichen und Erwachsenen verfolgt. Sie mußten hungern, wurden gedemütigt, verschleppt oder sogar ermordet. Mehr als fünf Millionen Osteuropäer transportierten die Nazis in Güterwagen zur **Zwangsarbeit** nach Deutschland. Hier mußten sie in Fabriken und in der Landwirtschaft hart arbeiten. Diese Menschen brachte man schon bei den kleinsten Unachtsamkeiten oder Vergehen in ein Konzentrationslager. Dort kamen die meisten ums Leben.

224.1 Abtransport von Warschauer Juden in die Vernichtungslager

Aus einem polnischen Tagebuch

Der Pole Jacek Kublik hat als Dank für die Hilfe, die er aus dem heutigen Deutschland erfahren hat, die folgenden Auszüge aus seinem KZ-Tagebuch zur Veröffentlichung freigegeben. Er war 1944 mit elf Jahren bei dem Aufstand polnischer Widerstandskämpfer gegen die deutschen Besatzungstruppen (Okkupanten) in Warschau verhaftet worden.

> **1. August 1944:** In Warschau ist ein Aufstand gegen die Hitler-Okkupanten ausgebrochen ...
> **4. August 1944:** Das Haus, in dem ich gewohnt habe, wurde in Brand gesteckt; zusammen mit anderen stand ich an der Mauer und erwartete den Tod durch Erschießen ...
> **12. August 1944:** Gestern abend wurden wir ins KZ Auschwitz-Birkenau gebracht. Unser Vater wurde von uns getrennt. Ich bin mit meiner Mutter, meiner achtjährigen Schwester Ursula und meiner Tante zusammen. Vielleicht kommen wir nicht ins Gas?
> **14. August 1944:** Der dritte Tag ohne Essen und Trinken. Ich bin furchtbar hungrig.
> **15. August 1944:** Ich wurde mit der Nummer 192 761 gekennzeichnet, habe einen roten Winkel. Ich bin ein politischer Häftling!
> **21. August 1944:** Ich wurde als Erwachsener eingestuft und ins Lager für Männer gebracht.
> **25. August 1944:** In den letzten vier Tagen habe ich mich mit meinem Vater getroffen. Das war wirklich ein Glück. Ich habe ihm gesagt, daß Mama und die Schwester leben. Heute wurde Vater abtransportiert. Richtung unbekannt. Ob ich ihn noch einmal lebend wiedersehe?
> **25. Oktober 1944:** Heute bin ich zwölf Jahre alt geworden!
> **24. Dezember 1944:** Heiligabend. Wir haben heute früher mit der Arbeit Schluß gemacht. Auch der Appell dauerte nicht so lange. Die älteren Häftlinge haben für uns einen Weihnachtsbaum „organisiert". Geschmückt mit Papierbandagen steht er auf dem Ofen.
> Nach dem Appell wurden Mittag- und Abendessen zugleich ausgegeben: für jeden etwas Suppe mit ganzen Kohlblättern, ein Stück Brot, ein kleines Stückchen Pferdewurst, ein kleines Stückchen Margarine.
> Wir beschlossen, das abendliche Weihnachtsmahl zusammen einzunehmen. Die Suppe trank jeder für sich. Das Brot wurde in Stücke geschnitten.

Im Mai 1945 wurde Deutschland besiegt. Die Naziherrschaft war endlich beendet und damit die Leidenszeit vieler Menschen in Deutschland und ganz Europa. Geblieben sind die Trauer um Millionen Tote und das Leid unzähliger verwundeter, kranker und verkrüppelter Menschen.

> **Eugen Kogon** berichtet in seinem Buch „Der SS-Staat", daß im KZ Buchenwald zuletzt 877 Jugendliche waren. Davon waren etwa 130 der Minderjährigen jünger als zwölf Jahre, alle anderen zwischen zwölf und achtzehn Jahren. Das jüngste Kind war dreieinhalb Jahre alt und stammte aus Polen.

11.1 Nenne die Volksgruppen, deren Kinder verschleppt und ermordet wurden.
11.2 Erkundige dich, welche Menschen „Sinti" und „Roma" genannt werden.
Schlage im Lexikon nach.
11.3 Nenne Gründe, warum die Nazi-Führung Erwachsene und Jugendliche aus Osteuropa nach Deutschland zur Zwangsarbeit verschleppte.
11.4 Betrachte die *Abb. 224.1*, und vergleiche sie mit der Tagebuchaufzeichnung des polnischen Jungen. Was haben beide Kinder empfunden? Versuche deren Gefühle zu beschreiben.

226.1 Beschmierter Judenfriedhof

12 Neo-Nazis heute

Vielleicht hast du in deiner Heimatgemeinde Schmierereien an Wänden und Zäunen wie diese gesehen: *„Juden raus! – Türken raus! – Asylanten raus! – Ausländer raus!"*

Es werden auch Hakenkreuze an die Wände gesprizt und Grabsteine von jüdischen Mitbürgern geschändet. Oft sind es Jugendliche, die diese Schmierereien und Untaten begehen. Sie wollen nicht glauben, wie schrecklich die Nazi-Zeit gewesen ist. Sie wissen zu wenig oder Falsches von Hitler und den Verbrechen der Nazis. Deshalb verbreiten sie die unsinnigen und verlogenen Parolen der Nazis von damals.

Diese **Neo-Nazis** tragen oft Orden und Abzeichen der Hitlerzeit und fallen durch eine uniformähnliche Kleidung auf. Sie treffen sich in der „Wiking-Jugend", dem „Bund Heimattreuer Jugend" und in „Wehrsportgruppen". Auch die „Jungen Nationaldemokraten" und andere **Rechtsradikale** werben um Jugendliche. Bei ihrem Kampf gegen unsere demokratische Ordnung schrecken diese Gruppen nicht vor Gewaltanwendung zurück. Zum Fußballspiel Bundesrepublik Deutschland gegen die Türkei in Berlin fuhren Neo-Nazis und „Fan-Clubs" aus der ganzen Bundesrepublik nach Berlin. Sie verteilten Flugblätter mit dem Kampfruf „Auf nach Berlin zum Kampf gegen die Kanaken!" oder „Kreuzberg wird brennen!".

In einem Dorf an der Weser wurde eine Kampfgruppe der Neo-Nazis entdeckt. Eine Zeitungsmeldung lautet:

> „Manchmal peitschten auch Schüsse durch den angrenzenden Wald, bei denen der Förster sicher war, daß sie weder aus den Flinten der Sportschützen noch der Jäger kamen. Die Schießereien zu nächtlicher Stunde gehörten nämlich zum Ausbildungsprogramm der ‚Nationalsozialistischen Kampfgruppe Ostwestfalen-Lippe'.
>
> Als die 18 Mann starke Kampfgruppe ausgehoben wurde, fand die Polizei fünf Maschinenpistolen, fünf Karabiner, acht Pistolen und Revolver, zwei Luftgewehre, acht Kilogramm Sprengstoff, eine scharfe Granate und 650 Schuß Munition. Darüber hinaus beschlagnahmten die Beamten Nazi-Schriften, Hitler-Bilder und Plakate. Auf einem selbstverfaßten Plakat hieß es: ‚Demokratie ist die internationale Judenherrschaft … Demokratie zerschlägt die Einheit des Volkes durch Parteien …'"

Ähnliche Parolen gab es auch vor 1933. Mit ihnen wurde das Volk gegen die demokratische Ordnung aufgehetzt und die Schreckensherrschaft der Nazi-Diktatur vorbereitet. Als Hitler und seine Parteigenossen mit diesen Parolen die Hetze begannen, waren es zuerst nur wenige, die auf ihn hörten. Und doch war es der Anfang eines Weges, der zum Kriege und in die Vernichtungslager führte.

12.1 Hast du in deinem Heimatort von ähnlichen Schmierereien gehört? Diskutiere die Texte.
12.2 Sprich über die Schändung der Gräber jüdischer Mitbürger. Warum ist eine solche Tat besonders verwerflich?
12.3 Beschreibe die Jugendlichen auf den *Abb. 227.1* und *227.3*. Was fällt dir auf?
12.4 Diskutiere die Frage, ob alle Mitglieder von Fanclubs Neo-Nazis sind. Gibt es einen Fanclub in deinem Heimatort? Erzähle.

227.1 Rechtsradikale in einem Fußballstadion

Bundespräsident Richard von Weizsäcker hat in seiner Rede zum 40. Jahrestag der Beendigung des Zweiten Weltkriegs am 8. Mai 1985 alle jungen Menschen gebeten:

„Lassen Sie sich nicht hineintreiben in Feindschaft und Haß gegen andere Menschen …, gegen Juden oder Türken, gegen Alternative oder Konservative, gegen Schwarz oder Weiß. Lernen Sie, miteinander zu leben, nicht gegeneinander."

227.2 Plakat einer Zeitung der „Wiking-Jugend"

227.3 Rechtsradikale auf einer Demonstration

Wir fassen zusammen

Bei dem Themenbereich „Kinder wachsen in die Gesellschaft hinein" bietet sich eine Zusammenfassung aller drei Kapitel an. So wird noch deutlicher, daß gesellschaftliche, wirtschaftliche und politische Bedingungen den Alltag der Kinder bestimmen, auf die sie selbst kaum Einfluß haben.

Die Lebensbedingungen der Kinder früher, in der Dritten Welt heute und in einem diktatorischen System zur Zeit des Nationalsozialismus lassen uns unsere „Kindheit heute" mit anderen Augen sehen.

Kinder in vergangenen Zeiten

Kindheiten verlaufen zu allen Zeiten unterschiedlich: Sie hängen ab von der Zeit, in die ein Mensch hineingeboren wird und von dem sozialen Stand der Familie. Doch reichen beide Begründungen nicht aus, um zu erklären, warum Kindheiten einerseits glücklich, wohlbehütet und zufrieden, andererseits aber arm, zerrüttet und voller Entbehrungen verlaufen. Zustände, wie sie zur Zeit der Industrialisierung geherrscht haben, als das Proletariat entstand und Heim- und Kinderarbeit an der Tagesordnung waren, gibt es heute bei uns nicht mehr. Auch spielt der gesellschaftliche Stand nicht mehr die entscheidende Rolle für den weiteren Lebenslauf.

Früher mangelte es an Hygiene und medizinischer Versorgung, daher starben viele Kinder schon bei der Geburt. Die hohe Kinderzahl früher ist damit zu erklären, daß die Kinder die Eltern im Alter versorgen sollten, weil man Altersheime und Renten noch nicht kannte.

Grundbegriffe

Stand
Industrialisierung
Proletariat
Heimarbeit
Kinderarbeit

Kinder in der Dritten Welt

Die ungerechte Verteilung von Wohlstand und Reichtum auf der Welt wird das Leben der Völker in den nächsten Jahrzehnten stark bestimmen. „Keine Hälfte der Welt kann ohne die andere Hälfte der Welt überleben", heißt es in einer Schrift des Bundesministeriums für wirtschaftliche Zusammenarbeit. Doch die Probleme bei der Überwindung von Hunger, Seuchen und Armut erscheinen unüberwindlich, zumal auch in den Entwicklungsländern selbst die Unterschiede einzelner gesellschaftlicher Schichten sehr groß sind.

Das Ackerland gehört vielfach den Großgrundbesitzern. Die von den Regierungen versprochenen Landreformen konnten bisher nur zum Teil verwirklicht werden. Daher wandern die Menschen in die Städte ab. Vor allem die Kinder der Elendssiedlungen haben unter diesen Zuständen zu leiden. Ein weiteres Problem ist das rasante Bevölkerungswachstum. Die Folgen davon kennt inzwischen jeder: Kinderarbeit, -handel, -kriminalität sowie Verwahrlosung. Deshalb ist jeder aufgerufen, sich persönlich gegen das Elend zu engagieren. Die Hilfsorganisationen informieren über die Dritte Welt, sie zeigen Lösungsmöglichkeiten auf und bieten auch die Chance, konkret und unbürokratisch zu helfen.

Grundbegriffe

Dritte Welt
Bevölkerungswachstum
Entwicklungsland
Industrieland
Verstädterung
Großgrundbesitz
Landreform
Elendssiedlung
(Slum, Barriada)
Landflucht

Kinder und Jugendliche zur Zeit des Nationalsozialismus

Am 30. Januar 1933 übernahm die Nationalsozialistische Deutsche Arbeiterpartei (NSDAP) die Macht in Deutschland. Die Nationalsozialisten verboten alle anderen Parteien und Gewerkschaften, beseitigten die Demokratie und errichteten eine Diktatur. Dabei stützten sie sich anfänglich auf die SA und später auf die SS und die Gestapo. Im Jahr 1939 löste Deutschland den Zweiten Weltkrieg aus. Millionen Menschen fanden durch ihn den Tod. Die Kapitulation des Deutschen Reiches 1945 beendete die nationalsozialistische Diktatur.

Nationalsozialistische Erziehung

Der Führer der Nationalsozialisten, Adolf Hitler, befahl, daß alle Deutschen ihm ein Leben lang gehorchen sollten. Daher wurden schon die Kinder parteigemäß organisiert: Die Mädchen mußten den Jungmädeln, die Jungen (Pimpfe) dem Jungvolk beitreten. Ab 14 Jahren gehörten sie dann dem Bund Deutscher Mädel (BDM) oder der Hitlerjugend (HJ) an.

Auch die Lehrer an den Schulen mußten die Jugend im Geist des Nationalsozialismus und seiner Rassenlehre zu einer Volksgemeinschaft erziehen.

Die meisten Menschen durchschauten die verbrecherischen Ziele der Nationalsozialisten nicht. Sie gehorchten, ohne groß nachzudenken. Wer sich den Befehlen widersetzte, mußte mit Gefängnisstrafe oder der Einlieferung in ein Konzentrationslager rechnen.

Doch gab es auch Menschen, die das System durchschauten und Widerstand leisteten, oft unter Einsatz ihres Lebens.

Judenverfolgung

Besonderes Leid wurde den Juden zugefügt. Seit der Reichspogromnacht vom 9.–10. November 1938, in der Synagogen zerstört, Wohnungen und Geschäfte in Brand gesetzt und viele Juden mißhandelt wurden, nahm die Verfolgung spürbar zu. Sie mußten nun – für jeden sichtbar – den gelben Davidsstern tragen und durften keinen Umgang oder Kontakt mit den Deutschen pflegen.

Schließlich verschleppten die Nationalsozialisten die Juden und andere Völker in Vernichtungslager, wo sie zur Zwangsarbeit verpflichtet und später zumeist umgebracht wurden.

Neo-Nazis

Auch heute gibt es wieder Menschen, die sich trotz der bekannten Verbrechen zu den rechtsradikalen nationalsozialistischen Ideen bekennen. Diese Neo-Nazis und andere Rechtsradikale erkennt man an ihren ausländerfeindlichen Parolen und Reden sowie an ihren undemokratischen Verhaltensweisen.

Grundbegriffe

Nationalsozialistische Deutsche Arbeiterpartei (NSDAP)
Nationalsozialismus
Sturmabteilung (SA)
Schutzstaffel (SS)
Geheime Staatspolizei (Gestapo)
Hitlerjugend (HJ)
Bund Deutscher Mädel (BDM)
Deutsches Jungvolk
Pimpf
Rassenlehre
Volksgemeinschaft
Konzentrationslager
Pogrom
Synagoge
Davidsstern
Vernichtungslager
Zwangsarbeit
Neo-Nazis
Rechtsradikale

Freizeit und Umwelt

Was tun in der Freizeit?

Erholung, Abwechslung, Unterhaltung, Spiel und Sport oder Ruhe findet man nur während der arbeitsfreien Zeit. Freizeit und Erholung dienen aber nicht nur dazu, wieder neue Kräfte für die tägliche Arbeit zu sammeln, sondern in der Freizeit kann man auch seiner Lieblingsbeschäftigung nachgehen.

Damit man seine Freizeit so verbringen kann, wie man es sich wünscht, muß man bestimmte **Freizeiteinrichtungen**, wie Grünanlagen, Spiel- und Sportplätze, Frei- und Hallenbäder, Museen, Bibliotheken, Kinos, Jugendzentren, benutzen können. Gemeinden, Kirchen und Vereine bieten unterschiedliche Möglichkeiten zur Freizeitgestaltung an.

Es hängt vom Alter eines Menschen ab, welches Freizeitangebot er zu Hause, in seinem Wohnort oder in der Umgebung nutzen möchte. Junge Menschen stellen andere Ansprüche als alte. Daher ist es für die Gemeinden nicht immer leicht, allen Wünschen der Bewohner gerecht zu werden. Außerdem muß heute darauf geachtet werden, daß Freizeiteinrichtungen umweltverträglich sind.

- Berichte, wo und womit du deine Freizeit verbringst.
- Überlege, welche Freizeiteinrichtungen für Kinder, Jugendliche, Berufstätige und alte Menschen in eurem Ort vorhanden sind oder vielleicht fehlen.
- Stelle die Zahlen in *Tab.1* in einem Säulendiagramm dar, und überlege, was die Zahlen für die Freizeit der Menschen bedeuten.
- Viele Freizeitwünsche kann man nur gemeinsam mit anderen verwirklichen. Erkläre.

Tab.1: Tagesarbeitszeit der Industriearbeiter (in Stunden)

1850	1890	1910	1930	1960*	1970	1990	2000
14	10,5	9,5	8	9	8	7,5	?

*seit 1960 nur fünf Arbeitstage pro Woche

230.1 Bootsfahrt und Camping

230.2 In einer Bücherei

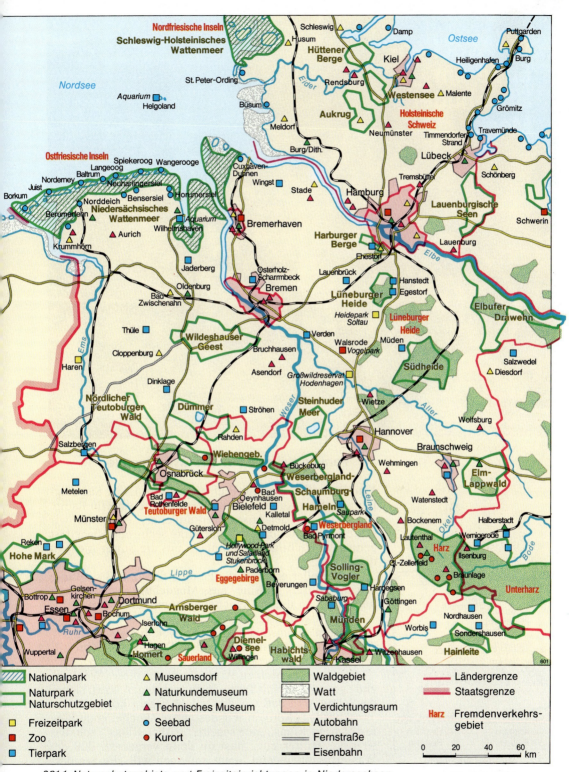

231.1 Naturschutzgebiete und Freizeiteinrichtungen in Niedersachsen

Ein Wochenende am Steinhuder Meer

232.1 Steinhude

232.2 Lage des Steinhuder Meeres im Verkehrsnetz

1 Familie Keller plant das Wochenende

Familie Keller sitzt am Frühstückstisch. Es ist Samstagmorgen. Herr Keller hört die Wettervorhersage im Radio. Begeistert von der Ansage verkündet er: „Alles klar, wir fahren nach Steinhude! Windstärke sechs oder sieben ist genau das Richtige. Da kommen uns die Surfer nicht in die Quere."

Frau Keller erinnert die Familie daran, daß sie Tante Karin, Mutters Kusine aus Magdeburg, versprochen haben, sie an diesem Wochenende mitzunehmen.

Sohn Klaus hatte vor, den Samstag mit seinem Freund Uwe beim Heimspiel von Hannover 96 zu verbringen. Auch Katja würde lieber mit ihrer Freundin im Kino sitzen, als auf der Terrasse des Wochenendhauses.

Vater meldet sich zu Wort: „Laßt uns dieses Wochenende gemeinsam mit Tante Karin verbringen. Es ist sicher das letzte Mal, daß wir dieses Jahr segeln können."

„Aber was können wir das ganze Wochenende lang tun?" fragt Klaus, „nur segeln?" „Aber Klaus", schaltet sich die Mutter ein, „hast du denn vergessen, daß die Wasserfreundejugend heute anfangen will, die Seeuferböschung zu reparieren? Außerdem veranstaltet die Zei-

233.1 Wilhelmstein

233.2 Im Vogelschutzgebiet

> **Steinhude – Steckbrief eines Marktfleckens**
>
> **1605:** Bestätigung der Flekkenrechte (Flecken = Marktsiedlung mit kleinstädtischem Charakter)
>
> **1765:** 106 Häuser und Kirche
>
> **Früher:** Flachsanbau, Ackerbau, Weberei (Leinen), Fischerei
>
> **Heute:** Fremdenverkehr, Fischerei (Räucheraal).
>
> **Um 1720:** Beginn der Schokoladenfabrikation in Steinhude (bestand bis 1951), erste Schokoladenfabrik Deutschlands
>
> **1765–1767:** Bau der Festung Wilhelmstein
>
> **Seit Anfang 1900:** staatlich anerkannter Erholungsort
>
> **Heute:** große Badeinsel, Wassersport, vielfältiges Freizeitangebot; Naturschutzgebiet, in dem seltene Vögel brüten.
>
> (Quelle: Stadtarchiv Stadt Wunstorf)

tung einen großen ‚Wald-Putz'. Der Müll der Besucher soll beseitigt werden. Da wird auch deine Hilfe gebraucht. Säcke und warme Getränke stellt die Zeitung."

Katja findet Mutters Vorschlag gut, und auch Klaus will mitmachen. Auf der Fahrt zum Steinhuder Meer erfährt Tante Karin von den Plänen der Familie und Näheres über das Ausflugsziel.

Klaus beginnt: „Also, das Steinhuder Meer hat eine Wasserfläche von 32 Quadratkilometer, einmal um das Meer herum mußt du ungefähr 32 Kilometer laufen. Die größte Breite beträgt 4,8 Kilometer und die durchschnittliche Wassertiefe liegt bei 1,50 Meter. Die tiefste Stelle mißt drei Meter."

Er schaut seine Schwester an und wartet, ob sie ihm widerspricht. Katja berichtet der Tante, daß während der Sommermonate am Wochenende viele Tagesausflügler kommen, an manchen Wochenenden mehrere tausend, oft sogar von weit her. Dann sind der Ort, die Uferpromenade und der neue, große Parkplatz überfüllt. Aber schon ein wenig weiter im Wald oder bei einer geführten Wanderung kann man die Natur genießen. Tante Karin erfährt noch vom Vater, daß der Segelklub bald sein 105. Jubiläum feiert.

1.1 Suche auf einer Niedersachsenkarte das Steinhuder Meer.
1.2 Nenne die Landschaften und Städte, die rund um das Steinhuder Meer liegen *(Abb. 234/235* und *Atlas).*
1.3 Viele Besucher kommen aus Nordrhein-Westfalen. Gib eine Erklärung dafür. Nutze den *Atlas.*
1.4 Suche auf der *Abb. 234/235* heraus, in welchen Gebieten die Besucher nicht ans Wasser dürfen. *Abb. 233.2* hilft dir dabei.
1.5 Wie lange hat Steinhude schon Fleckenrechte?
1.6 Welche Freizeitangebote würdest du am Steinhuder Meer nutzen *(Abb. 234/235)*?

2 Ein erlebnisreiches Wochenende

Als Familie Keller am Sonntagabend nach Hause fährt, sind sich alle einig: Es war ein erfülltes Wochenende. Die Kinder erzählen von ihren Aktivitäten:

Katja war zuerst im Vogelschutzgebiet. Dort nisten zahlreiche vom Aussterben bedrohte Vogelarten. Im Winter kommen nordische Vögel. Manche ruhen sich vor dem Weiterflug aus, viele bleiben aber auch. Sie fliegen im kommenden Frühjahr nach Skandinavien zurück. Besondere Vorschriften und ausgeschilderte Wege schützen dieses Gebiet. Sie geben dem Wanderer die Möglichkeit, die Tiere zu beobachten.

Klaus hat auf den beiden künstlichen Inseln des Steinhuder Meeres geholfen: auf der Festung Wilhelmstein und der 1975 fertiggestellten Badeinsel. Während sich der Schmutz auf der Inselfestung in Grenzen hielt, war es auf der Badeinsel besonders schlimm. Die letzten warmen Tage hatten noch einmal viele Badegäste angelockt. Klaus war empört. „Da liegen sie stundenlang in der Sonne und sind nicht in der Lage, ihre Abfälle in die Körbe zu bringen."

Katja weiß ähnliches vom Radwanderweg zu berichten. Manche Radfahrer hatten mit ihrem Müll wohl Zielwerfen veranstaltet, weil sie zu faul gewesen waren, von ihren Rädern abzusteigen. Im Wald fanden sie auch Reste von Grillplätzen, obwohl das Grillen nur an bestimmten Stellen erlaubt ist. Auch Katja schimpft. „Manche Leute

236.1 Feuchtwiesen

236.2 Auf der Badeinsel des Steinhuder Meeres

237.1 Radwanderweg

denken einfach nicht darüber nach, daß sie die Natur kaputt machen. In Steinhude sind doch so viele neue Parkplätze angelegt worden. Jeder kann einen Platz finden. Warum fahren dann doch noch einige in den Wald? Es gibt viele Wander- und Radwege. Warum müssen einige trotzdem kreuz und quer fahren und laufen? Ich verstehe das nicht!"

Klaus und Katja waren aber auch überrascht, wie viele Menschen an der „Putz-Aktion" teilgenommen haben. Herr und Frau Keller freuen sich über die Einsatzbereitschaft ihrer Kinder. Sie sind sicher, im nächsten Jahr wird es keine Diskussion geben, wenn es heißt: Wir verbringen unser Wochenende am Steinhuder Meer.

Auch Tante Karin hat das Wochenende mit ihren Verwandten sehr genossen. Als sie sich dafür bedankt, antwortet Frau Keller: „In der Umgebung des Steinhuder Meeres gibt es noch viel zu sehen. Vielleicht können wir dir das nächste Mal die Dinosaurierspuren bei Münchehagen zeigen."

237.2 Beim Torfstechen

2.1 Überlege dir, warum es wichtig ist, sich wie Katja und Klaus aktiv für den Naturschutz einzusetzen.
2.2 Suche aus dem Text heraus, worüber sich Katja und Klaus besonders ärgern.
2.3 Hast du schon ähnliche Beobachtungen gemacht?
2.4 Versuche herauszufinden, welche interessanten Ausflugsziele und Freizeitbeschäftigungen *(Abb. 237.2)* es rund um das Steinhuder Meer noch gibt.
2.5 Informiere dich, wo es in der Nähe deines Heimatortes ein Freizeitangebot gibt.
2.6 Besorge dir Prospekte, und plane einen Ausflug.

Projekt: Streit um eine Tonkuhle

Mit folgendem Text wandte sich eine Zeitung in ihrer Wochenendausgabe an ihre jungen Leser:

„Liebe Kinder!

Ihr habt sicherlich in Gesprächen mit Euren Eltern und aus der Tageszeitung erfahren: Um die Tonkuhle am Ascherberg gibt es Streit. Fest steht: In Klärteichen des Landkreises lagert Klärschlamm, in dem Experten Cadmium festgestellt haben. Cadmium ist ein Schwermetall und gilt als äußerst gesundheitsgefährdend.

Um die Verfüllung dieses cadmiumhaltigen Klärschlamms in eine dafür geeignete Tonkuhle geht es insbesondere. Doch es geht auch um den Umweltschutz. Viele von Euch – daß weiß ich aus zahllosen Gesprächen – halten den Schutz unserer natürlichen Lebensgrundlagen aus guten Gründen für eine ganz wichtige Sache. Umweltschutz zählt auch längst zu den ganz wichtigen Themen, die in den Schulen behandelt werden."

- Schneide aus deiner Heimatzeitung aktuelle Berichte aus, die sich deiner Ansicht nach mit Umweltfragen in deinem Heimatkreis beschäftigen. Stelle die Artikel für eine Wandzeitung zusammen.
- Notiere aus einem Lexikon für Umweltfragen die Gefährdungen, die Cadmium für den Menschen verursacht und welche Gefahrenstoffe Klärschlamm noch enthält.
- Versuche mit Mitschülerinnen und Mitschülern deiner Klasse, die Fragen im Text zu beantworten. Haltet die Ergebnisse fest.

238.1 Die Tonkuhle am Ascherberg

Die Tonkuhle wurde wirtschaftlich seit etwa 20 Jahren nicht mehr genutzt. Seltene Pflanzen, Libellen und Amphibien hatten mittlerweile von ihr Besitz ergriffen. Spontan gründeten Bürger, die in der Nähe wohnten, eine Initiative. Sie forderten, die Tonkuhle zum **Naherholungs**gebiet umzugestalten. Schülerinnen und Schüler einer benachbarten Schule schlossen sich der Bürgerinitiative an und führten eine Unterschriftenaktion durch. Sehr unterschiedlich waren die Stellungnahmen der Bewohner ihres Ortsteils. Unter anderem erfuhren sie an den Haus- und Wohnungstüren:

„Ich unterschreibe selbstverständlich, denn ich will diesen Cadmiumschlamm nicht in der Tonkuhle haben!"

„Ich finde es unerhört, daß heutzutage Kinder von den Lehrern losgeschickt werden, um Unterschriften zu sammeln!"

„Seid doch froh, daß ihr dann später Spielplätze bekommt, wenn die Tonkuhle zugeschüttet ist."

„Ich bin zu alt, ich unterschreibe nicht."

„Ich gebe meine Unterschrift nicht, ihr nützt sie vielleicht aus, oder sie wird für falsche Dinge verwendet."

„Wo soll denn der Klärschlamm hin?"

Nach Abschluß der Umfrage tragen die Schülerinnen und Schüler die Ergebnisse zusammen. So unterschiedliche Antworten haben sie nicht erwartet. In einer Diskussion versuchen sie gemeinsam und für sich selbst, Antworten auf folgende sechs Fragen zu finden, die in der Randspalte aufgeführt sind.

1. Welche Gruppen streiten sich um die Nutzung der Tonkuhle?

2. Bin ich als Mitglied dieser Schülergruppe oder Bürgerinitiative von den Veränderungen jetzt oder in Zukunft betroffen?

3. Sind die Interessen der Beteiligten Gruppen berechtigt? Wie beurteile ich sie? Welche sind es? Womit begründen sie diese?

4. Haben die Interessengruppen gesetzliche oder andere Möglichkeiten, ihr Ziel der Nutzung der Tonkuhle durchzusetzen?

5. Sind Kompromisse möglich, den Streit beizulegen?

6. Werde ich mich oder wollen wir uns als Gruppe der Bürgerinitiative anschließen?

239.1 Geburtshelferkröte und Feuersalamander

Die Alpen – ein gefährdeter Erholungsraum

240.1 Panoramabild.
Stelle die Lage des Gebietes im Atlas fest.

Der Deutsche Alpenverein
– gegründet 1869
– Mitglieder 220 000
– Zahl der Hütten in den Ostalpen 226 mit 12 000 Schlafplätzen.

1.1 Warum eignen sich die Alpen von Natur aus als Erholungsraum (Abb. 240.1)?
1.2 Erkläre den Begriff „Massentourismus"!
1.3 Nenne die Voraussetzungen für den Massentourismus in den Alpen.

1 Massentourismus im Gebirge

Als die Alpen durch Eisenbahnen und Straßen und vor allem durch Autobahnen erschlossen wurden, fuhren immer mehr Menschen in die Alpen, die am Bergwandern und Bergsteigen Gefallen fanden. Die Bergfreunde schlossen sich zu Alpenvereinen zusammen. Schutzhütten wurden errichtet und die Wanderwege ausgebaut. Aber es waren bis vor 40 Jahren nur wenige, die sich einen Urlaub in den Alpen leisten konnten. Heute kommen während der Urlaubszeiten Menschen aus ganz Europa in Massen in die „stille Bergwelt": im Sommer wie im Winter. Diese Erscheinung des **Fremdenverkehrs** bezeichnen wir als **Massentourismus**.

30 Millionen Menschen verbringen jedes Jahr ihre Ferien in den Alpen. Darüber hinaus fahren jährlich 60 Millionen Wochenend- und Tagesgäste in diesen Erholungsraum. Allein 400 000 Münchner sind dreißigmal im Jahr in Richtung Alpen unterwegs! Aber auch aus allen anderen Großstädten des Alpenvorlandes, aus Deutschland und anderen Ländern strömen die Bergwanderer und Skifahrer in die Berge. Über drei Millionen Betten werden in den Gemeinden der Alpen für die Gäste bereit gehalten; mehr als 220 Millionen Übernachtungen werden im Jahr den Fremdenverkehrsämtern gemeldet.

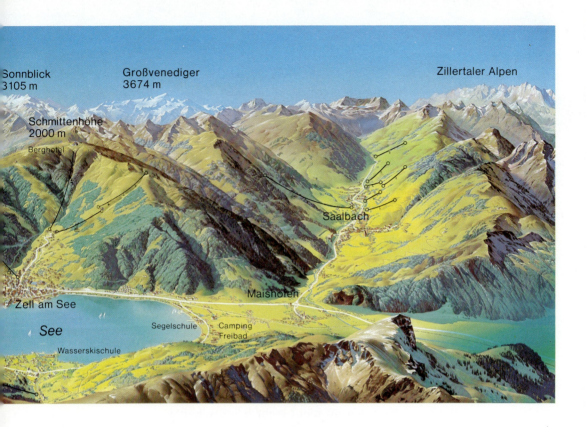

2 Sportmöglichkeiten im Hochgebirge

Vor 200 Jahren reisten die ersten „Fremden" in die Alpen und erklommen mit der Hilfe der Einheimischen die höchsten Berge: den Montblanc, den Großglockner, den Ortler, die Zugspitze, das Matterhorn.

Ursprünglich waren es in erster Linie Sommergäste, die mit der Eisenbahn zum Bergsteigen hierher kamen und in den schlichten Gasthöfen der Bergdörfer und Talorte wohnten. Im Winter war es in den Bergen still und einsam. Die „norwegischen Schneeschuhe" aus Holz, die Vorläufer der heutigen Skier, waren bis um die Jahrhundertwende in Deutschland fast unbekannt.

Doch dann erlebte der Skilauf vor allem nach dem Zweiten Weltkrieg einen ungeheuren Aufschwung.

Für die Menschen in den Bergen hatte diese Entwicklung viele Vorzüge: Nun kam zur Sommer**saison** des Fremdenverkehrs auch noch die Wintersaison.

Freilich mußten die Fremdenverkehrsorte auch manche Einrichtung schaffen, um den Gästen im Sommer und im Winter etwas zu bieten. Über 10 000 Lifte und Seilbahnen dienen als Aufstiegshilfen. Ebenso bemüht man sich, die Sommer- und die Wintersaison zu verlängern, indem man zum Beispiel Hallenbäder oder Kunsteisstadien und andere Erholungseinrichtungen baut.

2.1 Nenne Sportarten, die man in den Alpen ausüben kann. Trenne zwischen Winter- und Sommersportarten *(Abb. 240.1).*
2.2 Welche Einrichtungen hat man geschaffen, um möglichst viele Fremde anzuziehen?
2.3 Erkläre die Begriffe Sommer- und Wintersaison!

242.1 Skipiste im Sommer

3 Welche Gefahren drohen den Alpen?

In den vergangenen 40 Jahren ist mehr als ein Zehntel der landwirtschaftlichen Flächen in den Alpen dem Fremdenverkehr geopfert worden. Wiesen und Weiden werden oft nicht mehr bewirtschaftet.

Breite „Pistenautobahnen" wurden in die Bergwälder geschlagen. Die Raupenfahrzeuge pressen dort den Schnee zusammen, so daß er erst viel später wegtaut als an benachbarten Stellen. Wenn nicht genügend Schnee liegt, wird Kunstschnee mit Schneekanonen auf die Pisten „geschossen". Mit chemischen Mitteln wird ein frühes Abtauen des Schnees verhindert.

Gerade auf den „nackten" Abfahrtspisten greifen heftige Regenfälle und die Schmelzwasser im Frühjahr den ungeschützten Boden an und spülen ihn weg.

3.1 Welche Gefahren für die Bergwelt gehen vom Tourismus aus?
3.2 Der Tourismus wird als „Landschaftsfresser" bezeichnet. Äußere dich dazu (Abb. 242.1, 243.1 und 243.2).
3.3 Begründe die Notwendigkeit, die Landschaft vor den Eingriffen der Menschen zu schützen.

„Jede Unebenheit des jahrtausendelang gewachsenen und für die Pflanzen so wichtigen Bodens wird vom Bulldozer einfach weggeschoben, die Vegetation wird zerstört. Die pflanzenlosen Hänge sind ideale Gleitflächen für den Schnee. Der Pistenbau versechsfacht im Sommer den Wasserabfluß bei Wolkenbrüchen und vermehrt die Hochwassergefahr. Der Boden beginnt zu rutschen und könnte – im Extremfall – ganze Dörfer verwüsten. Gefährlich werden die kahlen Stellen vor allem in höheren Lagen: ab 1800 Meter ist die Situation kritisch, ab 2000 Meter alarmierend.
Es gibt noch andere Nachteile: Durch den gepreßten Pistenschnee friert der Boden noch stärker. Selbst anspruchslose Gewächse erfrieren und können im Frühjahr nicht mehr an die Oberfläche dringen."

243.1 Gletscherskigebiet

Sogar die abgelegensten Gletschergebiete werden dem Massenskilauf erschlossen. Kein Wunder, daß sich der Müll überall in den Alpen anhäuft. Auf 1000 Tonnen schätzt der Deutsche Alpenverein den Müll, den allein die deutschen Urlauber jedes Jahr liegen lassen.

243.2 „Durchlöcherter" Berg

244.1 Stau auf der Autobahn München–Salzburg

Massentourismus – Urlaub mit dem Auto?

Gero, Wieland, Beate und Maren unterhalten sich über ihre Erlebnisse im Familienurlaub.

Beate: „Wir waren auf Sylt und hatten ganz tolles Wetter. Aber wenn wir abends vom Strand kamen und nach Westerland mit dem Auto fuhren, dann gab es jedes Mal einen mordslangen Stau. Auf der Insel war es oft dasselbe. Ich fand das ätzend und hätte manchmal lieber auf das Auto verzichtet."

Wieland: „Wir hatten eine Ferienwohnung auf einem Bauernhof im Allgäu gemietet, ziemlich einsam die Gegend. Aber es war immer etwas los: Reiten, Stall misten, Vieh füttern. Wenn wir aber etwas von der Umgebung sehen wollten, ging das am besten mit dem Auto. Meine größere Schwester konnte zur Disco fahren. Wir haben auf den Seen der Umgebung gesurft, während meine Eltern Museen und Schlösser besichtigten. Aber Hin- und Rückfahrt waren lästig: stundenlange Staus, Unfälle, Hitze. Mein kleiner Bruder wurde rappelig. Meine Eltern haben sich gezankt, weil meine Mutter mal wieder davon anfing, ob wir es im nächsten Urlaub nicht doch mit dem Zug probieren sollten."

Gero: „Das ist doch gar nichts! Wir haben auf der Hinfahrt nach Spanien einen ganzen Tag länger ge-

● Beschreibe die *Abb. 244.1.* Was sagen die *Abb. 245.1* und *245.2* aus?
● Welche Meinungen haben Beate, Wieland, Gero und Maren über die Benutzung des Autos im Urlaub?
● Welcher Meinung könntest du am ehesten zustimmen? Begründe deine Auffassung!

braucht, als wir geplant hatten. Einen Urlaubstag sozusagen verschenkt. Mein Vater war jedenfalls ganz schön geschafft. Am Urlaubsort war es dann doch ganz gut, ein Auto zu haben. Von der Landschaft, den Dörfern und Menschen im Inneren des Landes hätte ich sonst nichts gesehen."

Maren: „Ich war mit meinen Eltern in München. Wir fuhren mit einem Intercity. Er war so voll, daß wir am Anfang stehen mußten. Mit U- und S-Bahn kann man in München und Umgebung alles bequem und schnell erreichen. Ich habe das Auto nicht vermißt und bin überhaupt der Meinung, man sollte viel öfter darauf verzichten."

Beate: „Ehe ich Koffer zu Haltestellen und Bahnhöfen schleppe, setze ich mich doch lieber ins Auto. Es ist bequem, und du kannst fahren, wann du willst und wohin du willst."

Wieland: „Ich sehe das nicht ganz so. Warum muß man zum Beispiel auf Sylt oder in München ein Auto benutzen. Mit den Auspuffgasen richten wir doch schon genug Umweltschäden an!"

Gero: „Ich wüßte nicht, wie wir mit vier Leutchen unsere Klamotten nach Spanien transportieren sollten. Und außerdem, ohne Auto bist du doch am Urlaubsort ganz aufgeschmissen."

Maren: „Da ist was dran. Aber ihr könntet doch zum Beispiel einen Teil der Hin- und Rückfahrt mit dem Autoreisezug fahren. Das würde doch den Reiseverkehr auf den Autobahnen entlasten."

Beate: „Schön wär's, aber die Bundesbahn hat viel zu wenig Autoreisezüge. Voriges Jahr, als wir in Italien waren, hat mein Vater vergeblich versucht, einen Platz im Autoreisezug zu bekommen. Und dazu kommt, daß die Strecke mit der Bahn für uns viel teurer geworden wäre. Mit den billigeren Spritkosten haben wir Urlaubsgeld gespart."

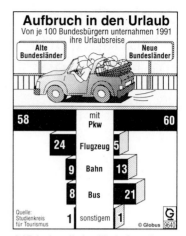

245.1 Anteil der Verkehrsträger bei Urlaubsreisen

● Erkundige dich bei der Bundesbahn nach den Kosten einer Fahrt im Autoreisezug von Hannover nach München (1 PKW, 4 Personen). Vergleiche dazu die Kosten einer Fahrt im PKW mit eurem Auto.

● Ist es immer richtig, nur danach zu entscheiden, ob etwas billiger ist, oder kann es auch andere Überlegungen dazu geben? Beachte dabei auch folgende Stichworte: Unfallgefahr, Streß beim Fahren, Umweltverschmutzung.

Ergebnis einer Umfrage:

- Um die endlosen Staukolonnen zu umgehen, würden 89 Prozent der Bundesbürger ihren Urlaub an Werktagen beginnen, wenn sie die Möglichkeit hätten.

- Die hohe Verkehrsdichte und die Ermüdung bei langen Fahrstrecken führen zu Konzentrationsmängeln und zu vermehrten Fahrfehlern.

- 20 Prozent der Autofahrer trauen sich eine Tagesstrecke zwischen 800 und 1400 Kilometer auf der Fahrt in den Urlaub zu. Entfernungen, die selbst Berufskraftfahrer aufgrund der Sicherheitsbestimmungen nicht zurücklegen dürfen.

245.2 Verkehrsdichte

Costa Brava – Urlaubsparadies am Mittelmeer

1 Ein Brief von der Costa Brava

Familie Bochert hat sich dieses Jahr eine größere Urlaubsreise geleistet. Herr und Frau Bochert, Susanne (13) und Markus (17) sind für drei Wochen an die Costa Brava gefahren, nach Lloret de Mar. Susanne schreibt ihrer Freundin Alexandra, was sie erlebt:

Liebe Alexandra,
in Lloret ist es viel schöner, als ich es mir erträumt habe. Es gibt hier einen langen Sandstrand. Da kann man toll spielen. Das Wasser ist ganz warm, viel wärmer als bei uns. Den ganzen Tag scheint die Sonne. Gestern mittag waren es sogar 35 °C im Schatten. Es war selbst Mutti zu heiß zum Sonnen. Auch die Umgebung ist sehr schön. Man kann tolle Ausflüge machen. Vorgestern waren wir in Tossa, einem kleinen Badeort. Er liegt nur wenige Kilometer von hier entfernt. Dort haben wir eine alte Burg besichtigt. Übermorgen wollen wir einmal in die Berge fahren. Da gibt es große Stauseen und kleine Bergdörfer. Vati und Mutti wollen mit uns dann auch eine Orangen- oder Zitronenplantage besuchen …

Tab. 1: Klima und Wassertemperaturen an der Costa Brava

	April	Mai	Juni	Juli	August	September	Oktober
Tagestemperatur in °C	18	21	25	28	28	25	21
Sonnenscheinstunden	7	8	9	10	9	7	5
Niederschlagstage	6	6	4	2	5	4	6
Wassertemperatur in °C	14	16	19	22	24	22	20
zum Vergleich Travemünde (Ostsee)			17	18	18	18	

1.1 Arbeite eine Reiseroute von deinem Heimatort nach Lloret de Mar aus. Beschreibe den Verlauf der Strecke.
1.2 Warum fahren so viele Urlauber im Sommer an die spanische Mittelmeerküste und nicht an die Ost- oder Nordsee (Tab. 1)?
1.3 Was könnte Touristen reizen, nach Tossa zu fahren (Abb. 247.1)?
1.4 Plane mit Hilfe der Karte (Abb. 246.1) einen Ausflug in die Umgebung von Lloret. Nenne die Orte, durch die du fahren möchtest, und gib die gefahrenen Kilometer an.

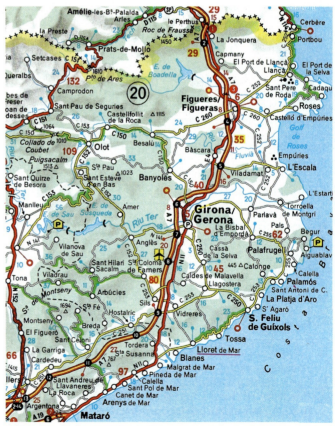

246.1 Straßenkarte – Costa Brava

2 Für fast jeden wird etwas geboten

… Wir sind jetzt schon über eine Woche in Lloret, und kein Tag war wie der andere. Man kann unheimlich viel unternehmen: Auf dem Meer kann man Windsurfen oder Wasserski fahren, und außerdem kann man tauchen. Direkt neben unserem Hotel sind eine Minigolfanlage und Tennisplätze.

Im Hotel gab es gestern nachmittag eine tolle Party. Mutti und Vati waren in dieser Zeit in der Stadt bummeln. Vati sagt, so viele Cafés, Restaurants, Discotheken und Bars hätte er noch nie in einer Stadt gesehen. In den Straßen gibt es überall Geschäfte, und auf den Gehwegen stehen viele Straßenhändler. Sie verkaufen Ledergürtel, Schmuck, Bilder und vieles andere. Ich darf hier abends bis elf Uhr aufbleiben. Auch nachts sind die Straßen noch so voll wie bei uns tagsüber. Gut, daß unsere Oma nicht mitgefahren ist, denn hier ist es sehr laut. Die Musik dröhnt aus vielen Discotheken. Darum sieht man hier wenig ältere Leute. Die fahren eher in ruhigere Orte wie Tossa, oder sie machen Urlaub in der Neben**saison**, der Zeit des Jahres, in der hier nicht so viele Touristen sind …

2.1 Was wird den Touristen in Lloret de Mar alles geboten? Erstelle eine Tabelle, und unterscheide darin Angebote für Kinder, Jugendliche, Erwachsene, ältere Menschen.
2.2 Verfasse eine Werbeanzeige für Lloret.
2.3 Warum fahren viele ältere Menschen im Herbst und Winter nach Spanien? Nenne Gründe.
2.4 Zu welchem Teil Europas zählt Spanien?

247.1 Costa Brava – Tossa

248.1 Schilder in einem spanischen Touristenort

248.2 Eine neue Feriensiedlung entsteht

3 Der Tourismus hat Folgen

... „Eisbein mit Sauerkraut" und „Wiener Schnitzel" stehen auf der Speisekarte. Das Restaurant, in dem wir essen wollen, heißt „Bayerische Stube". Wir sind aber nicht wieder in Deutschland, sondern immer noch an der Costa Brava. Die Menschen hier haben sich ganz auf die vielen zehntausend Touristen aus allen Ländern eingestellt. Mutti sagt, daß der Massentourismus viel verändert hat. Alle Speisekarten gibt es in Englisch, Deutsch, Französisch und Spanisch. Auch viele Reklamen sind in diesen Sprachen verfaßt. Im Sommer sendet sogar das Radio für einige Stunden deutsche Programme. Schon am zweiten Tag sagte uns ein Spanier: „Wenn Sie Spanien erleben wollen, dann müssen Sie ins Hinterland fahren. Hier an der Küste sind nur noch Ausländer. Und mit jedem neu gebauten Hotel werden es mehr."

Tatsächlich werden hier überall Hotels und neue Feriensiedlungen gebaut. An einigen Stellen ist die Küste total „zugebaut". Mutti meint, diese Folgen des Tourismus wären auch nicht allen Spaniern recht. Jeder neue Supermarkt und jeder neue Campingplatz bringen allerdings neue Arbeitsplätze. Manche Touristen beschweren sich aber auch beim Fremdenverkehrsamt. Sie drohen, daß sie in den nächsten Ferien woanders hinfahren, wenn noch mehr Natur zugebaut wird.

Viele Grüße

Deine Susanne

3.1 Beschreibe, wie sich der Tourismus in den Fremdenverkehrsorten im Straßenbild bemerkbar macht *(Abb. 248.1)*.
3.2 Viele Spanier leben vom Tourismus. Zähle einige Berufe auf.
3.3 Beschreibe, wie sich der Tourismus auf die Landschaft ausgewirkt hat *(Abb. 247.1 und 248.2)*.
3.4 „Die Spanier an der Küste haben sich ganz auf ihre ausländischen Gäste eingestellt." Nenne Beispiele.

Freizeit und Umwelt

Wir fassen zusammen

Naherholung am Steinhuder Meer

Viele Menschen haben den Wunsch, am Wochenende ihre freie Zeit zu genießen. Sie möchten häufig nicht untätig bleiben, sondern sich aktiv entspannen.
In den Großstädten reichen die Freizeiteinrichtungen für eine abwechslungsreiche Freizeitgestaltung oftmals nicht aus. Deshalb sind gerade für Familien Naherholungsziele nötig, die sie mit dem Fahrrad, dem Auto oder anderen Verkehrsmitteln schnell erreichen können. An schönen Tagen sind an den Wochenenden deshalb viele Menschen unterwegs, um z. B. im Steinhuder Meer zu baden, dort Wassersport zu treiben (wie Segeln und Surfen) oder die Landschaft (Naturschutzgebiete) zu genießen.
In Natur- und Landschaftsschutzgebieten gelten für die Besucher besondere Vorschriften, die sie zum Erhalt der Pflanzen- und Tierwelt unbedingt beachten müssen.

Die Alpen – ein gefährdeter Erholungsraum

Bis vor etwa 40 Jahren konnten sich nur wenige Menschen einen Urlaub leisten. Seitdem aber stiegen die Einkommen, es gab mehr Jahresurlaub, fast jede Familie konnte sich ein Auto kaufen. Die Verkehrswege wurden ausgebaut, und bald waren Massen von Touristen in den Alpen unterwegs, um dort die Schönheiten der Natur zu bewundern oder Sport zu betreiben.
Für die Gäste wurden Lifte, Seilbahnen, Hallen- und Freibäder, Hotels und Pensionen, Skipisten und Sportplätze eingerichtet. Immer weniger Bauern und Handwerker, aber immer mehr Menschen, die im Fremdenverkehr ihren Lebensunterhalt verdienen, leben heute in den Alpen. Durch den Massentourismus kam es in den Alpen zu schweren Schädigungen der Landschaft, insbesondere in den Gipfelregionen, die durch den ganzjährigen Skisport stark belastet sind. Darüber hinaus wird die Umwelt durch Müll, Abgase und Lärm belastet. Die Alpen sind ein gefährdeter Erholungsraum.

Costa Brava – Urlaubsparadies am Mittelmeer

Die Mittelmeerküste ist jedes Jahr das Urlaubsziel von Millionen Menschen. Warme, trockene Sommer laden zum Badeurlaub und zum Besuch der Sehenswürdigkeiten ein. In den Urlaubsorten hat man sich deshalb auf den Massentourismus eingestellt. Es entstanden viele Hotels, Restaurants und Geschäfte, die das Aussehen der Orte an der Küste sehr veränderten.

Grundbegriffe

Freizeiteinrichtungen
Massentourismus
Fremdenverkehr
Saison
Naherholung

Minilexikon
Erklärung wichtiger Begriffe

Ackerbau (Seite 56)
Anbau von → Nutzpflanzen auf kultiviertem Boden. Bevor die Menschen Ackerbau betrieben, waren sie → Jäger, → Sammler und Fischer. Etwa ab 9000 v. Chr. begannen sie mit dem Anbau von Pflanzen und der → Tierzucht. Um 3000 v. Chr. erfanden die Menschen den Pflug. Um 800 n. Chr. wurde die → Dreifelderwirtschaft eingeführt.

Äquator (Seite 17)
Breitenkreis der Erde mit der längsten Umfanglinie, der Nord- und Südhalbkugel trennt. Länge: 40 076 km.

Allah (Seite 161)
arabisch = Gott; nach der Religion des → Islam der *eine* Gott, der Himmel und Erde geschaffen hat, Herr des Jüngsten Gerichts ist und neben dem kein anderer Gott verehrt werden darf.

Allmende (Seite 108)
Besitz, der der Dorfgemeinschaft gehört (Wald, Weide, Gewässer und Wege).

Amphitheater (Seite 150)
Theater unter freiem Himmel, bei dem die Zuschauersitze ringsum (griechisch/lateinisch = amphi) ansteigend um den Kampfplatz angeordnet sind.

Analphabeten (Seite 85)
Menschen, die weder lesen noch schreiben können, weil sie keine Schule besuchen konnten (→ Entwicklungsland).

Asylbewerber (Seite 170)
Menschen, die in ihren Heimatländern aus politischen oder religiösen Gründen oder, weil sie einer völkischen Minderheit angehören, verfolgt werden.

Atlas (Seite 28)
Sammlung von Karten, meist in gebundener Form. Man spricht aufgrund der dargestellten Karteninhalte z. B. von Wirtschafts- und Verkehrsatlanten. Schulatlanten werden vor allem im Erdkunde-, auch im Geschichtsunterricht verwendet. Enthalten die Atlanten alle Teile der Erde, so werden sie als Weltatlanten bezeichnet.

Aussiedler (Seite 172)
deutsche Staatsbürger, deren Vorfahren vor mehr als 100 Jahren vorwiegend in osteuropäische Länder ausgewandert sind.

Beamter (Seite 96)
Angestellter des öffentlichen Dienstes. Arbeitgeber ist der Staat. Beamte gibt es seit dem Altertum, wie z. B. im alten Ägypten.

Bevölkerungswachstum (Seite 204)
Zunahme der Bevölkerung eines Gebietes in einem bestimmten Zeitraum durch Geburtenüberschuß und Zuwanderung.

Breitengrad (Seite 18)
parallel zum → Äquator verlaufende Kreise, die nach Norden und Süden von 0° bis 90° gezählt werden. Sie verbinden die Punkte auf der Erde, die die gleiche geographische Breite haben.

Bronzezeit (Seite 64)
→ Metallzeit.

Bürger (Seite 112)
ursprünglich Bewohner einer Burg, später einer → Stadt, der Grund und Boden und somit das freie Bürgerrecht besaß.

Bund Deutscher Mädel (BDM) (Seite 210)
→ Hitlerjugend.

Chronik (Seite 119)
geschichtliche Überlieferung (→ Quellen), die die Entstehung und Entwicklung, z. B. einer Stadt, eines Landes oder Klosters, erzählt.

Clan (Seite 178)
Zusammenschluß mehrerer Großfamilien oder → Sippen. Mehrere Clans bilden einen Stamm (→ Volksstamm).

Davidsstern (Seite 219)
auch „Judenstern" genannt. Dieses Kennzeichen mußten alle jüdischen Mitbürger ab dem 1. 9. 1941 im deutschen Herrschaftsbereich tragen. Das gelbe Stoffstück mit dem Sechsstern (dem Stern des Königs David) und der Aufschrift „Jude" mußte auf der linken Brustseite des Kleidungsstückes fest aufgenäht getragen werden.

Deich (Seite 129)
künstlich aufgeschütteter Damm an einer Meeresküste oder einem Flußufer zum Schutz des Landes vor Überschwemmungen.

Deichbau (Seite 130)
Bau von Dämmen (→ Deichen) an der Meeresküste oder am Flußufer.

Dreifelderwirtschaft (Seite 111)
Art der Bodenbewirtschaftung seit etwa 800 n. Chr. In jährlichem Wechsel wird ein Drittel des Ackerlandes mit Wintergetreide bestellt, ein Drittel mit Sommergetreide, ein Drittel bleibt brach (unbebaut) liegen, damit sich der Boden erholen kann.

Deutsches Jungvolk (Seite 210)
→ Hitlerjugend.

Dritte Welt (Seite 196)
Gesamtheit der → Entwicklungsländer, im Unterschied zu den → Industrieländern (Erste und Zweite Welt).

Ebbe (Seite 128)
das regelmäßige Zurückweichen des Wassers an der Küste, das durch die → Gezeiten erzeugt wird.

Eisenzeit (Seite 67)
→ Metallzeit.

Eiswüste (Seite 78)
auch Kältewüste; in den Polargebieten der Erde auftretende Schnee- und Eisbedeckungen, z. B. Grönlands. Hier herrschen fast das ganze Jahr über Minustemperaturen, so daß der Niederschlag als Schnee fällt.

Eiszeit (Seite 50)
Epochen der Erdgeschichte, in denen es durch weltweiten Rückgang der Temperaturen zum Vorrücken von Gletschern kam. Die letzte Eiszeit endete in Norddeutschland um 10 000 v. Chr. Die Zeiträume zwischen den Eiszeiten nennt man Warmzeiten.

Elendsviertel (Seiten 165, 204)
englisch = Slum, peruanisch = Barriada, türkisch = Geçekondus; meist am Rande von Großstädten in → Entwicklungsländern gelegene Wohngebiete mit mangelhaften Wohnverhältnissen, fehlenden Bildungs- und medizinischen Einrichtungen.

Entwässerung (Seite 130)
Sammeln und Ableiten des Oberflächenwassers aus den tiefgelegenen Marschgebieten. Hierzu dient ein dichtes Netz von Gräben. Das Wasser wird durch → Sieltore und Pumpwerke in das Meer geleitet.

Entwicklungsland (Seite 196)
im Vergleich zu einem → Industrieland ein weniger entwickeltes Land. Es weist eine Reihe typischer Merkmale auf: z. B. hohes → Bevölkerungswachstum, einseitige Ernährung, hoher Anteil an → Analphabeten.

Erdachse (Seite 16)
gedachte Verbindungslinie zwischen Nord- und Südpol (→ Pole).

Eurasien (Seite 43)
Die Kontinente Europa und Asien bilden zusammen eine große Landmasse. Eurasien bedeutet Europa und Asien.

Europäische Gemeinschaft (EG) (Seite 42)
Staatenbündnis von zwölf europäischen Mitgliedsländern, die auf wirtschaftlichem, politischem und kulturellem Gebiet zusammenarbeiten.

Fellachen (Seite 100)
arabisch = Pflüger; die verarmten Bauern der arabischen Länder, besonders in Ägypten.

Fernhandel (Seiten 64, 66, 113)
Austausch von Waren über längere Entfernungen; er entstand während der → Metallzeit, z. B. der Bernsteinhandel von der Ostsee zur Adria.

Flußdelta (Seite 92)
Mündung eines schlammführenden Flusses in ein ruhiges Gewässer, wobei die Flußarme die Form des Griechischen Buchstabens Delta (Δ) bilden.

Flut (Seite 128)
das regelmäßige Ansteigen des Wassers an der Küste, das durch die → Gezeiten erzeugt wird.

Freizeiteinrichtungen (Seite 230)
Anlagen für Sport und Erholung in → Naherholungs- und → Fremdenverkehrsgebieten, aber auch in Siedlungen. Hierzu gehören z. B. Einrichtungen für den Badeurlaub an Seen und Meeresküsten und solche für Wintersport im Gebirge. Hinzugerechnet werden müssen auch die Sport- und Bildungsstätten in den Städten und Gemeinden.

Fremdenverkehr (Seite 240)
Urlaubsreisen im Inland und ins Ausland, die zur Erholung oder Bildung unternommen werden.

Fremdlingsfluß (Seite 92)
ein Fluß, der aus einem feuchten Gebiet kommt, durch ein Trockengebiet fließt und dort wegen seiner hohen Wasserführung nicht verdunstet oder versiegt.

Gastarbeiter (Seite 169)
Arbeitskräfte, die zwischen 1956 und 1973 im Ausland angeworben wurden.

Geest (Seite 32)
in der → Eiszeit geprägte Landschaften Nordwestdeutschlands, die durch sandige Böden, Niederungen und Moore gekennzeichnet sind.

Germanen (Seite 140)
Völkergruppe in Nord- und Mitteleuropa mit verwandter Sprache und Kultur. Während der Bronzezeit (→ Metallzeit) lebten sie in Norddeutschland, Dänemark und Südschweden und breiteten sich später weiter aus.

Geschäftszentrum (Seite 121)
Teil einer Stadt, in dem sich Kaufhäuser, Einzelgeschäfte, Banken, Versicherungen und Verwaltungen häufen. In Großstädten wird das Geschäftszentrum auch als „City" bezeichnet.

Geschichte (Seite 50)
im weitesten Sinne alles, was geschehen ist; im wissenschaftlichen Sinne die Epoche der Menschheitsgeschichte, in der schriftliche Zeugnisse nachweisbar sind, im Unterschied zur → Vorgeschichte.

Gesellschaft (Seite 100)
Gesamtheit aller zwischenmenschlichen Ordnungen, z. B. die ägyptische Gesellschaft.

Gestapo (Seite 221)
Abkürzung für „Geheime Staatspolizei". Als Machtwerkzeug der Nationalsozialisten verfolgte sie alle politischen Gegner. Menschen konnten von ihr ohne Gerichtsurteil verhaftet werden. Wegen ihrer Methoden (Folterung, Einweisung in → Konzentrationslager) war sie gefürchtet.

Gezeiten, auch **Tiden** (Seite 128)
das regelmäßige Heben und Senken des Meeresspiegels an der Küste. Das Ansteigen des Wassers wird als → Flut, sein Sinken als → Ebbe bezeichnet. Ebbe und Flut bilden zusammen eine Tide von 12 Stunden und 25 Minuten Dauer.

Globus (Seite 16)
lateinisch = Kugel; die einzige verzerrungsfreie Darstellung der Erde.

Götter (Seite 68)
übermenschliche, meist unsterbliche Wesen oder Naturgewalten, die von Menschen verehrt werden.

Gradnetz (Seite 18)
System von → Längen- und → Breitengraden, das der Ortsbestimmung auf der Erde dient.

Großgrundbesitz (Seite 201)
umfangreicher Landbesitz eines einzigen Eigentümers oder einer Familie. Großgrundbesitz gibt es seit dem Altertum.

Häuptling (Seite 143)
Anführer einer Gemeinschaft bei den Naturvölkern, z. B. den Indianern. Auch der germanischen Stämme (→ Volksstamm) wurden von Häuptlingen angeführt.

Heimarbeit (Seite 191)
Arbeit, die von Familien zu Hause geleistet wird; Unternehmer nehmen die Ware zu festen, niedrigen Preisen regelmäßig ab.

Hieroglyphen (Seite 94)
griechisch = heilige Zeichen; die Bilderschrift der alten Ägypter.

Hitlerjugend (HJ) (Seite 210)
1926 gegründete Jugendorganisation der → NSDAP. Sie gliederte sich in die eigentliche HJ (14 bis 18jährige Jungen), das Deutsche Jungvolk (10 bis 14jährige Jungen), den Bund Deutscher Mädel (BDM) für 14 bis 18jährige und den „Jungmädelbund" für 10 bis 14jährige

Mädchen. Angehörige des Jungvolks nannte man auch Pimpfe.

Hochgebirge (Seite 43)
Gebirge, das mit seiner Gipfelregion über 2000 m hinausragt.

Hochkultur (Seite 90)
Lebensart eines Volkes, das sehr früh → Wissenschaft, Verwaltung, Rechtsprechung, Schrift und Kunst hoch entwickelt hat.

Hochwasser (Seite 128)
der höchste Wasserstand bei → Flut.

Höhlenmalerei (Seite 63)
gegen Ende der → Steinzeit entstandene Tier-, auch Menschendarstellungen in Höhlen oder unter Felsvorsprüngen.

Horde (Seite 54)
Menschengruppe von umherstreifenden → Jägern der → Steinzeit. Sie bildeten eine familienähnliche Lebensgemeinschaft von etwa 30 Personen. Noch heute gibt es bei einigen Naturvölkern Horden.

Horizont (Seite 16)
Linie, die in Wirklichkeit nicht existiert, an der die scheinbar gewölbte Himmel über uns die Erdoberfläche berührt.

Hünengräber (Seite 68)
volkstümliche Bezeichnung für vorgeschichtliche Gräber, die aus großen Steinblöcken errichtet wurden (Großsteingräber).

Industrialisierung (Seite 191)
Aufkommen und Ausbreitung der Industrie, besonders durch technische Neuerungen und Erfindungen, z. B. Dampfmaschine, mechanischer Webstuhl.

Industrieland (Seite 196)
Land, in dem die → Industrialisierung am weitesten fortgeschritten und dessen Wirtschaft im Vergleich zum → Entwicklungsland am besten entwickelt ist.

Islam (Seiten 160, 161)
arabisch = Ergebung in Gottes Willen; die Religion, die der Prophet Mohammed lehrte und begründete. Er war der letzte Prophet, dem sich → Allah offenbarte. 622 n. Chr. mußte er Mekka verlassen und nach Medina fliehen. Dieses Jahr gilt als das Jahr 1 der islamischen Zeitrechnung.

Jäger (Seite 56)
Lebensform der älteren → Steinzeit, in der die Menschen als jagende → Horden und als → Sammler umherzogen.

Jagdzauber (Seite 63)
magische Handlungen bei Steinzeitmenschen und Naturvölkern, die den Jagderfolg beeinflussen sollten.

Jungsteinzeit (Seite 62)
→ Steinzeit.

Kalender (Seite 93)
Zeitrechnung, entwickelt nach dem Lauf der Sonne und des Mondes; erfunden von den Ägyptern.

Kastell (Seite 144)
römische und mittelalterliche Befestigungsanlage.

Kinderarbeit (Seiten 190, 199)
Arbeit, die von Kindern geleistet wird. Seit dem Altertum mußten Kinder schwere Arbeiten, besonders in der Landwirtschaft und in den Bergwerken, verrichten. Sie gibt es heute noch in den → Entwicklungsländern.

Klimadiagramm (Seite 80)
zeichnerische Darstellung des Verlaufs von Temperatur und Niederschlag für einen bestimmten Ort während des Jahres.

Kontinent (Seite 16)
große Landmasse der Erde, die von → Ozeanen und ihren Randmeeren begrenzt ist.

Konzentrationslager (**KZ**)
(Seite 206)
von den Nationalsozialisten eingerichtete Lager, die der Ausschaltung oder Vernichtung politischer Gegner dienten. Seit 1942 entstanden zusätzlich Vernichtungslager, in denen vor allem Juden durch planmäßigen Massenmord umgebracht wurden.

Koran (Seite 161)
heiliges Buch des → Islam, das unveränderliche Gotteswort. → Allah selbst hat es dem Propheten Mohammed offenbart. Der Koran enthält 114 Suren (Kapitel).

Küstenschutz (Seite 130)
→ Deichbau an Gezeitenküsten (→ Gezeiten), z. B. der Nordsee, zum Schutz des Landes vor Überschwemmungen.

Längengrad (Seite 18)
Teil des → Gradnetzes der Erde. Durch Greenwich (London) verläuft der Null-Meridian (Längengrad). Er teilt die Erdkugel in eine westliche und eine östliche Hälfte. Längengrade werden jeweils von 0° bis 180° nach O und W gezählt.

Landflucht (Seite 202)
Abwanderung der bäuerlichen Bevölkerung in die Städte aufgrund der dortigen besseren Arbeits- und Verdienstmöglichkeiten.

Landreform (Seite 201)
auch Bodenreform oder Agrarreform genannt; Aufteilung des Großgrundbesitzes auf einzelne Genossenschaften und/oder Vergabe an Kleinbauern.

Legende (Seite 28)
Erläuterung der auf Karten verwendeten Farben und Zeichen (→ Signaturen).

Legionär (Seite 144)
Soldat einer Legion, der größten römischen Heeresabteilung, die etwa 6000 Mann umfaßte.

Limes (Seite 144)
durch Kastelle, Wachtürme und andere Verteidigungsanlagen befestigte Grenzlinie der Römer zwischen Rhein, Main und Donau.

Marktplatz (Seite 112)
Mittelpunkt und Hauptplatz einer mittelalterlichen Stadt. Hier standen das → Rathaus, die prächtigsten Bürgerhäuser und meistens die Kirche.

Marsch (Seite 131)
flaches Küstenland, das seine Entstehung dem Meer verdankt (Anschwemmung von Schlick). Voraussetzung dafür ist das Vorhandensein der → Gezeiten.

Massentourismus
(Seiten 240, 248)
zunehmender Fremdenverkehr durch Konzentration von Fremdenverkehrsregionen, z. B. Mallorca oder die Alpen, und steigenden Anteil von Pauschalreisen.

Maßstab (Seite 8)
das Verkleinerungsverhältnis einer Kartenlänge gegenüber der Länge in der Wirklichkeit; Beispiel: 1 : 100 000 heißt: 1 cm auf der Karte entspricht 100 000 cm (= 1 km) in der Wirklichkeit.

Metallzeit (Seite 64)
Bezeichnung des Abschnitts der → Vorgeschichte, in dem die Metallgewinnung und -verarbeitung die Steinbearbeitung (→ Steinzeit) ablöst. Die Metallzeit unterteilt man in die Bronze- und Eisenzeit.

Mittelgebirge (Seite 43)
meist bewaldete Bergländer mit gerundeten Oberflächenformen, die im allgemeinen 1500 m Höhe nicht übersteigen.

Moschee (Seite 160)
→ islamisches Gottes- und Gebetshaus.

Mumie (Seite 103)
eine durch Austrocknung oder besondere Behandlung (Einbalsamierung) vor Verwesung geschützte Leiche.

Muslim (Seite 161)
weiblich = muslima; arabische Bezeichnung für die Anhänger des → Islam.

Mythos (Seite 102)
Erzählung, die von großen Ereignissen aus vorgeschichtlicher Zeit berichtet.

Naherholung (Seite 239)
Erholung in Gebieten, die meist in der Nähe von Großstädten liegen.

Nationalpark (Seite 134)
ein besonders geschütztes Gebiet, in dem die Eigenart der Natur erhalten bleiben soll.

Nationalsozialismus (Seite 206)
revolutionäre Bewegung nach dem Ersten Weltkrieg mit einer extrem nationalen, rassistischen und auf staatliche Ausdehnung beruhende Weltanschauung. Ihre Anhänger sind die Nationalsozialisten (Nazis). Ihre Partei war die → Nationalsozialistische Deutsche Arbeiterpartei (NSDAP), die die Herrschaft in Deutschland von 1933–1945 ausübte.

Nationalsozialistische Deutsche Arbeiterpartei (NSDAP) (Seite 206)
Partei, die 1919 in München gegründet wurde und von 1933 bis 1945 unter ihrem Führer Adolf Hitler die unumschränkte Macht in Deutschland besaß. Durch Unterdrückung und Terror beherrschte sie mit ihren Organisationen (→ Gestapo, → Hitlerjugend, → Schutzstaffel, → Sturmabteilung)
das gesamte öffentliche Leben in Deutschland und war Hauptstütze der Nazi-Herrschaft.

Neo-Nazis (Seite 226)
Anhänger einer Bewegung, die die Vorstellungen und Organisationsformen der → Nationalsozialistischen Deutschen Arbeiterpartei (NSDAP) wiederbeleben wollen.

Niederschlag (Seite 81)
Regen und Tau, Schnee und Hagel (unter dem Gefrierpunkt), die sich dann bilden, wenn feuchte Luft sich abkühlt.

Niedrigwasser (Seite 128)
der niedrigste Wasserstand bei → Ebbe.

Nomaden (Seite 87)
Viehhalter, die auf jahreszeitlichen Wanderungen mit ihren Herden von Weideplatz zu Weideplatz ziehen.

Nordpol (Seite 18)
→ Pole

NSDAP (Seite 206)
→ Nationalsozialistische Deutsche Arbeiterpartei.

Nutzpflanzen (Seite 62)
Pflanzen, die im Acker- und Gartenbau zur Ernährung und für technische Zwecke angebaut werden. Ursprünglich stammen sie von Wildpflanzen ab.

Oase (Seite 84)
Siedlung mit ausreichender Wasserversorgung in der Wüste.

Orientierung (Seite 19)
die Ortsbestimmung nach der Himmelsrichtung; im allgemeinen auch, sich in einer Landschaft zurechtfinden oder sich einen Überblick verschaffen, aber auch sich informieren.

Ozean (Seite 16)
große Wasserfläche der Erde zwischen den → Kontinenten.

Papyrus (Seite 95)
Kurzform für Papyrusstaude; Grasart aus tropischen Gebieten, deren Fasern zu Flechtwerk, ebenfalls Papyrus genannt, verarbeitet werden. Im Altertum diente er zum Beschreiben.

Patrizier (Seite 114)
Angehörige reicher Kaufmannsgeschlechter in den mittelalterlichen Städten, die den Stadtrat bildeten. Später zählten auch angesehene Handwerkerfamilien aus den → Zünften dazu.

Pest (Seite 118)
Infektionskrankheit, die von Ratten und anderen Nagetieren übertragen wird und in wenigen Tagen zum Tode führt.

Pharao (Seite 96)
ägyptisch = Hohes Haus; Bezeichnung für die Gottkönige im alten Ägypten.

Physische Karte (Seite 28)
Kartentyp in Atlanten, z. B. Schulatlanten, der die Landhöhen, Oberflächenformen, Höhenangaben, Orte, Verkehrslinien, Grenzen sowie Einzelobjekte (Berg, Stausee, Kirche u. a.) darstellt.

Pimpf (Seite 210)
→ Hitlerjungend.

Pogrom (Seite 219)
russisch = Verwüstung; Bezeichnung für gewaltsame Ausschreitungen gegenüber Menschen einer Minderheit in einem Staat, besonders gegen die Juden.

Polarnacht (Seite 76)
Zeit, in der im Polargebiet die Sonne länger als 24 Stunden unter dem Horizont bleibt.

Polartag (Seite 76)
Zeit, in der im Polargebiet die Mitternachtssonne beobachtet werden kann.

Pole (Seite 18)
die Durchstoßpunkte der gedachten → Erdachse auf der Erdoberfläche bezeichnet man als geographische Pole (Nordpol und Südpol).

Prärie (Seite 180)
Grassteppe Nordamerikas, die sich östlich der Rocky Mountains von Kanada bis zum Golf von Mexiko erstreckt.

Proletariat (Seite 191)
Gesellschaftsschicht (seit Beginn der → Industrialisierung) mit geringem Einkommen, der vor allem ungelernte Arbeiter (Proletarier) mit ihren Familien angehören. Ein Proletarier besitzt nichts als seine Arbeitskraft.

Pueblo (Seite 178)
indianische Siedlungsform (im Südwesten der USA und in Mexiko), die aus mehrstöckigen, zusammenhängenden Wohnhäusern besteht und terrassenförmig angelegt ist. Sie ist in Lehmbauweise errichtet und kann nur über Leitern betreten werden.

Pyramide (Seite 98)
auf viereckigem Grundriß aufgebautes, spitz zulaufendes Grabmal der Pharaonen in Ägypten.

Quellen (Seiten 106, 213)
Begriff aus der Geschichtswissenschaft, der Zeugnisse (Überreste) aller Art umfaßt, die Aufschlüsse über die Vergangenheit ermöglichen. Dazu gehören Gegenstände (z. B. Bauwerke, Gräber, Kleidung, Hausrat), mündliche und schriftliche Überlieferungen (Texte) aller Art (z. B. Karten, → Chroniken, Zeitungen, Akten, Briefe, Literatur).

Ramadan (Seite 161)
muslimischer Fastenmonat, der 9. nach der islamischen Zeitrechnung (→ Islam).

Rassenlehre (Seite 216)
von den Nationalsozialisten (→ Nationalsozialismus) propagierter Begriff, der beinhaltet, daß manche Völker und Menschenrassen (z. B. Juden, Sinti, Farbige) „minderwertig" (z. B. faul, unehrlich, geldgierig) seien. Die Rassenlehre ist unmenschlich und wissenschaftlich nicht zu begründen.

Rathaus (Seite 112)
Sitz der Stadtverwaltung (des Rates) und des Gerichts. Es steht meistens am → Marktplatz.

Rechtsradikale (Seite 226)
Anhänger nationalistischer Anschauungen, z. B. Ideen des → Nationalsozialismus, die sie radikal, d. h. rücksichtslos, verfolgen.

Reservation (Reservat) (Seite 184)
Gebiet zum Schutz von Naturvölkern, deren Reste hier ihre eigene Kultur und ihre Lebensweise bewahren und pflegen können, z. B. die Indianer Nordamerikas.

Residenzstadt (Seite 120)
Stadt mit dem Sitz eines Landes- oder Kirchenfürsten, der von einem Schloß aus sein Land regiert.

Saison (Seiten 241, 247)
eine bestimmte Jahreszeit, Hauptgeschäftszeit oder Urlaubszeit (Sommer- und Wintersaison). Die Hauptsaison ist im Tourismusgewerbe die Haupturlaubszeit, in der auch die Schulferien (Sommer- und Winterferien) liegen.

Sammler (Seite 56)
Lebensform der älteren → Steinzeit, in der die Menschen eßbare Pflanzen sammelten und als → Jäger umherzogen.

Schutzstaffel (SS) (Seite 210)
Elite- und Terrororganisation der Nationalsozialisten, die aus der → Sturmabteilung (SA) hervorging. Sie war berüchtigt für ihre Brutalität, und die meisten nationalsozialistischen Verbrechen wurden von ihr ausgeführt (Leitung der → Konzentrationslager, Mordaktionen, Judenvernichtung).

Selbstversorgung (Seite 72)
Wirtschaftsweise, die nur der Eigenversorgung dient. Alles, was man zum Leben benötigt, wird selbst erzeugt.

Seßhaftigkeit (Seite 57)
Form des Lebens in der jüngeren → Steinzeit, in der die Menschen als Bauern und Viehzüchter in festen Siedlungen lebten.

Sieltor (Seite 131)
sich automatisch öffnendes und schließendes Tor im Deich zur Entwässerung des Landes.

Signaturen (Seite 28)
Kartenzeichen zur Darstellung von Flächen oder Einzelobjekten in topographischen, → physischen und → thematischen Karten.

Sippe (Seite 179)
Großfamilie bei den Germanen. Durch Abstammung oder Heirat verwandte Menschen bilden eine Gemeinschaft, die alles gemeinsam regelt. Bei den Indianern eine Großfamilie von etwa 25 Personen, oft unter weiblicher Führung.

Staat (Seite 96)
Herrschaftsordnung, die ein Volk innerhalb eines abgegrenzten Gebietes verbindet. Der Zweck ist die Sicherung und Bewahrung gemeinsamer Güter und Werte.

Stadt (Seite 148)
geschlossene, größere Siedlung mit hoher Bebauungsdichte und zentralen Funktionen in Verwaltung, Handel und Kultur.

Stadtmauer (Seite 112)
Wall aus Erde, Holz oder Stein, der eine geschlossene Siedlung (→ Stadt, → Wik) – auch rechtlich – gegen das ländliche Umland abgrenzt.

Stamm (Seite 140)
→ Volksstamm.

Stand (Seite 189)
umfaßt Menschen gleicher Herkunft. Über die Zugehörigkeit entschied früher allein die Geburt. Im Mittelalter gab es drei Stände: die Geistlichen, den Adel und die Bauern. Später kamen die → Bürger hinzu.

Steinwerkzeuge und **-waffen** (Seite 55)
Geräte, die aus Stein gefertigt waren. Ältestes Gerät ist der Faustkeil, der zum Stoß in der Faust geführt wurde.

Steinzeit (Seite 50)
älteste und längste Epoche der menschlichen → Vorgeschichte, benannt nach dem vorwiegend verwendeten Material für Waffen und Werkzeuge. Man unterscheidet „Altsteinzeit" (etwa 2 Mill. Jahre – 10 000 v. Chr.) und „Jungsteinzeit" (etwa 10 000 bis 2000 Jahre v. Chr.). Während der Altsteinzeit lebten die Menschen in Horden zusammen. In der Jungsteinzeit wurden sie seßhaft (→ Seßhaftigkeit).

Stromoase (Seite 92)
Bewässerungsland und Siedlungen entlang eines Flusses in Trockengebieten, z. B. am Nil.

Sturmabteilung (SA) (Seite 210)
militärisch organisierter Kampfverband der Nationalsozialisten. Sie war bei Saalschlachten und Straßenkämpfen als Schlägertruppe gefürchtet. Nach der Machtübernahme durch die Nationalsozialisten verlor sie an Bedeutung.

Sturmflut (Seite 126)
besonders hohe → Flut, die durch das Zusammenwirken mit einem kräftigen landeinwärts gerichteten Sturm verursacht wird.

Südpol (Seite 18)
→ Pole

Synagoge (Seite 219)
Gebäude, in dem sich die Juden zum Gebet und zur religiösen Belehrung versammeln.

Temperatur (Seite 81)
die Wärme oder Kälte der Luft, die mit dem Thermometer gemessen wird (→ Klimadiagramm).

Thematische Karte (Seite 31)
im Unterschied zur → physischen Karte die Darstellung von themenbezogenen Aussagen, wie Bodennutzung, Bodenschätze, Industriestandorte, Bevölkerungsdichte und zahllose andere Themen.

Therme (Seite 149)
warme Bäder der Römer, die oft zu prachtvollen Badeanlagen ausgebaut wurden.

Thing (Seite 143)
Versammlung freier, waffentragender germanischer Bauern, auf der Rechts- und Kriegsangelegenheiten entschieden wurden.

Tiefland (Seite 43)
in geringer Höhe (von 0 bis 200 m über dem Meer) gelegenes Land mit überwiegend ebener Oberfläche. Teile der → Marsch im Norddeutschen Tiefland liegen sogar unter dem Meeresspiegel (Atlas).

Tierzucht (Seite 62)
Haltung, Fütterung, Pflege und Nutzung von Tieren.

Trockenwüste (Seite 82)
Gebiet der Erde, in dem nichts oder kaum etwas wächst. In Trockenwüsten fallen während eines Jahres keine oder nur selten Niederschläge.

Tundra (Seite 78)
baumlose Kältesteppe mit Flechten, Moosen und Gräsern in den nördlichen Regionen Europas, Asiens und Nordamerikas. Sie bildet den Übergangssaum zur polaren → Eiswüste.

Vernichtungslager (Seite 224)
→ Konzentrationslager.

Verstädterung (Seite 202)
Zunahme der Stadtbevölkerung bei gleichzeitiger Abnahme der Landbevölkerung in einem Gebiet, z. B. im Großraum Hannover.

Villa (Seite 147)
römisches Landgut mit prächtigem Herrenhaus.

Volksgemeinschaft (Seite 212)
von den Nationalsozialisten mißbrauchter Begriff, der das Zusammengehörigkeitsgefühl eines Volkes beinhaltet. So zwang man die Menschen zu vielen Gemeinschaftshandlungen.

Volksstamm (Seite 140)
Zusammenschluß von Menschen gleicher Herkunft, Sprache und Kultur in einem bestimmten Wohngebiet; meist von → Häuptlingen angeführt.

Vorgeschichte (Seite 50)
Epoche der Menschheitsgeschichte, aus der keine schriftlichen Zeugnisse vorliegen (im Unterschied zur → Geschichte).

Vorratswirtschaft (Seite 94)
planmäßig betriebene Wirtschaft, wobei Vorräte für Notzeiten angelegt werden. Aus der Lagerung, Überwachung und Verteilung entwickelte sich eine Verwaltung, aus der allmählich die ersten Staaten im Altertum entstanden. Vorratswirtschaft wird heute noch von den Naturvölkern der tropischen Zone betrieben.

Wadi (Seite 83)
trockenes Flußbett in der Wüste (→ Trockenwüste); kann bei starken Regenfällen Wasser führen.

Wattenmeer, auch **Watt** (Seiten 129, 134)
flacher Küstenstreifen der Nordsee zwischen Festland und den friesischen Inseln; durch → Ebbe und → Flut wechselweise trockenliegend oder überflutet.

Wesir (Seite 100)
oberster → Beamter bei den Ägyptern. In der Rangfolge kam er gleich nach dem → Pharao.

Wik (Seite 113)
befestigter Fernhandelsplatz oder Kaufmannssiedlung. Viele Wike entwickelten sich später zu → Städten.

Wissenschaft (Seite 94)
Lehre und Erforschung von Gegenständen, Erscheinungen und Zusammenhängen. Erstmals in der Menschheitsgeschichte wurde Wissenschaft in Ägypten betrieben.

Wohnviertel (Seite 121)
Teil einer Stadt, in dem die Wohnfunktion vorherrscht.

Wurt (Seite 130)
von Menschen aufgeschütteter Erdhügel in der → Marsch, auf dem die Häuser zum Schutz vor → Sturmfluten gebaut wurden. Auf den Halligen der Nordfriesischen Inseln ist die Wurt heute noch lebenswichtig bei Überflutungen.

Zehntland (Seite 146)
römische Provinz in Germanien zwischen Rhein, Main und Donau, in der die Bauern den zehnten Teil ihrer Erträge an die Römer abliefern mußten.

Zunft (Seite 114)
Zusammenschluß von Handwerkern eines Gewerbes in den Städten des Mittelalters (z. B. Bäcker-, Schneider-, Leinenweberzunft). In der Zunftordnung legten die Zünfte Preis, Gewicht und Qualität ihrer Erzeugnisse fest. Sie regelten außerdem Arbeitszeit und Löhne sowie die Ausbildung der Lehrlinge. Zusammen mit den reichen Kaufmannsfamilien (→ Patrizier) übten sie die Stadtherrschaft aus.

Zwangsarbeit (Seite 224)
jede Art von Arbeit, die Personen unfreiwillig und unter Androhung von Strafe abverlangt wird, wie sie z. B. die Fellachen im ägyptischen Pharaonenstaat verrichten mußten. Eine Verschärfung der Zwangsarbeit führte der Nationalsozialistische Staat mit den Insassen der → Konzentrations- und Vernichtungslager durch.

Bildnachweis: Acaluso, Blumberg/Baden: 87.3 (Stief Pictures); action press, Hamburg: 125.1 (Siefert); Aerophot-Demuss, Pattensen: Titelbild, 232.1; Amt der niederösterreichischen Landesregierung, Asparn a. d. Zaya: 58.1; Anthony, Starnberg: 51.2 (Gröger), 75.1 (Reisel), 158.1 (Reisel), 187.2 (Burbeck); Archäologisches Landesmuseum, Schleswig: 141.2 li.; Archiv für Kunst und Geschichte, Berlin: 63.2, 94.1, 117.4, 149.1, 177.1, 181.1, 187.1; Arena Verlag, Würzburg (mit freundl. Genehmigung), aus: H. P. Thiel / F. Anton: Erklär mir die Entdecker, 1988, S. 29: 23.1; Barke, R., Clausthal-Zellerfeld: 113.1, 113.2; Bavaria, Germering: 32.2 (Bormann), 68.2 (Warnke), 92.1 (Rudolph), 97.3 (The Telegraph), 140.1 (Mader), 150.2 (Merten), 162.2 (Manfred), 226.1; Bezirksregierung Weser-Ems, Sonderbeauftragter für den Nationalpark Niedersächsisches Wattenmeer, Wilhelmshaven: 136 o.; Bildarchiv Preußischer Kulturbesitz, Berlin: 60.2 u., 103.1, 110.1, 115.1, 118.1, 150.1, 206.1, 212.1, 214.2; Bilderberg, Hamburg: 159.2 (Burkard); Bomann-Museum, Celle: 109.1; British Museum, London: 102.1, 182.1; Brucker, A., Lochham: 83.2, 83.3, 88.1, 88.2; Bundesarchiv, Koblenz: 220.2, 220.3; Comet-Photo, Zürich: 243.2; Conzett & Huber, Zürich: 76.2; Curdt, E., Wendeburg: 7.1; Das Fotoarchiv, Essen: 167.1 (Christoph), 197.2 (Christoph); Dt. Luftbild, Hamburg: 26.1, 132/133; dpa, Frankfurt/M.: 79.3, 87.1, 166.2 (Schindler), 168.1 (Hoffmann), 173.1, 173.2 (Weins), 205.2 (Agence France), 227.1, 227.3 (ZB); Dt. Wetterdienst, Offenbach: 81.1; Dt. Jugendherbergswerk, Detmold: 12.1; Droste Verlag, Düsseldorf (mit freundl. Genehmigung), aus: H. Boberach, Jugend unter Hitler, 1982, S. 33, 36: 207.1, 217.1; Eckert, U., Ottobrunn: 87.2; Fiedler, W., Bredstedt: 130.2; Filser, Prof. Dr., Buchners Verlag, Bamberg: 57.2; Fischer, E., Bad Bramstedt: 127.1 (Brinkmann), 127.2; foto-present, Essen: 174.1 (Herzog), 174.2 (Liedtke); Gerster, G., Zumikon-Zürich: 82.2; Giraudon, Paris: 97.2, 118.2; Gletscherbahnen Kaprun: 240.1; Greiner & Meyer, Braunschweig: 33.2 (Greiner), 71.1 (Kürtz), 83.1 (Graebner); Hegels, F., Castrop-Rauxel: 75.2; Heimatmuseum Reutlingen: 119.1; Heimatmuseum Verden:52.1 (E. Pantzer); Hell, K., Essen: 130.1; Hillelson, John, Agency: 104.1 (B. Brake); IFA-Bilderteam, Taufkirchen/Mchn.: 7.2 (Endler), 71.2 (Everts), 78.2 (P.A.N.), 86.1 (Gerig), 96.1 (F. Schmidt), 135.3 (v. Stroheim), 135.4 (Amadeus), 230.1 (AGE), 230.2 (A. Prenzel); IMA, Hannover: 110.2; Insel Verlag, Frankfurt/M. (mit freundl. Genehmigung), aus: I. Weber-Kellermann, Die Kindheit, 1979, S. 170, 183, 223, 18: 189.2 (P. Klette), 190.2 (R. Koller), 191.1 (M. v. Schwind), 192.1 (Votivbild) und aus: I. Weber-Kellermann: Die Familie, 1976, S. 154, 201: 189.1 (G. Cornicelius), 190.1 (G. König); Kirmes, U., Garbsen: 116.2; Klammet, Ohlstadt: 32.1, 38.2, 38.3, 38.4, 160.1; KNA, Frankfurt/M.: 201.2; Kolde, H., Juist: 135.2; Kosmack, D., Göttingen: 10.1, 11.1, 11.2, 239.1 (Matthias Mann); Lade, H., Frankfurt/M.: 155.2 (Bramaz), 197.1 (Kirchgeßner); Latz, W., Linz: 198.1, 198.2, 200.3, 203.1, 248.1, 248.2; Librairie Hachette, Paris: 61.2, 62.1, 63.1, 147.1, 147.2; Limesmuseum, Aalen: 139.1, 145.3, 151.1; Mairs Geographischer Verlag / Studio Berann-Vielkind, Ausschnitt aus „Das Große Deutschland-Panorama": 34/35; Markgraf, S., Braunschweig: 128.1, 128.2, 128.3; Marks, G., München: 19.1; Mauritius, Mittenwald: 73.2 (Dr. Kramarz), 129.2 (fm), 148.2 (Waldkirch), 178.1 (Russell de Kord), 179.1 (Schnitzler), 204.2 (Camera Tres), 244.1 (H. Schmied), 247.1 (Vidler); Misereor, Aachen: 205.1; Mittelalterliches Kriminalmuseum, Rothenburg o. d. Tauber: 116.3, 117.1, 117.2, 117.3; Mizzi, A., Buxtehude: 49.1, 51.1, 59.2, 65.1, 98.1, 141.1, 142.1, 148.3; Müller, H., Wunstorf (Fremdenverkehrsverein Steinhude am Meer): 233.2, 236.1 (G. Junghans), 236.2, 237.1, 237.2; Muuß, U., Altenholz: 130.3; Nationalmuseum, Kopenhagen: 141.2 re.; Niedersächsisches Landesmuseum, Hannover: 61.1, 143.1, 152.1; Okapia, Frankfurt/M.: 54.1 (Myers), 180.1 (McHugh); Österreichische Nationalbibliothek, Wien: 112.1; Privatfotos: 159.1, 161.1, 163.1; Propyläen Verlag, Berlin: 93.1; Rasch, B., Göttingen: 238.1; Rheinisches Landesmuseum, Trier: 149.2; Ricciarini-Prato, Mailand: 102.2; Rihsé, V., Stade: 126.1; Römisch-Germanisches Museum, Köln: 59.1; Sajak, D., Hannover: 14.1, 15.2, 120.2, 120.3, 121.2, 122.1, 124.1; Schmidt-Vogt, B., Hannover: 156.1; Schnare, C.-D., Braunschweig: 24.2, 24.3, 25.1; Schulze, H., Kassel: 38.1; Schweiz. Landesmuseum Zürich: 108.1; Silvestris, Kastl/Obb.: 85.1 (Jürgens), 135.1 (Wernicke), 199.1 (Hingst); Simon, S., Essen: 165.1; Sperber, A., Hamburg: 76.1; Staatliche Landesbildstelle Hamburg: 126.2, 127.3; Städtische Kunstsammlungen, Augsburg: 114.1; Städtisches Museum, Ravensburg: 116.1; Stahl, H., Freudenstadt: 162.1, 171.1; Storto, W., Leonberg: 243.1; Süddeutscher Verlag, München: 216.1, 219.1, 221.1, 223.2, 224.1; terre des hommes, Osnabrück, aus: R. Jung, Stimmen aus dem Berg, 1979, Dia 16: 199.2; Textilmuseum, Neumünster: 141.2 m.; Ullstein, Berlin: 209.1, 210.1, 214.1, 222.1; Universität Innsbruck, Forschungsinst. f. Alpine Vorzeit: 54.2; V-Dia, Neckargemünd: 84.2; vario-press, Bonn: 155.1, 169.1; Verlag Schwann-Bagel, Düsseldorf, aus: Geschichtsdidaktik H. 4/1983, S. 363: 193.1; Verlag Philipp von Zabern, Mainz: 99.1, 100.2; westermann Archiv: 53.1, 60.3, 62.2, 67.1, 73.3, 95.2, 101.1, 144.1, 146.1, 208.1, 215.1, 219.2, 220.1, 223.1, 227.2; Wiener Library, London: 218.1; Zentrale Farbbild Agentur, Düsseldorf: 72.1 (Schmidt), 73.1 (Ferchland), 242.1 (Teasy); Zweckverband Großraum Hannover: 233.1.

Karten: 136.1: als Vorlage diente die Karte aus: „Nationalpark Niedersächsisches Wattenmeer", Hrsg. v. d. Nationalparkverwaltung „Niedersächsisches Wattenmeer" 1988, S. 46/47; 246.1: Michelin Reifenwerke, Karlsruhe (Ausschnitt a. d. Michelin-Karte Nr. 990, 8. Aufl.).

Quellennachweis: S. 10/11: auf der Grundlage einer Dokumentation über die Ideen und Aktivitäten der „Panda" AG von Diethild Kosmack, Göttingen; S. 20: nach: U. Lindgren, in: Geschichte in Wissenschaft und Unterricht 9/1990, Seelze, S. 563/564; S. 23 (Bericht): aus: Knaurs Geschichte der Entdeckungen, München 1955, S. 198; S. 82: B. Haas, in: Illustrierte Wochenschau 6/1980, Stuttgart; S. 88: nach: W. Wrage, in: Kosmos 3/1950, Stuttgart; S. 93 (oben): nach: Otto Zierer, Bilder der Jahrhunderte, Band 1, Murnau 1952, S. 53–54; S. 93 (unten): nach: Heinrich Kronen, Unsere Welt, Ratingen 1971, S. 24; S. 98: Herodot, Historiai, zitiert nach: Otto Zierer, Bilder der Jahrhunderte, Band 1, Murnau 1952, S. 65; S. 101 (oben): aus: Friedrich Wilhelm von Bissing, Altägyptische Lebensweisheiten, Zürich 1955, S. 57 ff.; S. 101 (unten): nach: Otto Zierer, Bilder der Jahrhunderte, Band 1, Murnau 1952, S. 61–62; S. 104: gekürzt und verändert nach: Pierre Montet, Ägypten. Leben und Kultur in der Ramses-Zeit, Stuttgart 1978, S. 66 f.; S. 142: nach: Tacitus, Germania, übersetzt von Manfred Fuhrmann, Stuttgart 1977; S. 143: nach: Otto Zierer, Bilder der Jahrhunderte, Band 9, Murnau 1952, S. 131 ff.; S. 144/145: nach: Otto Zierer, Bilder der Jahrhunderte, Band 8, Murnau 1952, S. 138; S. 147–151: nach: Hans Ebeling, Die Reise in die Vergangenheit, Band 2, Braunschweig 1958; S. 183: nach: W. Apes, in: Heinz J. Stammel, Der Indianer – Legende und Wirklichkeit von A–Z, München 1989, S. 75; S. 188: nach: Hermann Kellenbenz, Deutsche Wirtschaftsgeschichte, Band 2, München 1981, S. 310/311; S. 189 (Tagesabläufe): nach: Ingeborg Weber-Kellermann, Die Familie und Die Kindheit, Frankfurt/M. 1976, 1979; S. 190: nach: Geschichtsdidaktik 4/1983, Düsseldorf, S. 371; S. 191: nach Ingeborg Weber-Kellermann, Die Familie, Frankfurt/M. 1976, S. 177; S. 193 (1): Kirchenhandbuch; S. 193 (2–4): nach: Ingeborg Weber-Kellermann, Die Kindheit, Frankfurt/M. 1979, S. 24/25; S. 199: aus: Reinhardt Jung, Stimmen aus dem Berg, terre des hommes, Osnabrück 1979, S. 9–11; S. 210: aus: Deutsche im Zweiten Weltkrieg. Zeitzeugen sprechen, Hrsg. Johannes Steinhoff u. a., München 1989, S. 87/88; S. 211 (oben): aus: Heinz Boberach, Jugend unter Hitler, Düsseldorf 1982, S. 28 (RGBl. I S. 993); S. 211 (unten): aus: Heinz Boberach a. a. O., S. 46 (HJ im Dienst. Ausbildungsvorschrift für die Ertüchtigung der deutschen Jugend, hrsg. v. d. Reichsjugendführung, 1940); S. 212 (links): Autorenprotokoll nach einer Zeitzeugenbefragung; S. 212 (rechts): aus: Klaus-Jörg Ruhl, Brauner Alltag 1933–1939 in Deutschland, Düsseldorf 1981, S. 48; S. 213: aus: Hans Rosenthal, Zwei Leben in Deutschland, Bergisch Gladbach 1987, S. 37; S. 214: Autorenprotokoll nach einer Zeitzeugenbefragung; S. 215: aus: Renate Finckh, Mit uns zieht die neue Zeit, Baden-Baden 1979, S. 118; S. 217 (oben): aus: Heinz Boberach a. a. O., S. 26; S. 218: aus: Deutsche im Zweiten Weltkrieg a. a. O., S. 104; S. 219 (oben und unten): aus: Deutsche im Zweiten Weltkrieg a. a. O., S. 98/99, 93; S. 220: aus: Reinhard Stachwitz, Zeit der Bewährung. Der Bund Neudeutschland 1933–1945, Münster 1989, S. 38; S. 221 (oben): aus: Hermann Vinke, Das kurze Leben der Sophie Scholl, Ravensburg 1980, S. 50 ff.; S. 221 (unten links): aus: Alexander Goeb, Er war sechzehn, als man ihn hängte. Das kurze Leben des Bartholomäus Schink, Reinbek 1981, S. 9; S. 221 (unten rechts): aus: Heinz Boberach a. a. O., S. 160; S. 222: aus: Barbara Gehrts, Nie wieder ein Wort davon?, München 1975, S. 151; S. 223: aus: Heinz Boberach a. a. O., S. 119; S. 223 (Tabelle): aus: Heinz Boberach a. a. O., S. 117; S. 225 (links): aus: Christ in der Gegenwart Nr. 52, Freiburg 1991; S. 225 (rechts): nach: Eugen Kogon, Der SS-Staat, München 1974; S. 226: Wolfgang Barthel, Werner Poelchaus, Die netten Nazis von nebenan. Zitiert nach: Politik. Ein Arbeitsbuch für den Politikunterricht, Band 2, Paderborn 1985; S. 238: aus: Göttinger Tageblatt 19./20. 1. 1985; S. 238/239: auf der Grundlage einer Dokumentation über die Ideen und Aktivitäten der „Panda" AG von Diethild Kosmack, Göttingen; S. 242: Autorenprotokoll einer fachwissenschaftlichen Exkursion; S. 245: Umfrageergebnis der Verkehrswacht, Frankfurt/M.